系列教材

推销技术

慕课版

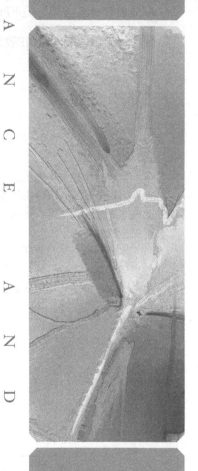

吴岚 郭秀芳
陈胜华

主编

李蕊

副主编

人民邮电出版社
北 京

图书在版编目（CIP）数据

推销技术：慕课版 / 吴岚，郭秀芳，陈胜华主编
. -- 北京：人民邮电出版社，2023.5
职业教育改革创新系列教材
ISBN 978-7-115-61368-4

Ⅰ．①推… Ⅱ．①吴… ②郭… ③陈… Ⅲ．①推销—
职业教育—教材 Ⅳ．①F713.3

中国国家版本馆CIP数据核字(2023)第047138号

内 容 提 要

推销技术是推销人员必须掌握的基本技能，是推销人员提升推销业绩的法宝。本书从走进推销职业开始，按照推销活动的基本流程，讲解了推销人员寻找潜在客户、约见和接近客户、实施推销洽谈、处理客户异议、与客户达成交易、开展售后追踪等推销技巧，并结合当前市场发展趋势，讲解了实施网络推销的技巧。

本书紧凑有序，环环相扣，结构新颖，内容丰富，注重理论与实践相结合，不仅可以作为职业院校市场营销、工商管理、电子商务等专业相关课程的教材，还可以作为企业开展员工技能培训的培训用书、从事市场营销工作人员的参考书。

◆ 主　　编　吴　岚　郭秀芳　陈胜华
　　副主编　李　蕊
　　责任编辑　白　雨
　　责任印制　王　郁　彭志环

◆ 人民邮电出版社出版发行　　北京市丰台区成寿寺路 11 号
　　邮编　100164　电子邮件　315@ptpress.com.cn
　　网址　https://www.ptpress.com.cn
　　北京天宇星印刷厂印刷

◆ 开本：787×1092　1/16
　　印张：13　　　　　　　　　2023 年 5 月第 1 版
　　字数：283 千字　　　　　2025 年 8 月北京第 3 次印刷

定价：39.80 元

读者服务热线：(010)81055256　印装质量热线：(010)81055316
反盗版热线：(010)81055315

FOREWORD

////////////////// 前　言 //////////////////

推销是一项技术，也是一门艺术，还是一份充满挑战的职业。推销是一项复杂、艰辛的工作，蕴含着一套完整、系统的理论和方法，推销人员掌握系统、科学、实用的推销技巧后，会让自己在推销工作中游刃有余。

为了让读者更好地掌握并运用推销技巧，不断提升推销技能，本书采用项目任务的体例形式，共分为8个项目，分别是走进推销职业、寻找潜在客户、约见和接近客户、实施推销洽谈、处理客户异议、与客户达成交易、开展售后追踪、实施网络推销。本书可以帮助读者掌握系统、专业的推销知识，提高推销能力。

本书主要具有以下特色。

· **内容全面，简单易学**。本书内容全面、深入浅出，按照推销工作的基本流程，系统地介绍了推销各个环节的操作技巧，注重理论和案例相结合。同时，本书设置人物角色"小艾"，通过小艾在公司的各种经历，生动地引出各个学习重点。该角色贯穿推销工作的各个环节，能够引发读者的学习兴趣，让推销技术的学习变得生动有趣。

· **体例新颖，形式多样**。本书每个项目都设有"知识目标""技能目标"和"素养目标"，让读者有的放矢，明确学习方向，同时提升思想素质和职业素养。每个项目以"职场情境"导入任务内容，正文穿插"知识窗""经验之谈""学以致用""案例链接""如春在花"等多种形式的小栏目，有助于读者深入理解、掌握和运用相关的推销知识。每个任务最后设有"温故知新"和"融会贯通"板块，帮助读者及时巩固所学知识。此外，每个项目最后设有"答疑解惑"板块，帮助读者提高运用所学知识解决实际问题的能力。

· **强化应用，注重实践**。本书在编写时注重理论与实践相结合，教、学、练相结合，突出了操作性和应用性，强调学、做、行一体化，让读者在学中做、做中学，便于读者巩固和思考知识点。同时，本书引领读者从党的二十大精神中汲取砥砺奋进力量，并学以致用，以理论联系实际，推进营销行业向高质量发展。

· **资源丰富，拿来即用**。本书提供丰富的立体化教学资源，其中包括PPT、教学大纲、教案、课程标准、习题答案、模拟试卷等，教师可以登录人邮教育社区（www.ryjiaoyu.com）下载获取。同时，本书配套慕课视频，读者扫描下方二维码登录人邮学院（www.rymooc.com）即可免费观看视频。

本书由上海科技管理学校吴岚、哈尔滨开放大学郭秀芳、上海科技管理学校陈胜华担任主编，章丘中等职业学校李蕊担任副主编。参与本书编写工作的还有李颖、连菲、魏梦丽、李铭莹。由于编者水平有限，书中难免存在不足之处，敬请广大读者批评指正。

编　者

2023年3月

CONTENTS 目 录

项目一

走进推销职业

职场情境

　　小艾听说，推销工作极富挑战性和刺激性，而且每天都会面对新人、新事、新问题。这对于想要不断超越自我、愿意尝试新鲜事物的她来说，是一个富有吸引力的工作。小艾决定毕业后进入推销行业。她还听说，推销有利于发挥个人潜能，做好推销工作不仅能获得丰厚的经济收入，还能得到很多晋升机会。于是，小艾坚定地选择了推销员这一职位。

　　经过几次求职面试，小艾被华美服饰有限公司（以下简称"华美服饰"）聘用。华美服饰主要生产和销售女装，拥有妃丽、慕尚、妍蕊、夏朵等多个女装品牌，产品包括T恤、卫衣、毛衣、风衣、针织衫，以及各种款式的裤子。经过5年的发展，华美服饰赢得了一定的市场占有率，积累了一定数量的客户。

　　入职后，小艾便参加了公司培训。小艾与其他新入职的员工一起跟随培训部的李老师学习推销的基础知识，认识推销，培养推销职业素养，塑造个人职业形象，为下一步开展推销工作做足准备。

学习目标

知识目标

1. 了解推销的含义、特点及构成要素。

2. 了解主流的推销方式。

3. 了解推销人员的职责、必备素质和职业道德。

技能目标

1. 学会通过仪容、仪表、仪态塑造自身形象。

2. 熟练掌握推销中的交谈沟通礼仪。

素养目标

1. 热爱推销工作，具有高度的事业心和责任感。

2. 对待客户诚实守信、实事求是，全心全意为客户服务。

3. 尊重他人的隐私，能够为他人或企业保守秘密。

任务一 认识推销

任务描述

　　小艾听过有关推销的很多说法，如"只要口才好、懂交际，就能够做成推销业务""推销就是劝说、说服、鼓动""人人都是推销员"等。人们对推销的认识各不相同，小艾决定跟随李老师系统地学习推销的基本知识。

任务实施

活动一　理解推销的含义

　　推销是人们熟悉的一种社会现象，伴随商品交换的产生而产生，伴随商品交换的发展而发展。它是现代企业经营活动中的一个重要环节，渗透在人们的日常生活中。正确认识推销，是学习推销业务、掌握推销技巧的基础和前提。

　　随着历史的变迁、社会的发展、经济的繁荣，推销的含义也在不断地演变。我们可以从广义和狭义两个方面来理解推销的含义。

1. 广义的推销

　　从广义上讲，推销是指一个活动主体试图通过一定的方法和技巧，使特定对象接受某种事物和思想的行为过程。我们可以把推销理解为说服、暗示、沟通、要求等。例如，母亲利用各种方法说服孩子多吃蔬菜，员工运用各种沟通方式说服领导加薪等。

2. 狭义的推销

从狭义上讲，推销是指商品交换范畴的推销，即商品推销，这也是本书所研究的推销范畴。它是以付费的方式，借助推销人员直接与潜在客户接触、洽谈，向其介绍商品，进行说服，促使其采取购买行动的活动过程。推销人员有业务员、业务代表、业务专员、营业员、销售员、导购员、调查员等，可以是企业员工，也可以是个人经营者。

想提升推销业绩，推销人员就要站在客户的立场考虑如何让客户满意，并运用一定的方法和技巧直接与客户沟通，建立良好的客户关系，赢得客户的信任，同时要满足客户的真实需求，为客户提供价值，以达到让客户满意的程度。

我们可以从以下 3 个方面来全面且正确地把握推销的含义。

（1）推销是一个复杂的行为过程

从现代销售活动来看，推销是一个复杂的行为过程，通常包括 6 个步骤，如图 1-1 所示。这一过程步步相连、环环相扣、互相制约、互相影响，是感情、能量、信息、物质不断变换和交流的复杂的行为过程。

寻找潜在客户 ➡ 接近客户 ➡ 推销洽谈 ➡ 处理异议 ➡ 达成交易 ➡ 售后服务 ➡ 推销过程

图1-1 推销的6个步骤

（2）推销应挖掘并满足客户的需求

从市场营销学来看，客户的潜在需求更值得企业关注。推销的目的具有双重性，既要售出商品，又要满足客户的需要。一般情况下，客户的潜在需求需要推销人员的启发和刺激。推销人员必须学会通过了解客户的基本情况来挖掘客户的现存需求与潜在需求，刺激客户的购买欲望，从而说服客户，使其产生购买行为。

（3）推销需要运用一定的方法和技巧

推销人员必须掌握推销的基本原理和基本技能，在此基础上发挥个人的主观能动性，在推销过程中灵活运用各种推销方法和技巧才能达成交易。

经验之谈

推销人员应树立新时代的推销观念。一些成功的推销人员根据推销的实际过程，总结出推销的三部曲，即推销自己、推销商品的功能价值、推销商品本身。

（1）推销自己是指推销人员在不引起客户反感的情况下让客户接受、认可自己。推销人员只有让客户接受、认可自己，才有可能让客户接受、认可自己推销的商品。

（2）推销商品的功能价值。客户购买商品，是希望获得这种商品所能提供给他的利益，如给父母买羽绒服，是为了送温暖、表孝心；给孩子买绘本图书，是为了让孩子获得知识。

（3）推销商品本身是指推销人员把真实的商品展示在客户面前，让客户更深入、真切地了解商品，使客户信服。

活动二 了解推销的特点

了解推销的特点，有助于推销人员正确认识推销。通常来说，推销具有以下特点。

1. 双向性

推销是一个信息双向沟通的过程。在推销过程中，一方面，推销人员向客户提供商品和企业的相关信息，以促使客户做出购买行为；另一方面，客户针对商品和企业提出的意见与建议需要推销人员及时反馈给企业，做出改进。

2. 主动性

推销人员要采取主动出击的策略，寻找目标客户，并吸引他们的注意，使他们产生购买欲望并做出购买行为，把潜在客户变成现实客户。基于这种主动性，推销人员能更快地增加商品销量、提高销售额，进而提高品牌在市场上的占有率。

3. 灵活性

在推销过程中，推销人员要根据不同的时间、地点，以及不同客户的不同需求和动机，采取灵活多样的推销方法与技巧，并根据客户对推销的不同反应及时调整推销策略，打消客户的顾虑，解决客户提到的各种问题，使客户产生信任感，促成客户购买。

📖 **案例链接**

以退为进

保险推销员原一平结识了一位准客户，并已多次前去拜访，但从来不主动详谈保险商品的内容。有一次，准客户问他："我们认识的时间也不短了，感谢你对我的帮助。但我不明白，你的工作是推销保险，为什么没听你说过有关保险商品的内容呢？"

原一平说："这个嘛……很抱歉，我暂时还不能告诉您。"

准客户说："你怎么支支吾吾的？你不会都忘了自己的保险工作吧？你对自己的保险工作怎么这么不上心？"

原一平说："怎么会不上心呢？我就是为了保险工作才经常拜访您啊！"

准客户说："那你为什么从来没有向我提起过有关保险商品的内容呢？"

原一平说："说实话，做保险业务不能强人所难，我一贯坚持让客户自己决定是否投保。况且从保险的宗旨和观念上讲，带有催促的语气也是不符合规定的。再说，客户如果没有需要，怎么可能投保呢？因此，我感觉您还没有迫切的需要，我又怎么能开口让您买保险商品呢？"

准客户说："你的想法倒是很特别，挺有意思。"

原一平说："正是因为如此，我会对每一位客户进行经常性的拜访，直到他感到需要投保为止。"

准客户说："那如果我现在就想投保呢？"

原一平说："不要着急，现在还不能投保。根据规定，投保前需要先体检。您完成体检后，我不仅会向您介绍有关保险商品的内容，还会回答您想咨询的有关保险商品的任何问题。"

准客户说："那好，我下午就去做体检。"

最后，准客户在原一平这里投保了。

智慧锦囊：这个案例充分说明了推销具有灵活性。不是所有的推销都需要推销人员主动出击，有时以退为进，给客户提供选择的余地，更容易引起他们的好奇心和兴趣。每个人都有逆反心理，过分催促会让客户对商品产生疑虑，进而怀疑推销人员的真诚和服务态度。推销人员如果根据实际情况，以退为进，站在客户的角度思考问题，就能吸引客户的注意力，降低客户的警惕性，然后找准机会，促成交易。

4. 双赢性

推销是一种互利互惠的活动。推销人员要从双方的共同利益出发进行推销，尤其要把握好客户的购买目的和购买动机，帮助客户解决问题，设法满足客户的需要，这样才能促成交易，获得双赢。

5. 实效性

与广告促销、公关促销相比，面对面推销更具实效性，推销人员选择的目标客户更精准，成交的可能性更大。推销人员可以最大限度地开发新客户，并事先对这些客户进行分类研究，制定具体的推销方案，通过面对面推销与潜在客户建立良好的关系，赢得潜在客户的信任，促使潜在客户采取购买行动。

广告宣传有时只能引起客户的注意，激发客户的兴趣，却很难使客户立即采取行动，因此面对面推销与广告推销相比更具实效性。

除了以上特点，面对面推销也有不足之处。与其他促销方式相比，面对面推销成本更高，推销人员的招聘、培训、公关交际、工资奖金等费用都是推销的成本。如果市场竞争激烈，目标市场比较分散，面对面推销的花费就更多。

👤 活动三 清楚推销的构成要素

要想做好推销，推销人员必须清楚推销的构成要素。推销的构成要素主要包括推销人员、推销对象、推销商品、推销信息和推销环境。

推销人员和推销对象是推销活动的主体，推销人员是承担推销任务的主体，推销对象是接受商品推销的主体，两大主体既对立又统一。推销人员向推销对象提供其所需的推销商品，追求的是商品价值的最大体现；推销对象通过洽谈和购买，从推销人员那里获取推销商品，追求的是商品使用价值的最大体现。

推销过程是推销构成要素相互作用和协调运动的过程，如图1-2所示。推销人员通过向推销对象传递信息，向推销对象提供其所需要的推销信息和推销商品；推销对象通过洽谈和购买，从推销人员那里获取推销信息和推销商品，并反馈相关的意见或建议；推销商品通过推销信息的作用，实现由推销人员向推销对象的转移；推销信息通过推销人员的传递和推销对象的反馈，不断循环。

图1-2　推销过程

1. 推销人员

推销人员主要是指专门从事商业性推销的人员。在推销活动中，推销人员通过走访、面谈的方式了解客户的需要与问题，为客户提供服务与帮助，说服客户购买推销商品。要想成功实现推销的目标，推销人员首先要成功地推销自己，获得客户的信赖，使客户在乐意接受推销人员的基础上接受推销商品。

推销人员应做到6个方面的推销，如图1-3所示。

图1-3　推销人员应做到6个方面的推销

2. 推销对象

推销对象是推销人员推销商品的目标对象，又称客户、顾客或购买者，包括各类潜在客户、固定客户和购买决策者。推销的过程可以说是推销对象对推销人员及其推销商品从陌生到认识，从认识到接受（拒绝）的过程。可见推销对象在此过程中是一个有意识的、能动的因素，他拥有买与不买、买多与买少的自由。推销对象的需求在不断变化着，不同的推销对象有不同的需求，同一个推销对象在不同时期也会有不同的需求。因此，推销人员必须重视推销对象的主体作用，深入研究推销对象的购买特点，掌握推销对象的潜在需求。

3. 推销商品

推销商品是推销活动的客体，是指推销人员向推销对象推销的各种有形与无形商品的总称，包括实物、服务和观念。在推销活动中，这 3 个方面是密不可分的。例如，推销人员在推销实物商品的过程中，既要使推销对象了解和熟悉实物商品，又要向推销对象提供与实物商品有关的信息、技术及使用方法等方面的服务，还要引导客户购买，向客户推销现代消费观念。

4. 推销信息

推销信息是贯穿推销活动全过程，连接推销人员和推销对象的重要媒介。推销信息是指推销过程中有关商品、客户、企业、市场、竞品等多方面的信息。

5. 推销环境

推销环境是指制约和影响推销活动的各种外部因素的总称，主要包括政治法律环境、经济环境、社会文化环境、科学技术环境、人口环境、自然环境和道德环境等。

学以致用

掌握推销的构成要素

背景资料：杨女士在某电器商场的一款冰箱前停下并开始观看，推销人员程文走上前热情地向杨女士介绍这款冰箱的功能、特点等，最终杨女士决定购买这款冰箱。

请根据背景资料完成下面的连线题，将对应的构成要素连起来。

杨女士　　　　　　　　　　　推销商品

程　文　　　　　　　　　　　推销信息

冰　箱　　　　　　　　　　　推销对象

冰箱的功能、特点　　　　　　推销环境

电器商场　　　　　　　　　　推销人员

活动四　认识推销的方式

推销方式是指推销人员在进行推销活动时，为了达到推销目的所采用的方式。随着时代的发展变化，人们的沟通工具变得丰富多样，消费心理也发生了相应的变化，推销人员应选择适合客户的推销方式，与客户建立有效的信息交流渠道，便于后期的商品销售与售后服务。目前，主流的推销方式有以下 5 种。

1. 上门推销

上门推销是指推销人员携带商品样品及商品的相关资料，如说明书、订货单、宣传单等上门寻找客户，并通过面谈的方式向客户介绍商品、展示商品，以促成客户购买的推销方式。

这里的"上门"并非仅指到客户家中拜访，也包括在客户单位、公园、路旁、车站等公共场合约见客户。这种推销方式主动性强、效果显著，但费工费时、成本较高，适合技术含量较高、采购量较大的商品推销。

2. 营业推销

营业推销是指推销人员在固定营业场所设置柜台接待客户、推销商品的方式。推销人员可根据推广政策或客户需要有选择地推销相关商品。这种推销方式因推销人员拥有固定的商铺而容易获得客户信任，又因商品品种齐全且在一定程度上能够满足客户多方面的需求而较受客户的欢迎，但与上门推销方式相比，其积极主动性较差。

3. 会议推销

会议推销是指推销人员在各种会议场所，如展销会、洽谈会、交易会、订货会、供货会等进行推销的方式。这种推销方式针对性强，推销更集中，可以同时面向多个客户进行推销，成交额较大，推销效果好。

4. 电话推销

电话推销是指推销人员拨打电话向客户讲解商品以促成交易的方式。这种方式省时省力，推销范围广，是一种常用的推销方式。但是，随着电话推销的普及，很多客户已对其产生抵触心理，会拒接或屏蔽陌生的推销电话，阻碍推销人员的推销活动。

5. 网络推销

网络推销是指推销人员使用网络向客户推销商品或服务的方式。随着网络技术的发展，人们的社交沟通方式越来越多，推销人员也有了更便捷的推销方式，如电子邮件推销、社群推销、直播推销、短视频推销等。通过这些推销方式，推销人员可以向某个客户或某个客户群体推送营销信息，实现营销信息的精准传达，进而进行商品推广和销售。

温故知新

一、填空题

1. 从广义上讲，推销是指一个活动主体试图通过一定的方法和技巧，使特定对象接受某种事物和思想的行为过程。我们可以把推销理解为_____、暗示、沟通、_____等。

2. 狭义推销即商品推销，是以_____的方式，借助推销人员直接与潜在客户接触、洽谈，向其介绍商品，进行说服，促使其采取_____的活动过程。

3. 推销具有双向性、_____、_____、_____、实效性的特点。

4. 推销的构成要素主要包括_____、_____、_____、推销信息和推销环境。

5. 推销过程是推销构成要素_____和_____的过程。

二、选择题

1. 推销的最终目标是（　　　）。

　　　A. 接近客户　　　　　B. 与客户达成交易　　C. 与客户洽谈　　　　D. 处理客户异议

2. 狭义的推销是指（　　　）推销。

　　　A. 服务　　　　　　　B. 信息　　　　　　　　C. 商品　　　　　　　D. 利益

3. 承担推销任务的主体是（　　　）。

　　　A. 推销人员　　　　　B. 推销对象　　　　　　C. 推销信息　　　　　D. 推销环境

4. 推销人员主动寻找目标客户，并吸引他们的注意，使他们产生购买欲望并做出购买行为，体现了推销的（　　　）。

　　　A. 双向性　　　　　　B. 双赢性　　　　　　　C. 灵活性　　　　　　D. 主动性

三、判断题

1. 优秀的推销人员首先推销企业和商品。（　　　）

2. 推销是一个信息双向沟通的过程。（　　　）

3. 推销是一个复杂的行为过程，需要运用一定的方法与技巧。（　　　）

4. 营业推销是指推销人员在各种会议场所，如展销会、洽谈会、交易会、订货会、供货会等进行推销的方式。（　　　）

融会贯通

请同学们4人一组，完成以下任务。

（1）到本地商场、超市、批发市场等商品交易地进行实地观察，了解推销人员是如何完成推销工作的，并写出推销的过程及让自己印象深刻的地方，体会推销的本质。

（2）通过实地观察，根据自己所看到的情景，总结推销具有哪些特点。

（3）找出一个典型事例，分别说出推销的构成要素，并试着分析构成要素具有哪些特点，如导购员（推销人员）热情主动、服务态度好，买菜的老年人（推销对象）注重蔬菜的新鲜度及价格，买电器的中年人（推销对象）更看重电器的品牌及售后服务等。请将分析的结果填入表1-1。

表1-1　推销的构成要素及其特点

构成要素	各构成要素的特点
推销人员	微笑服务、语气柔和等
推销对象	
推销商品	
推销信息	
推销环境	

（4）每组推选两人，分别扮演推销人员和推销对象，根据典型事例中的情景进行演练。全班选出具有代表性的两组，并让其面对全班同学再次进行表演，最后由教师点评。

任务二　培养推销职业素养

任务描述

小艾常听人说，做推销工作重要的是胆大心细，要能厚着脸皮把商品销售出去。小艾在实习期真正接触推销工作后才知道事实并非如此。推销人员对其职责的认识和自身具备的素质直接决定推销的效果。小艾觉得，要想做好推销工作，必须牢记推销人员的职责、明确推销人员的必备素质、遵守推销人员的职业道德。

任务实施

👤 活动一　牢记推销人员的职责

推销人员只有在明确并牢记自身职责的前提下才能更好地开展推销工作。推销人员的职责并非简单地将商品推销出去，而是将推销工作和客户的实际需求有机结合起来，既要满足客户的需求，向客户提供周到的服务，又要通过完成推销任务为企业带来良好的经济效益。

推销人员的职责主要包括以下 5 个方面。

1. 销售商品

推销人员最基本的职责是销售商品。销售商品是推销工作的核心。销售商品是通过推销过程中的一系列活动来完成的，包括寻找潜在客户、做好拜访准备、推销洽谈、处理异议、确定价格及交货时间、签订合同等。推销人员应在分析某个客户或某个客户群体特征的基础上，运用各种方法引起他们的注意或兴趣，激发他们的购买欲望，最终促成交易。

2. 树立形象

推销人员要在客户面前树立良好的企业形象。推销人员的言行举止不仅代表自己，还代表企业，其良好的个人形象能够为企业带来良好的声誉。推销人员要以真诚的态度与客户接触，通过自我推销赢得客户的信赖与好感，凭借自己的努力使客户对整个交易过程都感到满意。

3. 反馈信息

推销人员不仅要将商品、企业的相关信息传递给客户，还要将客户的需求状况、购买状况，市场供求关系的现状及其变化趋势，同类商品竞争状况，商品经营状况，以及客户对企业销售政策的意见、要求等信息反馈给企业。推销人员是连接企业与客户的桥梁，应及时、准确地捕捉市场信息并反馈给企业，使企业的营销更加具有针对性和精准度。

4. 提供服务

推销人员提供的服务包括推销前、推销过程中及推销后的服务。在激烈的市场竞争中，提供优质的服务往往是推销成功的重要因素。

- 推销前的服务：确认客户的需求及需要解决的问题；为客户提供多项选择；为客户的购买决策提供必要的咨询等。
- 推销过程中的服务：为客户提供运输、保管、装卸及办理手续方面的帮助等。
- 推销后的服务：为客户提供商品安装、调试、维修、保养、技术咨询、零配件的供应，以及各种保证或许诺的兑现等。

5. 建立关系

推销人员应运用各种管理手段和人际交往手段建立、维护与潜在客户及老客户之间的业务关系和人际关系，以便获得更多的销售机会。推销人员获得一定阶段的推销成功以后，还要继续与客户保持联系，如定期访问、发送节日问候等，这样有利于与客户建立长期、稳定的合作关系。

活动二　明确推销人员的必备素质

小艾知道推销工作难度大、要求高，能否顺利达成交易在很大程度上取决于推销人员的整体素质。小艾开始思考一名优秀的推销人员应具备哪些素质。

优秀的推销人员不是天生的，而是通过后天的努力锻炼而成的。推销人员的必备素质包括5个方面，如图1-4所示。

图1-4 推销人员的必备素质

1. 思想素质

推销人员要从思想上正确认识推销的职业价值，热爱推销工作，具有高度的敬业精神，不怕艰苦，任劳任怨，全心全意为客户服务，有取得事业成功的坚定信念；要诚实守信，无论对客户、企业还是竞争对手都应坚持诚信。只有这样，推销人员才能获得他人的信任，在推销的职业道路上走得更远。

2. 文化素质

推销人员通常具有多重身份，既是企业的营销者，又是客户的参谋，还是企业与外界的联络员，因此必须具备良好的文化素质。例如，推销人员既要掌握一定的科学文化知识，如语文、数学、外语、历史、地理、生物、化学、政治、哲学等基础知识，又要掌握与企业、市场相关的专业知识，如企业管理、商品知识、市场营销、商务谈判、法律知识等。

3. 业务素质

推销人员要锐意进取，熟练掌握推销技巧，培养敏锐的观察能力、良好的语言表达能力，丰富自己的推销经验。只有具备较高的业务素质，推销人员才能适应复杂多变的推销环境，应对不同的客户，创造令人瞩目的销售业绩。

推销人员必须具备以下4个方面的业务素质。

（1）敏锐的观察能力

推销人员在工作中会接触很多不同性格的客户，因此必须善于察言观色，及时发现客户之间的差异，随机应变，针对不同客户的特点分别采取不同的推销策略。

（2）熟识市场行情

推销人员要善于捕捉各种有效的市场信息，掌握市场行情，对商品市场的变化、价格的涨落、竞争力度的强弱，以及客户兴趣的转移、消费倾向的变迁等情况了如指掌。

（3）思考学习能力

推销人员要勤思考，爱学习，乐于接受新鲜事物。只有不断学习，扩大知识面，善于分析、总结、提炼、归纳，推销人员才能更好地掌握专业技能，逐渐由推销新手转变为具有丰富经验和高超技能的优秀推销人员。

（4）良好的沟通能力

推销人员应具备良好的沟通能力，善于和他人交流，扩大自己的交际面，不断积累资源，寻找推销机会。与人沟通时，推销人员不仅要有较好的口才，还应注意倾听，善于提问，适时引导，洞察客户的心理与动机，找到客户感兴趣的话题，使沟通更顺畅，从而更快地达到推销目的。

4. 心理素质

推销人员应具备良好的心理素质。在推销过程中，推销人员难免遇到挫折和失败，只有具备良好的心理素质，坦然面对并积极应对困难与挑战，才有获得成功的可能。

推销人员必须具备的心理素质包括以下两个方面。

（1）意志和毅力

推销工作的挑战性、艰巨性要求推销人员具有坚强的意志和毅力。坚强的意志和毅力可以使推销人员具有较强的受挫力和坚韧性。有了坚定的信念和顽强的意志，以及对于成功的渴望，推销人员就会产生强大的动力，并积极投入推销实践中。

（2）自信心

推销人员的自信心体现在推销人员对自己的观点、分析解决问题的能力、完成任务的能力等的认可。推销人员应相信自己能够克服一切困难，说服客户，完成任务；应相信自己所在的企业能够提供优质的商品，给自己发挥才能的机会；应相信商品是符合客户需求的，能够给客户带来利益。

推销人员只有拥有了自信，才有战胜困难和失败的勇气。

📖 案例链接

不卑不亢，据理力争

杨总是某商贸公司的二级代理商，他一直想做一级代理商，但商贸公司派去的许多代表考察回来后都反馈杨总暂时还不满足成为一级代理商的要求。这一次，商贸公司派韩明去拜访杨总。韩明刚做完自我介绍，杨总就很生气地说："你们公司的人怎么回事，还来干什么？赶紧走吧！我们不欢迎……"

韩明一下子愣了，不知道该说什么。杨总又将刚才说过的话重复了一遍。韩明这时感觉自己不能再忍了，为了公司的形象，也为了个人的尊严，他平静而有力地说："杨总，我知道您对我们公司有些误会，我来拜访您，您不应该这样对我。就算我们在街上偶然遇到，您也不该这样对待一个陌生人，更何况您现在还在代理我们的商品，而且通过代理我们的商品盈利了！您有问题就说问题，我们一起商量，这样才有解决问题的可能。"

杨总看出这个小伙子与其他人不一样，于是将抱怨的情况、原因全部说出，还主动向韩明道歉。最后，韩明不仅帮杨总争取到一级代理商的资格，还和杨总成了朋友。

智慧锦囊：在推销过程中，给予客户热情的服务是成功交易的重要保证，但热情也需要适度，推销人员并不低人一等，没有必要一味地退让，而应树立信心，明确自己的人格和商品在客户心中的分量，不卑不亢地赢得客户的尊重。

✏️ 如春在花

我们要保持自信和积极的心态。一个拥有自信的人更能彰显个人魅力，做事更容易成功。积极的心态是成功推销的重要因素，它不仅影响我们的语气、姿势和面部表情，还影响我们的精神、思想和情绪。把良好的精神、思想和情绪传递给客户，更容易让客户产生共鸣，也利于双方的沟通。因此，我们不仅要树立自信，还要通过多种方式培养积极进取的心态。

5. 身体素质

推销是高强度的体力和脑力双重消耗的工作，比较考验推销人员的身体素质。例如，参加气氛紧张、任务艰巨的商务洽谈既耗体力，又耗精力；企业有时会安排推销人员长期出差，甚至会安排推销人员进行商品的安装和维修，工作强度比较大。

因此，推销人员必须有健康的体魄，这样在拜访客户、洽谈业务时才能以饱满的精神和稳定的情绪面对客户，更好地发挥才能，适应激烈的竞争环境。

知识窗

推销人员的素质关系着企业的全局和长远发展。推销人员必须以切实可行的方法，有计划、有步骤地提高自身素质。性格外向的人往往善于交际，乐于助人，但做事也易缺乏耐心，不能很好地控制自身情绪，甚至会因为过于自信而遭到客户的拒绝；一些看似木讷却能吃苦耐劳的性格内向的人也能给人以诚实可靠的感觉，从而获得客户的信任。因此，不管自己是哪一种性格，推销人员都不要过分纠结，重要的是提升自己，克服弱点，发挥优势。

 知识窗

活动三　培养推销人员的职业道德

推销人员的职业道德是指推销人员在推销活动中应遵循的道德规范的总和。推销人员应自觉遵守以下职业道德。

1. 诚实守信

推销人员在推销过程中要做到诚实守信、实事求是，不能为了增加商品的销量而虚假宣传或者夸大商品的优势。推销人员要兑现承诺，如果出现一些确实无法做到的事情，要提前告知客户以取得客户的谅解。推销人员要用自己的真诚和诚信来打动客户，获得客户的信任与认可，这样才能在推销的职业道路上走得更远。

2. 高度负责

推销人员在推销过程中要对自己的行为及其后果承担责任，不能为了个人的私利损害企业的利益，也不能为了企业的一时之利损害客户和社会的利益。推销人员要以高度负责的精神坦诚地对待每一个客户，与客户建立长期、稳定的合作关系，这样才能持续地给企业及个人带来经济效益。

3. 严守秘密

在推销活动中，推销人员可能会接触到客户或企业的一些秘密。推销人员必须严守秘密，不得向外传播扩散。

4. 公正平等

推销人员应公正平等地对待客户和竞争对手。在推销活动中，推销人员以次充好、弄虚作假的行为是不道德的，不择手段、诋毁竞争对手有违公平竞争原则。

如春在花

卡耐基说过："想要别人怎样对待你，你就要怎样去对待别人，这是赢得尊重的好方法。"在推销界有这样一句话：尊重上级是一种天职，尊重下级是一种美德，尊重同事是一种本分，尊重大众是一种常识，而尊重所有人是一种教养。推销人员在与客户交往时，应时刻谨记这一点。尊重他人是与人良好沟通的基础，尊重他人就是尊重自己。

温故知新

一、填空题

1. 推销人员的职责是将推销工作和客户的_____有机结合起来。

2. 推销人员的职责主要包括_____、_____、_____、提供服务和建立关系几个方面。

3. 推销人员的必备素质包括5个方面，即_____、_____、_____、心理素质和身体素质。

4. 推销人员要在客户面前树立良好的_____。

5. 推销人员要从思想上正确认识推销的_____，热爱推销工作，具有高度的敬业精神。

二、选择题

1. 下列选项中，不属于推销人员必须具备的心理素质的是（   ）。

    A. 坚强的毅力   B. 自信心   C. 强健的体魄   D. 坚强的意志

2. 下列选项中，不属于推销人员必须具备的思想素质的是（   ）。

    A. 具有高度的敬业精神   B. 有取得事业成功的坚定信念

    C. 诚实守信   D. 具有良好的沟通能力

3. 关于推销人员的职业道德，下列描述不正确的是（   ）。

    A. 推销人员要讲诚信，实事求是，说到做到

    B. 应公正平等地对待客户和竞争对手

    C. 对待工作高度负责

    D. 凡事都应先承诺客户

4. 下列选项中，不属于推销人员必须具备的业务素质的是（   ）。

    A. 良好的沟通能力   B. 敏锐的观察能力

    C. 思考学习能力   D. 自尊心和自信心

5. 关于推销职责中的反馈信息，下列说法不正确的是（   ）。

    A. 将商品、企业的相关信息传递给客户

    B. 将客户的需求状况、购买状况反馈给企业

    C. 及时、准确地捕捉市场信息并反馈给企业

    D. 推销是推销人员与客户的双向沟通

三、判断题

1. 推销人员的职业道德是指推销人员在推销活动中应遵循的道德规范的总和。（   ）

2. 推销人员对待客户要诚实守信，对待竞争对手则不必如此。（   ）

3. 推销人员在推销活动中要实事求是，切忌虚假宣传。（   ）

4. 推销人员要在客户面前树立良好的企业形象。（   ）

5. 推销人员接触到客户或企业的一些秘密后，可以根据具体情况向外传播扩散。（   ）

融会贯通

某电器商场内，一位男士正在看一款电磁炉，售货员张苑走过来热情地向他介绍："这是今年的新款电磁炉，档次高、带彩屏显示、功能齐全、功率大……"

男士说："我就是为了在家里吃火锅，不需要那么多功能，实用就行。"

张苑说："电磁炉不仅可以吃火锅，还可以炒菜、煮粥、炖汤……"

男士有些激动，大声地说："我只用它吃火锅。算了，不买了，改天再说。"

售货员陈莉经过观察，感觉这位男士是想要那种功能简单、便于操作、价位适中的电磁炉，便走过来说："先生，您好，我们店有一款电磁炉卖得特别好，经久耐用，操作简单，价格亲民，您可以看看。"

陈莉带着男士来到另一款电磁炉旁边，接着说："这款电磁炉性价比高，口碑也特别好。"

男士感觉不错，于是在询问价格后对陈莉说："那我就要这一款吧。"

事后，张苑跟陈莉抱怨："有些客户真难伺候，你热情地给他介绍好商品，他还不乐意了。"

陈莉说："做推销，不是把你以为的好商品推荐给客户，而是把他需要的商品介绍给他。"

（1）请同学们对以上资料进行分析并分组讨论：为什么张苑没有推销成功，陈莉却推销成功了？请同学们认真思考，积极参与，大胆发言，发言要自信、从容、声音洪亮。

（2）请同学们自由分组，3人一组，分别扮演售货员张苑、售货员陈莉与客户，在表演中体会推销人员的必备素质和客户的感受。

请教师与学生一起完成表1-2。

表1-2　探究推销人员推销成败原因训练评测表

评价方式	态度端正，严肃认真（2分）	积极参与，主动发言（2分）	分析透彻，观点正确（4分）	表达流畅，声音洪亮（2分）	总分（10分）
自我评价					
小组评价					
教师评价					

任务三　塑造良好的个人形象

任务描述

培训部李老师告诉大家，塑造良好的个人形象有利于推销工作的开展。要想推销商品，推销人员必须先推销自己。推销自己就是展示自己的言谈举止、仪表风度、个性品质、精神状态、处事原则和价值观念等，给客户留下积极、正面的印象。推销人员的个人形象是其综合素质的体现，既涉及个人素质，又代表企业形象，需要推销人员不断学习和改善。

小艾为了能够给客户留下深刻的正面印象，开始注重自身在仪容修饰、仪表着装、仪态举止、交谈沟通方面的礼仪。

任务实施

活动一 仪容修饰礼仪

仪容主要是指一个人的容貌。虽说一个人的容貌是天生的，难以改变，但一个人的形象可以通过后天修饰达到令人赏心悦目的效果。一个人的仪容往往是其身上最容易引起他人注意的地方，是一个人的精神面貌的外在体现。推销人员应保持乐观的情绪和充足的睡眠，以饱满的精神面貌面对客户。

男士一般无须化妆，但要气色良好，面容整洁；头发应干净整洁，发型线条流畅、自然，给人健康、舒适的感觉。女士应化淡妆，妆容与自身气质相近，能更好地体现出气质神韵，给人优雅知性、成熟干练又不失温和亲切的职业形象。当然，根据推销商品的不同，女士的仪容修饰比较灵活，如推销化妆品的女士可以将仪容修饰得适当时尚、个性一些，彰显青春气息，让自己显得神采飞扬，以此来吸引客户。

推销人员的仪容修饰讲究协调性，要与自身的外貌、气质、身份及外部环境相协调，有时还要契合推销商品的特征。

推销人员应按以下要求进行仪容的检查和修饰。

（1）头发

推销人员的头发要保持干净、整洁，不能太油，也不能有头皮屑，否则会影响自身的整体形象；发型不宜太个性、前卫，不得染过于鲜艳的颜色。男士不得留长发。

（2）耳朵

推销人员的耳朵内外必须保持干净。男士不能佩戴耳饰；女士的耳饰不得过于夸张，以能够体现端庄、优雅的气质为宜。

（3）眼睛

推销人员的眼睛周围要保持干净，眼角不应残留分泌物，不充血、不斜视；眼睛要明亮有神，显得精神饱满。女士的眼部妆容要自然，不得过于浓艳，眼周不能有晕开的眼线、睫毛液。如果推销人员戴眼镜，要保证眼镜的洁净、明亮，不戴墨镜或有色眼镜。

（4）鼻子

推销人员的鼻腔要保持洁净；鼻毛要经常修剪，不得露出鼻孔。

（5）口腔

推销人员要保持口腔卫生，牙齿洁白、整齐，口中无异味。女士宜涂抹颜色较淡雅的口红。

（6）面部

女士可化淡妆，粉底要涂抹均匀，不宜太厚，且与皮肤底色相协调。男士也要做好面部的清洁护理，保持面部肌肤清爽洁净，切忌油光满面、满脸胡须。

（7）指甲

推销人员应勤剪指甲，指甲的长度一般不应超出手指顶端。女士一般不涂抹指甲油，即使涂抹，也应选择无色透明或自然肉色的指甲油。

 知识窗

推销人员化妆需遵循以下礼仪规范。

（1）切忌当众化妆、补妆

化妆属于个人私事，只能在无人在场的情况下进行，即遵循修饰避人原则。在公共场合化妆，会显得缺乏教养，是一种既不自重也不尊重他人的表现。

（2）切忌以残妆示人

推销人员在化妆之后要维护妆容的完整性，因此要经常检查妆容，尤其是在休息、用餐、饮水、出汗或更衣之后。若发现妆容残缺，要及时抽身补妆。

（3）不随意评论他人的妆容

由于文化传统、个人审美或肤色上的差异，每个人选择的妆容会有所不同。因此，推销人员在看到他人的妆容时不要议论，也不要打探其使用的产品品牌或价格，更不能批评或指责他人的妆容。

（4）不向他人借用化妆品

借用他人的化妆品不但不卫生，而且不礼貌，应当避免做出这种行为。

（5）妆容以淡雅为宜

化妆一般宜淡不宜浓，宜雅不宜俗。无论是与客户洽谈业务还是聚会用餐，化妆都应当以淡雅为宜。淡雅的妆容与得体的衣着相互配合，可以烘托出推销人员高雅的气质。

 知识窗

活动二　仪表着装礼仪

得体的衣着是塑造良好仪表的关键，所以推销人员必须重视自身的服饰。服饰没有固定的搭配模式，应该根据场合、所推销的商品类型等因素灵活选择。有些企业为了塑造企业形象要求统一着装，推销人员应按企业的要求规范着装。如果没有要求，推销人员一般应穿着西装，搭配衬衣、领带。

推销人员在着装方面应遵循入乡随俗的原则。一方面，新入职员工的穿衣风格要与企业老员工的穿衣风格相协调；另一方面，推销人员的服饰风格应与客户见面的场合基本吻合。例如，推销人员与客户在企业内部约见、洽谈时，其穿着应较为正规；要登门拜访时，推销人员的穿着可以休闲一些。另外，针对不同的推销商品，推销人员的着装也可以灵活调整。

推销人员在着装方面应注意以下 8 点。

- 穿着西装时，要注意衬衣、领带的搭配，通常是深色西装搭配白色衬衣，再搭配一条质地优良的领带；切忌穿白色袜子，宜穿黑色皮鞋，女士皮鞋应以中跟或平跟为宜。
- 选择西装时应注意面料的质量与档次，首选毛料西装，因其具有轻、薄、软、挺的特点，切忌选择品质低劣的西装，否则会给客户留下不良印象。
- 衣服的款式、颜色应体现推销人员稳重、大方的气质。参加正式的商业洽谈和严肃的销售会议时，推销人员宜选择深色系服装，而在一般的社交场合可以选择浅色系的服装，这样没有压迫感，更容易拉近与他人的距离。
- 不宜穿奇装异服。
- 不宜穿流行服装或绿色、黄色服装，以免给客户留下不稳定、不成熟和不可靠的感觉。
- 宜穿着带有企业标志的服装或与商品形象相符合的服装，这样更容易获得客户的信任。
- 应以职业装为主，不可穿着轻佻或过分暴露的服装。
- 不宜佩戴过多的饰品。男士可佩戴手表，女士佩戴的饰品不要超过3种，不能佩戴过于夸张、张扬的饰品。

推销人员在选择服装时，应首先考虑自己的身材、年龄、身份、职业等。在推销过程中，推销人员的着装应因时制宜、因地制宜、因人制宜，即推销人员在不同的季节、不同的场合，面对不同的客户，应选择不同的服装。

经验之谈

推销人员的着装非常重要，稍不注意就会阻碍推销工作的开展。

（1）推销人员着装不整洁，一方面会让客户感觉此人不讲卫生，心生厌恶；另一方面会让客户对企业的整体形象产生疑问，进而怀疑企业的实力与商品的质量等。

（2）推销人员衣着打扮不得体，会让客户觉得此人不成熟或过于自负；衣着过于奢华，会让客户觉得此人是在故意卖弄或炫耀，让客户产生厌烦情绪。

（3）推销人员的穿着不符合企业形象的要求，会误导客户对企业产生不合实际的想法；不符合商品的特点，会让客户怀疑商品的功能或质量。

学以致用

设计合适的着装

请根据不同的推销商品设计适合上门拜访客户的着装，并将具体内容填入表1-3。

表1-3 设计合适的着装

推销商品	推销人员拜访客户时的着装
某款儿童玩具	
某款适合老人用的健康器械	
某款化妆品	
某品牌服装	

👤 活动三 仪态举止礼仪

扫一扫，看微课

仪态礼仪

小艾常听人说："无论做何工作，都要站有站相，坐有坐相。"她觉得，优雅的仪态、落落大方的举止能够为自己的形象加分，更有利于推销工作的开展。仪态是指可以展现一个人风度的姿态，泛指人们的身体所呈现出来的各种姿势，包括站姿、坐姿、走姿、手势等。

1. 站姿

推销人员的站姿要标准：身体端正，两眼正视前方，两肩平齐，两臂自然下垂，双手相握轻贴于腹部，两脚跟并拢，双腿垂直于地面，挺胸收腹，腰背挺直，给人庄重、挺拔的感觉，如图1-5所示。

扫一扫，看微课

站姿

推销人员在站立时切忌东倒西歪、无精打采、驼背弓腰、肩部不齐，或交叉两腿斜靠在墙壁或栏杆上，也不能抖动双腿，将双手叉在腰间、抱在胸前，胡乱摆动两臂，与他人勾肩搭背。

有时为了维持较长时间的站立，男士可以将两脚平行分开站立，两脚外沿宽度以不超过两肩的宽度为宜，如图1-6所示；女士可以呈丁字步或小八字步站立，如图1-7所示。

图1-5 推销人员的标准站姿

图1-6 男士常用站姿

图1-7 女士常用站姿

2. 坐姿

良好的坐姿可以给人沉着、稳重、大方的感觉，能更好地展现自身的气质与风范，使人产生信任感。推销人员的标准坐姿：挺胸收腹，两肩自然放松，身体稍微前倾，两膝并拢，双手自然地放到两膝上或座位的扶手上，同时头部保持平稳，目光平视，身体重心放在座位上，不要坐满座位，一般坐在座位 2/3 的位置，如图 1-8 所示。

扫一扫，看微课

坐姿

图1-8　推销人员的标准坐姿

推销人员在与客户交谈时，尽量不要坐在其对面，而应与客户同向而坐，一方面容易拉近与客户的距离，另一方面便于商品的演示讲解。离开座位时，推销人员要把椅子放回原位。标准的坐姿能时刻传递着自信、友好、热情的信息。

推销人员要避免不良坐姿：坐满座位；头部乱晃，左顾右盼，摇头晃脑；上身歪扭、直接趴在桌子上或靠在椅背上；入座后双手抱臂，抱住膝盖，将双手压在臀下，双手抱于脑后，用手抚摸腿部和脚部；腿脚姿势不对，如跷二郎腿，抖动腿脚，用脚敲击地板等。这些不良坐姿对客户来说是极其不礼貌的。

3. 走姿

走姿是指人在行走过程中呈现的姿势。规范的走姿可以体现出一个人的精神面貌和动态美。推销人员的标准走姿：上身基本保持站立的标准姿势，抬头，挺胸，收腹，挺直腰背；两臂以身体为中心，前后自然摆动，前摆约 35°、后摆约 15°，手掌朝向身体内侧；起步时身体稍向前倾，重心落在前脚掌，膝盖伸直；脚尖向正前方伸出，行走时两脚的落地点应呈一条直线。

男士走路时应步伐轻快、步履矫健、干净利落、不拖泥带水，给人稳重、大方的感觉。女士步履要匀称、轻盈、端庄、文雅，展现温柔之美，给人轻松、自然、优雅之感。

推销人员在走路时应避免的错误姿势：身体左右摇晃（给人无知、轻浮之感）；弯腰弓背、低头无神（给人压抑、疲倦的感觉）；走路拖拉，抬不起脚（显得没有朝气）；走路左顾右盼，盯着他人看或边走路边评论别人等。

4. 手势

手势在传递信息、表达意图、传递情感方面发挥着重要的作用，配合生动形象的有声语言，可以使传达的信息更有感染力、说服力和影响力。

不同的手势表达不同的含义。一般来说，掌心向上的手势表达诚恳、尊重他人的含义；掌心向下的手势意味着不够坦率、诚意不足；伸出手指指人是为了引起他人注意，有教训他人的意味；五指并拢指向他人可以表现出端庄和礼节。当然，在不同情景和不同地域下，即使是相同的手势，其含义也可能存在很大的差异。

推销人员使用手势的基本要求是准确、规范、适度、协调。

（1）准确

在使用手势时，推销人员必须注意不同地域的人们使用手势的习惯，准确掌握手势的含义，切不可乱用。例如，竖起拇指在我国代表夸赞；在美国和欧洲部分地区则用来表示搭车。

（2）规范

推销人员在使用手势时要规范，动作幅度不宜过大，不能出现指手画脚、手舞足蹈等出格动作；动作幅度也不宜太小，否则可能无法引起对方的注意，或不能使对方理解、明白推销人员要传达的信息。

（3）适度

推销人员要适度使用手势，手势宜少不宜多。过多的手势会给人装腔作势、缺乏涵养的感觉。

（4）协调

手势的使用需要配合眼神、表情和其他体态，与全身协调一致，以增强推销人员的语言感染力，辅助沟通和交流。

除此以外，推销人员还要杜绝以下不良手势：当众搔头皮、掏耳朵、挖鼻孔、咬指甲、用手指在桌上乱写乱画、单独用食指或中指指向他人等。

经验之谈

推销人员应注意养成良好的习惯，在与客户交往中应注意以下行为准则。

（1）与客户见面时，无论门是关着还是开着，都应轻轻敲门，得到允许后再进入。

（2）客户未坐定，不得先坐下。

（3）用双手递送或接收名片。

（4）不得随意触碰或把玩客户的物品。

（5）与客户告辞时，应感谢对方抽出时间与自己交谈。

活动四　交谈沟通礼仪

推销人员与客户进行融洽的交谈沟通是推销工作取得成功的重要因素。为了提高交谈沟通的效率，推销人员应加强语言训练，提高表达水平，并遵守礼仪规范，掌握谈话的艺术。

推销人员在与客户交谈沟通时应遵守以下礼仪规范。

（1）注意目光的运用

推销人员在与客户交谈时，一般要注视对方双眼到唇部的三角区域，目光柔和，以示礼貌和尊重。表达意愿强烈时，如促成对方购买或者希望对方签单时，推销人员可以注视对方的眼睛或额头。

（2）保持微笑

微笑可以传达友善、亲切、礼貌、关怀和诚意，烘托和谐愉悦的沟通氛围。推销人员保持微笑能够快速拉近与客户的心理距离，化解冷漠和隔阂，促进双方的有效沟通。

（3）灵活运用语言

推销人员在与客户交谈时，一般要使用普通话，要求发音准确、通俗易懂，不使用专业术语，以让对方准确接收信息。在特殊场合，如果对方使用方言，且使用方言交流效果会更好，推销人员可以灵活变通，使用对方的方言来沟通。

（4）思维清晰

推销人员在与客户交谈时要条理清晰、逻辑性强、有理有据，避免前言不搭后语或强词夺理。

（5）注意倾听

推销人员要给客户说话的机会，不轻易打断客户，不与客户争辩；如果需要打断客户的发言，要注意态度与语气，如可以用商量的语气说："请停一下，我可以提个问题吗？""请允许我插句话，好吗？"

（6）注意交谈距离

推销人员要注意与客户保持适当的距离，贴近客户或唾沫四溅很容易使对方产生反感的情绪。

（7）不随便开玩笑

与客户交谈时，推销人员不要随便开玩笑，更不得讽刺、挖苦或贬低他人，哪怕攻击竞争对手也会给客户留下不好的印象。

（8）注意副语言的运用

副语言主要包括说话时的语速、语音、语调等。一个人说话时的语速、语音和语调可以反映其气质、性格和修养，同时也会影响语言表达的效果。推销人员平时要多做语言基本功训练。

总之，推销人员在与客户交谈沟通时应态度诚恳、热情，措辞准确、得体，语言礼貌规范、文雅谦恭，不含糊其词，不信口开河、出言不逊。这些都是交谈沟通的基本准则。推销人员除了遵守交谈沟通的礼仪规范，还要善于解读对方的思想、情感，捕捉成交信号，促进推销成功。

📖 案例链接

过犹不及

一对夫妇准备购置一辆新车，他们来到一家4S店，店里的推销人员很热情地迎上来。推销人员简单地介绍了自己，就开始围绕店内汽车的性能、特征说个不停，而这对夫妇对这些细节并不感兴趣，因为他们已经在网上查询过这些汽车的性能、特征。

其实这对夫妇来店里只是想试驾汽车，感受一下。但是，推销人员根本没有给两人说话的机会，一直在讲夫妇两人并不关注的事情。

夫妇临走时，推销人员才提出让他们试驾，但他们已经决定不在这里购买汽车了。他们觉得，推销人员根本就没有为他们考虑，不关注他们的想法，而只关心如何把汽车销售出去，如果以后汽车出现故障，估计也不会获得应有的售后服务。

于是，夫妇拒绝试驾，失望地离开了。

智慧锦囊：案例中的推销人员说话啰唆，不注意倾听与提问，不关注客户的感受，独自侃侃而谈，没有发现客户关注的重点，因此不仅没有激发出客户的购买欲望，反而消磨了客户的耐心，最终让客户放弃购买。可见，推销人员的交谈沟通礼仪非常重要。很多时候客户想要尽快获得商品的重要信息，如果推销人员迟迟说不到重点，说话又多，看似热情，其实会令客户反感，让客户失去耐心。

温故知新

一、填空题

1. 推销人员的头发要保持_____、_____，发型不宜太_____、_____，不得染过于鲜艳的颜色。

2. 推销人员穿西装时，要注意_____、_____的搭配，通常是深色西装搭配_____，再搭配一条质地优良的领带。

3. 推销人员的着装应_____、_____、_____，即推销人员在不同的季节、不同的场合，面对不同的客户，应选择不同的服装。

4. 推销人员在与客户交谈时，一般要使用_____，要求发音准确、通俗易懂，不使用_____，以让对方准确接收信息。

二、选择题

1. 关于推销人员的站姿，下列做法正确的是（　　　）。

 A. 站在原地不停地左右摇摆   B. "站如松"，身体端正，腰背挺直

 C. 站立时抖动双腿，将双手叉在腰间 D. 倚在墙壁上，一个肩高，一个肩低

2. 关于推销人员的着装礼仪，下列说法正确的是（　　　）。

 A. 穿着西装时，宜穿白色袜子、黑色皮鞋

 B. 穿西装时宜穿流行款式，如绿色、黄色西装

 C. 参加正式的商业洽谈时，宜选择深色系西装

 D. 穿西装时女士宜佩戴多件珠宝首饰

3. 关于推销人员的坐姿，下列做法不正确的是（   ）。

  A. 坐在椅子的2/3处   B. 挺胸收腹，两肩自然放松

  C. 头部端正，目光平视   D. 入座后靠在椅背上，双手抱臂

4. 关于推销人员的走姿，下列做法不正确的是（   ）。

  A. 走路拖拉、左顾右盼，抬不起脚

  B. 男士走路时步伐轻快、步履矫健、干净利落

  C. 女士步履匀称、轻盈、端庄、文雅

  D. 两臂以身体为中心，前后自然摆动

5. 关于推销人员的交谈沟通礼仪，下列做法不正确的是（   ）。

  A. 保持自然亲切的微笑，传达友善、亲切、礼貌、关怀和诚意

  B. 介绍商品时全神贯注，不给客户说话的机会

  C. 与客户交谈时，不随意和客户开玩笑

  D. 讲话有理有据，不强词夺理

三、判断题

1. 男士推销人员一般不需要化妆，但需要保持健康、整洁的仪容。（   ）

2. 推销人员的仪容要与自身的外貌、气质、身份及外部环境相协调，讲究美观、自然。
（   ）

3. 推销人员在与客户交谈时，应坐在客户的对面，以便沟通。（   ）

4. 当众搔头皮、掏耳朵、挖鼻孔、咬指甲等是严重影响个人形象的不良手势。（   ）

5. 推销人员正确的坐姿是坐满椅子，倚靠在椅背上。（   ）

融会贯通

要想做好推销工作，首先要学会推销自己。请同学们自由分组，4人一组，做自我介绍的训练。

（1）根据自己想要选择的推销工作的性质，如保险推销员、医疗器械推销员、儿童用品推销员等，精心设计一份时长为3分钟的自我推销演讲稿，并熟记演讲稿，做到脱稿演讲。

（2）根据自己选定的推销工作做好仪容修饰、仪表着装，在演讲时注意仪态举止礼仪。

（3）演讲时，注意神态自然、声音洪亮、吐字清晰、面带微笑，并保持良好的站姿，使用合适的手势。

（4）演讲完后，礼貌致谢，并以良好的走姿回到座位。

（5）演讲内容包括问候、自我介绍（姓名、籍贯、兴趣爱好、专长、家庭情况等）、对推销的认识，以及自己的职业规划等。

请教师与学生一起完成表1-4。

表1-4　自我介绍训练评测表

评价方式	自身形象（1分）	表情神态（1分）	语言表达（2分）	语速、语调（1分）	仪态举止（1分）	自荐内容（2分）	问候致谢礼仪（1分）	整体印象（1分）	总分（10分）
自我评价									
小组评价									
教师评价									

答疑解惑

　　"职场情境"中提到培训部的李老师要为新员工进行培训，那李老师是如何开展培训活动的呢？培训部的李老师在给新员工做培训时，讲解的内容不拘泥于理论知识，而是理论联系实际，在讲到相关的理论知识时为他们讲述相应的案例，并让大家热烈讨论，使新员工更容易理解推销的基础知识。

　　（1）认识推销

　　李老师讲解完推销的含义，又重点阐述了推销的过程。在他看来，这些内容是重中之重，只有了解推销的过程，推销人员才能按计划一步一个脚印地推进工作，保证方向的正确。推销的过程包括寻找客户、接近客户、推销洽谈、处理异议、达成交易、售后服务。这个过程中的环节缺一不可。推销人员要在推销过程中挖掘并满足客户的需求，而实现这一目的的途径就是运用各种推销方法和技巧。

　　李老师在介绍推销的特点时，重点强调了双向性和灵活性。李老师说："有些推销人员在与客户洽谈时，只顾着自己讲话，根本不管客户的需求。这样做肯定不行，客户的需求表达不出来，客户就感受不到被尊重，我们又怎么能卖出商品？有些推销人员有计划，也已经提前演练好如何说服客户，但在现场遇到变化后不知变通，还是一根筋地按照之前的计划行动，自然会失败。"小艾明白，推销不是一个单向宣传信息的过程，推销人员要了解客户的需求、观察客户、倾听客户的意见，同时针对不同情况做出不同的处理。

　　推销的构成要素包括推销人员、推销对象、推销商品、推销信息、推销环境。李老师在简单介绍各个构成要素之后，动情地说："我想问大家，这里边最重要的构成要素是什么？"小艾认为是推销人员。果然，李老师接着说："我想大家应该心知肚明，那就是推销人员。推销人员的主观能动性是不可或缺的，推销人员应在认识了解推销对象、推销商品、推销信息和推销环境后实现有效推销。推销人员不仅要推销商品、服务，还要推销所在的企业，推销知识和观念，更要推销自己。人才是根本。"

　　李老师还讲到了推销的各种方式，有上门推销、营业推销、会议推销、电话推销、网络推销。李老师问大家："你们觉得哪一种推销方式最有效？如果由你来选择，你最想用哪一种推销方式进行推销？"小艾作为一个年轻人，熟悉网络，觉得网络推销更方便快捷，同事中有人提到电话推销，也有人提到上门推销。李老师听完大家的热烈讨论后，做出以下总结："看到大家能热烈讨论，我很欣慰。其实，推销方式有很多种，每一种都有其特定的作用，没有哪一种推销方式是万能的。所以，我们要根据具体情况选择适合客户的推销方式，这就又回到我们之前提到的推销的灵活性。"

（2）培养推销职业素养

在第二堂培训课中，李老师为大家讲解了推销职业素养的培养，包括牢记推销人员的职责、明确推销人员的必备素质、遵守推销人员的职业道德。

推销人员的职责包括销售商品、树立形象、反馈信息、提供服务、建立关系。其中，销售商品是推销工作的核心。李老师说："只有把商品销售出去，推销人员才算完成任务。不过，要想完成这一任务，推销人员要做到树立形象、反馈信息、提供服务和建立关系。"

李老师在这时又提到了推销人员的必备素质："要想顺利达成交易，推销人员就要具备以下素质：思想素质、文化素质、业务素质、心理素质、身体素质，而且这些素质缺一不可。其中，思想素质、心理素质尤其重要，因为推销人员即使掌握了合理的技巧，也难免碰壁，所以必须拥有一颗强大的心脏，拥有强大的受挫承受力，时刻保持自信，培养高度的敬业精神。"

小艾听了李老师的讲述，回想起看过的影视剧或图书中提到的销售案例：很多销售人员遇到挫折后便心灰意冷，觉得客户无理取闹，甚至和客户大闹一场，但无济于事，只是发泄情绪而已。小艾知道，解决这类问题的办法是重拾信心，接受现实，找到原因和自身的不足之处，重新明确客户的需求，以饱满的热情再次投入推销工作。

推销人员也有要遵守的职业道德，如诚实守信、高度负责、严守秘密、公正平等。李老师说："遵守职业道德是每一名推销人员应该做的，是底线。如果不能做到这一点，那么与客户建立良好的合作关系只怕是天方夜谭，甚至会严重影响自己在行业内的声誉。"

（3）塑造良好的个人形象

在第三堂培训课中，李老师重点讲解了塑造良好个人形象的重要性和需要注意的方面。塑造良好的个人形象能够给客户留下良好印象，有利于为下一步的洽谈打下基础。

塑造个人形象要求推销人员注重在仪容修饰、仪表着装、仪态举止和交谈沟通等方面的礼仪。听完李老师的讲解，小艾意识到自己以后在化妆、选择饰品方面要有所注意了。小艾还计划购买一套西装套裙，以显示自己的专业性。

在仪态举止方面，李老师让大家现场演练，小艾发现自己的坐姿、站姿等不太标准。李老师及时指出了大家存在的问题，并让大家在闲暇时间多练习。而在交谈沟通方面，李老师重点强调了目光的运用、微笑的重要性，以及副语言的运用："咱们在与客户说话时，不能低着头，也不能回避客户的眼神，而要自然、大方地看向客户，并且面带微笑，以示友善。在说话时，大家不要像机关枪似的说得太快，声音也不要太高，否则会让客户觉得咱们没有修养。"

听完李老师的培训内容后，小艾和同事们都对推销工作有了大致的了解，也对今后的工作方向有了大概的把握。

项目二

寻找潜在客户

职场情境

　　培训完毕以后，小艾即将正式开展推销工作。销售部经理为小艾等4名新员工分配了这一阶段的任务，即寻找潜在客户，负责的范围为华北地区。寻找潜在客户是指推销人员在非确定性客户群中寻找、确定可能购买推销商品的人或组织的活动。寻找潜在客户阶段的核心工作是确定有需求且有购买能力的客户，这是一项复杂而艰巨的工作。

学习目标

知识目标

1. 了解寻找潜在客户需要做的准备工作。
2. 了解寻找潜在客户的步骤。
3. 了解潜在客户需具备的3个要素。
4. 了解潜在客户的区域特征。
5. 了解寻找潜在客户的方法。
6. 了解客户档案的主要内容和表现形式。

技能目标

1. 懂得按照既定步骤寻找潜在客户。
2. 掌握寻找潜在客户的方法。
3. 掌握鉴定潜在客户资格的方法。
4. 能够独立完成建立客户档案的工作。

素养目标

1. 懂得为促成交易进行周密准备，树立未雨绸缪的意识。
2. 做事要持之以恒，不惧怕失败，懂得"失败是成功之母"的道理。
3. 学会思考，切忌不分主次、不分轻重。

任务一　做好寻找潜在客户的准备

任务描述

　　寻找潜在客户是推销活动的起始阶段。推销新人刚开始从事推销工作时，只是了解推销商品，没有任何客户资源，这就要求推销人员必须做好寻找潜在客户的准备。

　　小艾开始为寻找潜在客户做准备，一方面要做好自身的心理准备、物品准备和礼仪准备，另一方面要了解寻找潜在客户的步骤，以保证自己有条不紊地实现目标。

任务实施

👤 活动一　做好全方位的准备

　　要想成功地完成寻找潜在客户的任务，推销人员必须做好充分的准备。

1. 心理准备

　　推销人员首先要做好寻找潜在客户的心理准备。推销人员要想在茫茫人海中找到可能接受推销商品的客户，必须具备良好的心理素质，如很强的自信心、进取心、想象力、自制力、观察力、判断力、亲和力和感染力。

推销人员要自觉养成良好的心态和习性，不能遇到困难就灰心丧气、消极退缩，而应以积极的心态面对工作，始终保持工作热情，并且树立随时随地寻找潜在客户的意识，如在电梯、餐厅、公园等公共场所注意观察周围的人，有意识地寻找潜在客户。推销人员要形成良好的推销习惯，如在给潜在客户推销商品时问上一句："您的朋友也许需要此商品，您能帮忙联系或者推荐一下吗？"

2. 物品准备

推销人员寻找潜在客户前要准备好必要的物品资料，具体来说，包括"4个资料""3个工具"。"4个资料"即商品资料、潜在客户资料、市场资料和竞品资料；"3个工具"即笔、记事本和通信工具。无论什么时候，推销人员都要带好笔和记事本，以便随时记录相关信息。

3. 礼仪准备

礼仪是人们在社会交往活动中的行为规范。遵守礼仪有利于塑造良好的个人形象、协调人际关系、实现有效沟通，具有促进推销活动顺利开展的作用。推销人员要知礼、懂礼、行礼，将礼仪恰当地运用到实际推销过程中。在寻找潜在客户的过程中，推销人员要特别注意握手礼仪和交换名片礼仪。

- 握手礼仪。推销人员应面向对方站立，头部微低，上身稍向前倾，右手拇指适当张开，其余四指并拢，掌心微凹，自然舒缓地伸向对方；握住对方伸出的右手，在其手掌的较高部位轻而结实地一握，时长以3～5秒为宜（见图2-1）；握手时双目应注视对方，微笑致意。有时为表示特别尊敬与热情，推销人员也可以双手迎握。在任何情况下，拒绝对方要求握手的举动都是无礼的。推销人员也不要戴手套与对方握手。

知识窗

与多人握手时，推销人员应注意以下事项。

（1）注意握手的顺序。一般来说，先同性后异性，先长辈后晚辈，先已婚者后未婚者，先职位高者后职位低者；也可以由近及远地依次与人握手。

（2）注意握手的时间。与每个人握手的时间应大致相等，握手的时间过长或过短，也有失礼仪。

（3）不要交叉握手，待其他人握完再握。

（4）切忌只同一个人握手，而对其他人视而不见。

知识窗

- 交换名片礼仪。推销人员递送名片时应微微躬身，双手将名片递到对方面前（见图2-2），名片的正面应朝向对方；接受名片时，要双手接过名片，轻声致谢并默读一遍。

图2-1 握手礼仪

图2-2 递送名片礼仪

 知识窗

推销人员应掌握的名片礼仪如下。

（1）名片的递送

推销人员向对方递送名片是自我介绍的方式之一，递送名片时需注意以下几点。

① 把握时机。递送名片应选择在与对方刚见面或分别时，不宜过早或过迟。

② 讲究顺序。交换名片的顺序一般是"先客后主，先低后高"。当与多人交换名片时，应依照职位高低顺序，也可以由近及远依次进行。

③ 先打招呼。递送名片前应当先和对方打招呼，让对方有所准备。

④ 态度谦恭。在递送名片的过程中应当谦逊有礼、郑重大方。

（2）名片的接受

推销人员在接受名片时也要讲究礼仪。

① 接受名片时，要暂停手中的一切事情，起身站立相迎，面带微笑，双手接过名片。

② 认真阅读。接过名片后，要认真阅读名片上的文字，对于不明白的地方可以当场询问。

③ 妥善存放。接过对方的名片后，应谨慎地将其置于名片夹、公文包、办公桌或上衣口袋内，以示尊重。

④ 有来有往。收好对方的名片后，应当立刻回给对方一张自己的名片。

知识窗

扫一扫，看微课

名片礼仪

 案例链接

小名片，大失误

晨曦公司因扩大规模，需要添置价值数十万元的新办公家具。宇翔家具公司的推销人员田源得知此消息后，便拜访该公司的总经理。

这位总经理对宇翔家具公司颇为信任，打算听一听对方的介绍，选一些自己感兴趣的办公家具就直接签单。这一天，田源提前两个小时来到晨曦公司。为了谈成这笔业务，他带来了一大堆资料，摆满了接待室的整个桌面。

可是，总经理没料到对方会提前两个小时来访，刚好手边有事需要处理，互赠名片后便让秘书请对方等一会儿。两个小时后，总经理还没出现，田源开始不耐烦了，一边收拾资料一边说："我还是改天再来拜访吧！"

田源走后，总经理无意间发现自己的名片在地上，还被踩了一脚。

虽然这只是一个小小的细节，但是田源的这个失误让总经理改变了初衷。田源回到公司以后，打电话联系总经理，总经理不再接他的电话。价值数十万元的办公家具的订单就这样付诸东流了。

智慧锦囊：在这个案例中，推销人员田源的失误看似很小，却是不可原谅的。名片是一个人身份的象征，没有精心存放对方的名片，已经是对他人的不尊重，更何况还踩了名片一脚。可见，田源丢失这个订单并非偶然。推销人员要掌握交换名片的礼仪，养成良好的习惯，正确地递送、接受和保管名片，才能给对方留下好的印象，赢得对方的信任和认可。

👤 活动二　了解寻找潜在客户的步骤

经过培训，小艾了解了寻找潜在客户的步骤。一般来说，寻找潜在客户的步骤包括确定范围、确定寻找途径、运用适合的方法、鉴定潜在客户资格、建立客户档案。

1. 确定范围

确定范围是指根据推销商品的特征来确定哪些人员是潜在客户，哪些人员根本不可能购买推销商品。推销人员可以根据推销商品的性能、用途、价格等特征来确定潜在客户的基本条件。如果推销商品是婴儿奶粉，那么推销人员就可以将有婴儿的家庭确定为潜在客户，如婴儿的爸爸、妈妈、爷爷、奶奶等。

2. 确定寻找途径

推销人员寻找潜在客户的途径有很多，如利用各种人员、收集相关信息、组织公关活动等，如图2-3所示。

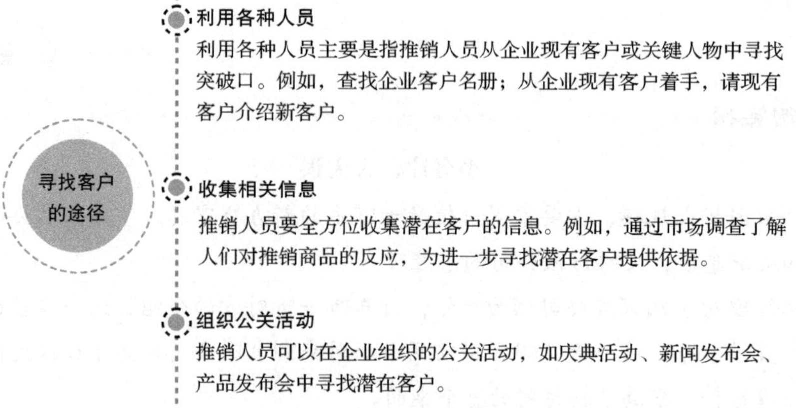

利用各种人员
利用各种人员主要是指推销人员从企业现有客户或关键人物中寻找突破口。例如，查找企业客户名册；从企业现有客户着手，请现有客户介绍新客户。

寻找客户的途径

收集相关信息
推销人员要全方位收集潜在客户的信息。例如，通过市场调查了解人们对推销商品的反应，为进一步寻找潜在客户提供依据。

组织公关活动
推销人员可以在企业组织的公关活动，如庆典活动、新闻发布会、产品发布会中寻找潜在客户。

图2-3　寻找潜在客户的途径

3. 运用适合的方法

推销人员应根据实际情况运用合适的方法寻找潜在客户，如网络检索法、中心人物法、个人观察法等。推销人员要树立随时寻找潜在客户的意识，掌握连锁性原理，即服务好一个客户可能会得到一群客户。

4. 鉴定潜在客户资格

鉴定潜在客户资格是指推销人员在正式推销前，按照一定的标准对最有可能购买推销商品的客户进行分析、判断，从中找出真正具有购买可能的目标客户。推销人员可以依据潜在客户的需求、潜在客户的购买力、潜在客户的购买决策权和潜在客户的信用情况4个要素鉴定潜在客户资格。

5. 建立客户档案

为了管理客户，推销人员要建立客户档案，根据客户的实际情况，按一定标准对客户进行分类，然后列出重点客户，制订约见计划，使推销工作标准化、程序化、规范化。

学以致用

寻找潜在客户的步骤

请根据所学知识完成下面的连线题。

步骤	内容	具体做法
1	鉴定潜在客户资格	根据推销商品特征来确定哪些是潜在客户
2	运用适合的方法	按一定标准对客户进行分类
3	确定寻找途径	根据潜在客户的4个要素鉴定潜在客户资格
4	确定范围	运用网络检索法等多种方法寻找潜在客户
5	建立客户档案	利用各种人员、收集相关信息、组织公关活动等途径

温故知新

一、填空题

1. 推销人员要自觉养成良好的_____，树立随时随地_____的意识。

2. 推销人员寻找潜在客户前要准备的"4个资料"包括_____、_____、市场资料和_____。

3. _____是人们在社会交往活动中的行为规范。

4. 推销人员与潜在客户握手时，力度要适中，握手时长以_____为宜。

5. 推销人员寻找潜在客户的途径有_____、_____、_____等。

二、选择题

1. （   ）是推销活动的起始阶段。

A. 约见潜在客户　　　B. 处理客户异议　　C. 寻找潜在客户　　D. 推销洽谈

2. 推销人员要做好寻找潜在客户的心理准备，必须具备（　　　）。

　　A. 良好的心理素质　　　　　　　　B. 很强的进取心

　　C. 较强的学习能力　　　　　　　　D. 准确的判断力

3. 推销人员可以在企业组织的（　　　）中寻找潜在客户。

　　A. 培训活动　　　　B. 公关活动　　　　C. 内部会议　　　　D. 人才招聘会

4. 推销人员要有意识地寻找潜在客户，形成良好的（　　　）习惯。

　　A. 生活　　　　　　B. 工作　　　　　　C. 学习　　　　　　D. 推销

5. （　　　）主要是指推销人员从企业现有客户或关键人物中寻找突破口。

　　A. 利用各种人员　　　　　　　　　B. 收集相关信息

　　C. 组织公关活动　　　　　　　　　D. 召开生产例会

三、判断题

1. 推销人员可以通过市场调查收集潜在客户信息。（　　　）

2. 推销人员要掌握连锁性原理，做好寻找潜在客户的工作。（　　　）

3. 推销人员要以积极的心态面对各种困难，始终保持工作热情。（　　　）

4. 推销人员寻找潜在客户前，只需掌握好商品知识，不需要准备任何物品资料。（　　　）

融会贯通

请同学们两人一组，完成以下任务。

（1）一人扮演某品牌服饰的推销人员，一人扮演某商场负责人。推销人员与商场负责人初次见面，推销人员将此负责人定为自己的潜在客户，想说服此负责人在商场设立品牌服饰专柜。

（2）推销人员与此负责人握手、寒暄，做简短的自我介绍，然后交换名片。在演练的过程中，请注意动作、表情及语言表达。

（3）演练完毕后，双方互换角色，重新演练，从中体会礼仪的重要性和必要性。

请教师与学生一起完成表2-1。

表2-1　推销人员握手、交换名片的礼仪训练评测表

评价方式	动作准确、到位（4分）	表情自然（2分）	问候得体（2分）	表达流畅（2分）	总分（10分）
自我评价					
小组评价					
教师评价					

任务二　框定潜在客户的范围

任务描述

　　找到客户的前提是框定潜在客户的范围，推销人员首先要了解潜在客户的概念。潜在客户是指对某类商品或服务确实存在需求并具有购买能力，但未发生购买行为的个人或组织。小艾接下来的任务就是框定潜在客户的范围。

任务实施

活动一　拟定潜在客户的基本条件

　　推销人员要想找到真正的潜在客户，需要根据推销商品的特征拟定潜在客户的基本条件——有购买力、有购买决策权、有需求。换句话说，作为潜在客户的"人"（MAN）需具备3个要素，即购买力（Money）、购买决策权（Authority）和需求（Need）。

1. 购买力（Money）

　　购买力是指客户具有购买某类商品或服务的货币支付能力，即潜在客户有足够的资金购买该商品或服务。现实中常出现类似的情况：潜在客户有强烈的购买欲望，但因缺乏足够的经济实力而无法购买。

　　能否购买推销商品的关键在于是否有购买力，缺乏购买力的潜在客户不能立即成为真正意义上的客户。例如，一个长期租房且年收入偏低的家庭即使有很强烈的购买独立式花园洋房的需求，但因不具备相应的购买力，无论推销人员的技巧多高明，都无法实现交易。

2. 购买决策权（Authority）

　　购买决策权是指潜在客户对购买行为有决定、建议或反对的权利。在实际推销过程中，准确判断出具有购买决策权的人不是一件简单的事情。推销人员要认真地了解、分析潜在客户的购买过程，找出谁是推销商品的使用者，谁是购买行为的影响者，谁是购买行为的决策者，要把推销工作集中在具有购买决策权的人身上，这样能够提高推销的效率。

　　例如，某推销人员将一家公司的采购经理划为潜在客户，做了长达半年的推销工作却一无所获，最后才知道这家公司只有总经理具有购买决策权。又如，儿童玩具的推销对象应该是孩子的爸爸或妈妈，孩子只是购买行为的影响者而非决策者。

3. 需求（Need）

　　需求是指潜在客户需要某类商品或服务，对该类商品或服务有购买欲望。因此，推销人员要知道推销商品能满足哪类人群的需求。例如，大型中央空调的使用者一般为商场、企业等团体组织，不会是个人、家庭。

　　在寻找有需求的客户时，推销人员应该从推销商品的功能、特点入手，深入了解推销商品能够带给他们的价值，包括物质、心理和精神上的，然后考虑哪类人群对此有需求。例如，智能家居可以解放人们的双手，为人们的生活带来便利、舒适的体验，对此有需求的一般是装修新房的人或追求高品质生活的人。

📖 **案例链接**

锁定精准客户

黄天代理了一款净水器，售价为2 688元/台。刚开始，他采取的是传统的"人海推销"策略，聘请了一大批业务员在各个小区发放广告宣传单，并在小区内设置展台销售。这种策略虽然取得了一定的成果，但由于推广成本过高，非但没有让黄天获得利润，反而略有亏损。他又想到了在桶装水上做推广，也投入了不少广告费，但依然收效甚微。

黄天决定改变销售思路，将重点放在那些对提高水质需求十分强烈的客户身上。经过调查研究，他锁定了一类客户群体——准备生孩子的家庭。家长总想给孩子全面的呵护，水质便是家长十分关注的一个方面。

于是，黄天决定与母婴店合作，免费提供价值600元的购买券，母婴店可以把这些购买券添加到产妇的消费套餐中。通过与母婴店合作，黄天精准地锁定了那些对净水器具有强烈需求的家长。孩子出生7天后，黄天的工作小组会带着玫瑰花、贺卡与小礼品，以及净水器的免费抵用券到孩子家中送上祝福。

获得家长好感后，工作小组还会做一个简单的水质监测，并询问那些孩子的家长："您愿意用这样的水给您的孩子泡奶粉吗？"

最后，黄天的推销成本大大降低，而利润直线上升。

智慧锦囊：在这个案例中，黄天把主要精力集中在具有强烈购买需求的客户身上后，获得了丰厚的回报。一名优秀的推销人员所具备的重要能力之一便是找到有需求的优质客户。推销人员应先寻找需求，再销售商品：首先，找出潜在客户和他们经常活跃的场所或平台；其次，想办法建立信息传递通道，联系到这些客户；最后，用有效的解决方案打动客户，促成交易。

👤 活动二 了解潜在客户的区域特征

拟定潜在客户的基本条件后，推销人员还要了解潜在客户的区域特征。潜在客户的区域特征主要包括以下几个方面，如表2-2所示。

表2-2 潜在客户的区域特征

区域特征	说明
区域内的行业情况	包括行业类别、规模状况，员工的性别比例、年龄及作息时间等
区域内客户使用推销商品或竞品的情况	包括使用推销商品或竞品的客户数量，客户购买或不买它们的原因等
区域内的竞争状况	包括区域内竞争厂商的品牌实力、代理店铺数量、服务范围、口碑等

了解潜在客户的区域特性，有利于推销人员对竞争厂商的情况做到心中有数；有利于推销人员了解、把握推销区域内的市场潜力；有利于推销人员有针对性地进行有效推销。

温故知新

一、填空题

1. 潜在客户需具备 3 个要素，即_____、_____和_____。

2. 缺乏_____的潜在客户不能立即成为真正意义上的客户。

3. _____是指潜在客户需要某类商品或服务，对该类商品或服务有购买欲望。

4. 推销人员需要了解潜在客户的区域特征，这些区域特征包括_____、_____和区域内的竞争情况。

5. 购买决策权是指潜在客户对购买行为有_____、_____或_____的权利。

二、选择题

1. 关于购买力，下列说法正确的是（　　　）。

　　A. 客户现在具有购买某类商品或服务的货币支付能力

　　B. 客户以前具有购买某类商品或服务的货币支付能力

　　C. 客户未来具有购买某类商品或服务的货币支付能力

　　D. 客户不具有购买某类商品或服务的货币支付能力

2. 在寻找有需求的客户时，下列描述不正确的是（　　　）。

　　A. 推销人员要找到对推销商品有需求的某一特定群体

　　B. 推销人员要深入了解推销商品能够带给对方的价值

　　C. 推销人员只需掌握推销商品带给对方的物质上的价值

　　D. 推销人员应该从推销商品的功能、特点入手

3. 下列推销商品不以个人为推销对象的是（　　　）。

　　A. 大型中央空调　　　B. 智能家居　　　　C. 文具　　　　　　D. 书籍

4. 关于推销人员了解潜在客户的区域特性的作用，下列说法不正确的是（　　　）。

　　A. 有利于推销人员对竞争厂商的情况做到心中有数

　　B. 有利于推销人员了解、把握推销区域内的市场潜力

　　C. 有利于推销人员有针对性地进行有效推销

　　D. 促进推销人员直接推销成功

三、判断题

1. 在实际推销过程中，准确判断出具有购买决策权的人是一件非常简单的事情。（　　　）

2. 确定潜在客户的需求就是要考察、分析潜在客户过去或现在是否有购买推销商品的能力。（　　　）

3. 在推销儿童玩具时，推销人员要将儿童作为推销对象。（　　　）

融会贯通

教师组织学生以小组（每组 4～5 人）为单位，到附近商场或电器城做一次关于手机的市场调查。

（1）以华为手机为推销商品，了解不同型号手机的功能、价格和卖点等，观察购买手机的客户群体的需求，总结他们的特征。

（2）观察竞品的售卖情况，通过调查、询问等方式了解客户群体对不同手机品牌的需求，总结他们不购买华为手机的原因。

（3）借助网络查询近期华为手机与竞品的售卖情况，并试着分析原因。

学生做完市场调查及信息收集后，请教师与学生一起完成表2-3。

表2-3　华为手机市场调查训练评测表

评价方式	确定主要客户群体的特征（3分）	明确不同客户群体的需求（3分）	了解竞品的销售情况（2分）	分析华为手机还应做哪些改进（2分）	总分（10分）
自我评价					
小组评价					
教师评价					

任务三　运用方法寻找潜在客户

任务描述

寻找潜在客户不能盲目寻找，应当遵循一定的规律。小艾通过培训后知道，他们能够选择不同的方法寻找潜在客户，可以根据自身情况运用个人观察法、直接访问法和网络寻找法等寻找潜在客户，也可以运用连锁介绍法、关系寻找法和中心人物法等围绕关键"人物"来寻找潜在客户。

任务实施

👤 活动一　个人观察法

个人观察法是指推销人员根据自己对周围生活环境的直接观察和判断来寻找潜在客户的方法。

利用个人观察法寻找潜在客户，关键在于推销人员自身的职业灵感。推销人员要积极主动、仔细观察、认真倾听，把细心观察与逻辑推理结合起来。

个人观察法的优点在于它可以使推销人员直接面对现实、面对市场，排除各种干扰；还可以使推销人员扩大视野，跳出原有区域，不断创造新的推销业绩。个人观察法的缺点在于其效果受推销人员个人见闻的局限较大，而且推销人员观察能力的培养和推销经验的积累需要一个过程。

📖 **案例链接**

邻居变客户

刘强所在的公司代理销售集团彩铃业务。他作为一名推销人员，每天都通过网络、杂志等多个渠道查找客户信息，然后电话预约、拜访潜在客户。不过，他也会遇到找不到潜在客户信息的情况，这时他就会采用"扫街"和"扫楼"的方式寻找潜在客户。

有一天，刘强打算出去"扫街"。他所在的公司在某大厦三楼，而他从不乘电梯，只走楼梯。当他经过二楼时，从一个房间里传来了乐器伴奏的声音。这是一家琴行，里边有人正在弹奏。对于刘强来说，这家琴行并不陌生，因为他上下楼时都会经过这家琴行。

刘强突发奇想，敲开了琴行的门。他先礼貌地问老板在不在，见到老板以后，就向老板简单地介绍了集团彩铃业务："集团彩铃是对您的店面进行宣传介绍的语音，它集专业化和个性化于一体。只要定制该服务，您店里所有员工的手机都能和您的座机一样，让联系你们的人在接通电话前听到你们的宣传。当然，此彩铃业务能够指定时间段，并不会打扰他人的生活。要知道，这种个性化语音介绍的效果要比您自己说出来的效果好得多。"

刘强还半开玩笑地说："咱们是邻居，希望您多多关照啊！"刘强的话打动了琴行老板，琴行老板很快就预订了这项业务。这进一步增强了刘强在生活中开发客户的信心，后来他又成功让一楼的网吧和公司对面的灯具店预订了该项业务，同样是在非常自然的状态下进行的"偶遇式拜访"。网吧这个客户，是刘强周末在网吧上网结账的时候"问"出来的；灯具店这个客户，则是刘强去灯具店"买"回来的。

智慧锦囊：在茫茫人海中，每一个人都可能是我们的潜在客户。我们周围的潜在客户会因某些心理或感情因素的影响，更容易产生对我们的信任。因此，我们要抓住一切机会，用发现和探索的眼光捕捉潜在客户的踪迹，将围绕在我们身边的潜在客户开发出来。

👤 活动二 直接访问法

直接访问法是寻找潜在客户的基本方法之一。直接访问法又称普访法，是指推销人员根据推销商品的特点先选定一个区域或行业，逐一访问特定区域或行业内的所有个人和组织，从中寻找潜在客户的方法。

推销人员在运用直接访问法时，需要注意以下两点。

- 运用直接访问法的关键是确定好访问的区域或行业，即推销人员根据推销商品的各种特点和用途，确定一个比较可行的推销地区或推销对象范围。

- 推销人员要想提高运用直接访问法成单的概率，必须认真、仔细地做好拜访前的准备工作。准备工作主要包括端正心态，保持豁达、乐观，正确看待"闭门羹"；拜访时要神态自然、仪表大方、举止得体。

活动三　网络寻找法

网络寻找法是企业借助互联网平台宣传、介绍自己的商品，从而寻找潜在客户的方法。随着互联网技术的不断发展与完善，电子商务和网络推销开始盛行，市场交易双方都在利用互联网搜寻潜在客户。

随着网民数量的逐渐增多，企业很容易在网上找到潜在客户，因此网络寻找法越来越受欢迎。推销人员可以通过互联网获得的信息如图2-4所示。

潜在客户的联系方式等

企业介绍，如当前的规模和实力等

企业的商品介绍，如商品的技术参数、应用技术等

该行业的企业名录等

图2-4　推销人员可以通过互联网获得的信息

网络寻找法的一般操作方式如下。

- 企业根据自己的经营范围登录专业网站，浏览国内外的需求信息，并与这些有需求的潜在客户联系；在网上发布供应信息，吸引潜在客户，进而积累潜在客户资源。
- 企业登录专门的商务网站，并与潜在客户即时沟通，从而挖掘和开发潜在客户。
- 企业进入聊天室，广交朋友，从中寻找潜在客户或者请朋友帮忙介绍潜在客户。
- 企业可以自建网页和微博、微信公众号等账号，通过发布优质内容吸引潜在的客户主动与自己联系。

推销人员可以在相关的商业网站搜索各种关键词来快速寻找潜在客户，这既能节省时间，又能准确、全面地搜寻有关潜在客户的资料，降低推销成本和市场风险。与传统的寻找方法相比，网络寻找法具有方便、快捷、信息量大、成本低的优点，其缺点是受网络普及程度、上网条件及网络诚信的影响较大。

活动四　连锁介绍法

连锁介绍法，又称客户引荐法、无限连锁法，是指推销人员通过老客户的介绍来寻找有可能购买推销商品的其他客户的方法。连锁介绍法适用于寻找各类潜在客户，这种方法要求推销人员设法从自己的每一次推销谈话中找到更多的潜在客户，为下一次推销访问做好准备。

推销人员运用连锁介绍法寻找潜在客户时要注意以下4点。

- 推销人员要善于处理核心工作和寻找潜在客户之间的关系，不能因事情太多而遗忘寻找潜在客户的事情。
- 推销人员要克服不愿受人恩惠的心理障碍，不要觉得不好意思、难以启齿，要大大方方地寻找潜在客户。
- 推销人员要做好心理准备，能够承受被拒绝的挫折。
- 推销人员要克服羞怯、扭捏的心理，要敢说、能说、会说，不能一见到陌生人就紧张、胆怯，不知如何开口，从何说起。

连锁介绍法可以避免推销人员寻找潜在客户的盲目性。老客户推荐的新客户大多是他们熟悉的单位或个人，甚至有着共同的利益，所以提供的信息准确、内容详细，成单率比较高。连锁介绍法既是寻找新客户的好办法，又是接近新客户的好办法，推销人员如果能赢得老客户的信任，就能比较容易取得新客户的信任。

活动五　关系寻找法

关系寻找法是指推销人员利用自身与社会各界的种种关系（如亲戚、朋友、同学、同事等）寻找潜在客户的方法。在各种寻找潜在客户的方法中，最大限度地利用自身的关系网发现潜在客户是既可靠又有成效的方法。

推销人员利用关系寻找法寻找潜在客户的做法如下。

（1）列名单

推销人员要清点自己的人际关系，并将亲朋好友的名单全部列出来。

（2）细分整理

推销人员要将列出来的名单按照一定的标准细分整理，以便在推销中找到共同语言，找准切入点。

（3）填写资料

推销人员将人员名单细分后，应及时把所有人员的相关资料填写清楚，如年龄、性别、工作单位、职务、通信地址、手机号码、微信、电子邮件、兴趣爱好、家庭情况等。

（4）寻找潜在客户

推销人员要根据推销商品所适用的推销对象，在已列出的名单中寻找潜在客户。例如，小艾从她的亲朋好友名单中筛选出年龄在18～35岁的人群，将其划定为潜在客户人群。

推销人员运用关系寻找法推销时应注意以下3点。

- 推销人员应该设法创造与潜在客户见面的机会，增加与潜在客户的联系。推销人员应多参加活动，多接触各类人群，广泛结交各界人士，拓展新的人际关系。
- 推销人员要克服心理上的障碍，树立自信，本着"与朋友分享好东西"的心态向潜在客户推荐推销商品。
- 推销人员应寻找合适的时机向不同的亲朋好友推荐推销商品。

知识窗

运用关系寻找法时，推销人员要充分利用自己的各种人际关系搜索潜在客户名单。人际关系的主要类型有以下几种，如表2-4所示。

表2-4　人际关系的主要类型

类型	说明
亲戚关系	亲戚关系包括自己的血缘关系、配偶关系及其延伸的亲戚关系
同事关系	同事关系包括现在的、过去的同事关系等。因为曾经或现在共事，双方有一定的了解和信任，是丰富的潜在客户源
朋友关系	朋友关系包括自己的朋友、朋友的朋友、亲戚关系延伸的朋友及同事的朋友等。推销人员要投入较多的情感和精力对朋友付出真情，让朋友主动帮自己介绍其他朋友
师生同学关系	师生同学不仅包括读书期间的老师和同学，还包括各类培训、进修班、研习班的老师和同学
同乡关系	同乡关系包括与自己的原籍相同的老乡关系、与自己出生地相同的老乡关系、与自己居住地相同的老乡关系及与近亲的原籍或居住地相同的老乡关系等
同邻关系	推销人员可以多和自己的邻居接触，在楼道、电梯、停车场、超市、花园等场所不妨和邻居多聊几句。在工作单位周边、商店等地见到的熟人都可以列入潜在客户名单
同好关系	具有相同或相近兴趣爱好的人群能够快速成为群友，他们不受地域、年龄、专业等客观因素的限制，具有范围大、自由、多元化等特点

👤 活动六　中心人物法

中心人物法是指推销人员在某一特定范围内发展一些具有影响力的中心人物，取得这些中心人物的信任并通过他们来影响周围的其他人成为自己潜在客户的方法。这种方法实际上是连锁介绍法的一种特殊形式，即推销人员通过中心人物的连锁介绍，开拓其周围的潜在客户。

推销人员利用中心人物法寻找潜在客户的做法如下。

（1）事先调查

推销人员要直接深入某个行业的某些群体，了解这些群体的基本情况及影响力。推销人员要做好市场调查，进行详细而准确的市场细分，确定每个细分市场的范围、大小及需求特点，从中选择具有较多潜在客户的细分市场作为目标市场，在目标市场范围内寻找有影响力的中心人物。

（2）设法融入群体

推销人员要积极主动地与群体内具有影响力的人物建立联系，设法融入此群体。

（3）发挥中心人物的权威作用

推销人员要充分做好拜访中心人物的准备工作，设法取得他们的信任，并说服他们购买推销商品或为自己提供帮助，借助他们的影响力及人们的从众心理，促成交易。

中心人物法的优点是推销人员利用好中心人物的影响力就可以扩大企业及其商品的知名

度，使潜在客户信任并接受企业的商品或服务；其缺点是中心人物难以确定，更难接近，如果选错了中心人物或他们不愿意合作，则很难实现寻找潜在客户的目的。

经验之谈

在这个高度相连、相互依存的世界上，要想在推销领域取得更大的成就，我们就要努力地扩大自己的社交圈，找到更多有价值的潜在客户。想要扩大社交圈，我们就要树立开放意识，增强人际交往的欲望。我们要把扩大朋友圈当成一种乐趣，从而获得一种内在动力，使自己成为与人交往的主动发起者。

温故知新

一、填空题

1. _____是指推销人员根据自己对周围生活环境的直接观察和判断来寻找潜在客户的方法。

2. 推销人员要想提高运用直接访问法成单的概率，必须认真、仔细地做好_____。

3. 网络寻找法的优点有_____、_____、_____、_____。

4. _____是指推销人员通过老客户的介绍来寻找有可能购买推销商品的其他客户的方法。

5. _____实际上是连锁介绍法的一种特殊形式，即推销人员通过中心人物的连锁介绍，开拓其周围的潜在客户。

二、选择题

1. 推销人员通过熟悉的人如亲戚、朋友、同学、同事等寻找潜在客户的方法是（　　）。

　A．关系寻找法　　　　　B．网络寻找法　　　　C．中心人物法　　　　D．连锁介绍法

2. 关于连锁介绍法，下列说法不正确的是（　　）。

　A．推销人员请求现有客户介绍潜在客户

　B．推销人员寻找潜在客户时，不能忽略自己的核心工作

　C．推销人员应觉得这是受人恩惠，要小心、委婉地请求老客户

　D．即使失败也没关系，推销人员要做好心理准备，不要被失败打倒

3. 推销人员运用直接访问法的关键是（　　）。

　A．确定好访问的时间　　　　　　　　　B．确定好访问的区域或行业

　C．确定好访问的地点　　　　　　　　　D．确定好访问的推销商品

4. 关于利用中心人物法寻找潜在客户，推销人员的下列做法错误的是（　　）。

　A．直接深入某个行业的某些群体

　B．主动与群体内的有影响力的人建立联系

C. 充分做好拜访中心人物的前期准备工作

D. 强迫中心人物开展合作

5. 推销人员在微信广告上看到某公司的联系电话，然后向该公司推销产品，这种寻找潜在客户的方法是（　　　）。

A. 网络寻找法　　　B. 关系寻找法　　　C. 直接访问法　　　D. 中心人物法

三、判断题

1. 中心人物法是寻找潜在客户的基本方法。（　　　）

2. 网络寻找法是信息时代一种非常重要的寻找潜在客户的方法。（　　　）

3. 推销人员利用关系寻找法寻找潜在客户时可以先将自己人际关系的名单列出来，再进行细分整理，找准切入点。（　　　）

4. 连锁介绍法就是推销人员通过老客户的介绍找到其他客户的方法。（　　　）

5. 推销人员运用关系寻找法推销商品时，要克服心理上的障碍，本着"与朋友分享好东西"的心态向潜在客户推荐。（　　　）

融会贯通

1. 乔·吉拉德提出"250定律"

著名销售员乔·吉拉德认为，每个客户都有约250个亲朋好友，推销人员如果赢得了一个客户的好感，就意味着赢得了该客户背后那250个人的好感；如果得罪了一个客户，也就意味着得罪了该客户背后那250个潜在客户。因此，在对待面前的一个客户时，推销人员要考虑其背后的250个潜在客户。

在乔·吉拉德的销售生涯中，他每天都将"250定律"牢记在心，抱定推销至上的态度，时刻控制自己的情绪，从不因客户的刁难、自己的喜恶或心情等怠慢客户。乔·吉拉德说："你赶走一个客户，就等于赶走了潜在的250个客户。"

2. 一名保险推销员写给经理的信

顾经理：

您好！我是××保险公司的张鑫，和您的同学李之航是好朋友。我从他那里得知您在事业上取得了非凡的成就，非常佩服您！

我真诚地希望有机会能向您讨教成功之道，同时也让我有机会给您推荐一个新的保障计划。许多与您一样的成功人士对这个保障计划都很认同，李之航就是其中之一，相信这个保障计划一定会对您大有帮助。希望您准许我近日拜访您，恳请接见。

祝您工作顺利，万事如意！

张鑫

2022 年 10 月 18 日

请同学们 4 人一组，完成以下任务。

（1）思考并讨论乔·吉拉德的"250 定律"属于寻找潜在客户的哪种方法？保险推销员张鑫通过什么方法找到的潜在客户顾经理？

（2）在采用以上两种方法寻找潜在客户时，推销人员应注意哪些技巧？

（3）除了以上寻找潜在客户的方法，联系实际，想一想在现实生活中还遇到过哪些寻找潜在客户的方法，然后发言讨论。

（4）以小组为单位开展分享讨论活动，积极参与组内交流，训练和提高自己寻找潜在客户的各项能力；最后选一名代表发言，由教师点评。

请教师与学生一起完成表 2-5。

表2-5　寻找潜在客户方法训练评测表

评价方式	态度端正（2分）	积极发言（1分）	案例分析有理有据（3分）	举止文雅，声音洪亮（1分）	知识掌握情况（3分）	总分（10分）
自我评价						
小组评价						
教师评价						

任务四　鉴定潜在客户的资格

任务描述

鉴定潜在客户资格的要素包括潜在客户的需求、潜在客户的购买力、潜在客户的购买决策权和潜在客户的信用情况。小艾一组开始分析潜在客户的资料，按照一定的条件对潜在客户进行资格鉴定，筛选出最有可能购买推销商品的客户，然后进行推销，这样更有针对性，节省了时间，提高了推销效率。

任务实施

活动一　鉴定潜在客户的需求

潜在客户的需求是他们购买推销商品的根本动力，是推销人员进行推销的前提和出发点。鉴定潜在客户的需求，其目的在于找出真正对推销商品有需求与购买欲望的潜在客户，避免推销的盲目性，提高推销效率。

一般来说，客户的需求可以分为现存需求和潜在需求两种。现存需求是指客户对推销商品的必要性表示认可；潜在需求是指推销商品能符合客户需求，但客户没有发现这一点。事实上，大部分客户属于潜在需求群体，需要推销人员开发。

推销人员在鉴定潜在客户的需求时，必须清楚 3 个方面的问题。

第一，潜在客户是否有需求。潜在客户的需求表现形式是多种多样的，有些潜在客户对自己的需求非常明确，而有些潜在客户对自己的需求不够清楚，这时就需要推销人员帮助潜在客户明确自己的需求。

第二，潜在客户何时需要。潜在客户往往对自己的需求在时间上缺乏足够的认识，推销人员应帮助潜在客户进行判断，这样既可以提高推销工作的效率，又能赢得潜在客户的好感。

第三，潜在客户需要多少。推销人员还应对潜在客户需要推销商品的数量做出弹性预估，帮助潜在客户审查其需求量。

总体来说，鉴定潜在客户需求的基本方法有以下两种。

（1）需求差异分析法

推销人员要客观、全面地掌握推销商品的性能、特点及其能给潜在客户带来的利益，并进行深入细致的调查研究，了解潜在客户购买或使用某推销商品的现状及尚未满足的需求与欲望，然后将潜在客户的需求、欲望与推销商品有机地结合起来，分析、判断出潜在客户对推销商品存在的需求和购买欲望。推销人员可以通过刺激引导、唤醒潜在客户的需求。

例如，潜在客户表示家中有冰箱，但是现在家人多了，感觉冰箱有些小，推销人员就可以据此推断对方有添置一台大容量冰箱的需求。又如，潜在客户表示冰箱是前几年买的，耗电量大，推销人员就可以据此推断对方更需要一台节能省电的冰箱。

总之，推销人员要分析潜在客户的需求差异，从而推销与对方需求相符的推销商品。

（2）需求层次分析法

推销人员可以根据潜在客户的需求层次，结合潜在客户对同类推销商品的满意情况或提出的意见来鉴定潜在客户的需求。潜在客户购买同类推销商品后，在使用过程中肯定会存在满意或不满意的地方，这些就是推销人员需要了解的信息点。

例如，潜在客户表示他之前购买的西装款式很经典，现在穿也丝毫不过时，而且藏青色很衬他的皮肤。推销人员从与该潜在客户的交流中可以发现，他现在出入商务场合比较频繁，需要一些更符合其身份的西装，进而可以推断他想购买更加优质、高档的品牌西装，只不过在介绍时要考虑他对款式经典、藏青色等方面的需求。

潜在客户的需求多种多样，并且千变万化，需要推销人员眼勤、耳勤、手勤，多与潜在客户接触交流，善于观察和思考，随时收集和潜在客户有关的资料，挖掘并鉴定潜在客户的真实需求。

许多潜在客户出于某种原因暂时不准备购买推销商品，推销人员应勇于开拓，透过现象看到本质，挖掘潜在客户的需求；而当潜在客户存在购买需求时，推销人员还要进一步了解其购买时间和需求量，以便从推销时间和费用等多方面进行权衡，合理安排推销计划。

👤 活动二　鉴定潜在客户的购买力

客户的购买力即客户的支付能力。购买力的强弱是判断一个潜在客户能否成为现实客户的重要条件。鉴定潜在客户的购买力就是考察、分析潜在客户购买推销商品的支付能力或筹措资金的能力。推销人员既要考察、分析潜在客户现实的购买力，又要考察、分析他们潜在的购买力。

鉴定潜在客户购买力的基本方法如下。

（1）直接鉴定

对于个人潜在客户或家庭潜在客户，直接鉴定主要包括调查其收入水平、现实支付能力、潜在支付能力和心理支付能力。鉴定个人潜在客户或家庭潜在客户的购买力，主要是了解推销商品与其需求层次的匹配度，避免盲目推销。推销人员可以根据拜访潜在客户时观察、了解的情况，或通过与潜在客户的交谈内容等做出大致判断。

对于企业潜在客户或组织潜在客户，直接鉴定主要包括调查其经营状况和财务状况。推销人员可以通过观察企业或组织的规模、经营管理状况及其商品的市场销售状况进行分析；了解企业或组织在不同时间段的支付能力；了解企业或组织的现行规章制度，掌握其支付的可行性；了解企业或组织的潜在支付能力与延期支付能力，以便决定是否给予赊销、延期付款、分期付款等优惠的支付条件。

推销对象为企业或组织时，由于交易的规模较大，钱货的交付又存在时间差，所以对其购买力的审查非常重要，这不仅关系到工作效率，还关系到货款回收。

（2）侧面鉴定

推销人员可以通过金融机构、专门调查机构、有关媒体等途径，从侧面了解并鉴定潜在客户的购买力。若发现需求欲望强烈但暂时没有立即支付全部货款能力的潜在客户，推销人员也可以将其纳入潜在客户的范围，并在推销进入达成交易阶段时，为潜在客户介绍分期付款、延期付款、赊销、担保人担保等形式。

推销人员对潜在客户购买力的审查，还可以通过许多途径进行，如从潜在客户内部了解、根据个人观察与经验进行推断等。

推销人员在推销某些特殊推销商品（如药品、危险品等）时，还需要审查潜在客户是否具备购买资格，是否具有国家规定的相关证明等。如果对方不具备购买资格，不具有国家规定的相关证明，那么即使对方具有购买力，也不应将其列为推销对象。

👤 活动三　鉴定潜在客户的购买决策权

鉴定潜在客户的购买决策权即判断潜在客户对购买推销商品的决定权力。如果潜在客户没有购买决策权，即使有需求和购买力，他也不是推销的精准客户。推销人员一味地约见这样的客户可能只会浪费时间和精力。推销人员只有准确地找到真正具有购买决策权的潜在客户，才能使推销活动具有针对性，在较短时间内完成推销任务。

家庭潜在客户在购买不同类型的推销商品时，拥有购买决策权的成员会不同。例如，在一个家庭中，买房、买车可能需要夫妻二人共同决定；购买居家日用品时，丈夫或妻子都可以独自拥有购买决策权。

由于企业或组织的职能机构和管理权限的分配各不相同，判断购买决策权在谁手中不是一件容易的事情。推销人员需要了解潜在客户及其所在企业或组织的详细情况后再做出正确的判断，具体判断方法如下。

- 审查潜在客户所在企业或组织的所有制性质、决策运行机制、决策程序、规章制度、自主经营权限等，从而确定潜在客户的购买资格。
- 审查潜在客户在企业或组织做出购买决策过程中的地位和角色。推销人员应根据具体的推销对象在其企业或组织内部的职务、权限、声望与人际关系等，审查其购买力，从中挑选能够做出购买决策的关键人物进行推销，以增强推销的针对性，提高推销的成功率。

在鉴定潜在客户购买决策权的过程中，推销人员还应注意审查对购买决策者能产生巨大影响的人。

 经验之谈

很多时候，做出购买决策需要多人参与，参与者主要包括发起者、影响者、决策者、购买者、使用者等。推销人员要细心观察具体情况，收集并认真分析多方信息资料，最终找出具有购买决策的关键人物及影响者，以进行有针对性的重点推销。

推销人员在寻找潜在客户时，可以参考前面提到的"MAN"，即潜在客户需具备的3个要素：购买力、购买决策权和需求。

知识窗

潜在客户应具备以上3个要素，但实际推销工作比较复杂，推销人员应根据具体状况采取应对措施。表2-6中的M代表潜在客户有购买力，m代表潜在客户没有购买力；A代表潜在客户有购买决策权，a代表潜在客户没有购买决策权；N代表潜在客户有需求，n代表潜在客户没有需求。推销人员可据表2-6的内容对不同的潜在客户采取不同的推销对策。

表2-6　潜在客户的具体情况及推销对策

具体情况	推销对策
M+A+N	3个要素都具备的潜在客户是理想的推销对象，推销人员应十分重视
M+A+n	暂时没有需求，但有购买力和购买决策权的潜在客户是可接触客户，推销人员可使用熟练的推销技术进行推销
M+a+N	没有购买决策权，但有需求和购买力的潜在客户是可接触客户，推销人员可通过此潜在客户设法找到具有决策权的人
m+A+N	有购买决策权，有需求，但无购买力的潜在客户是可接触客户，推销人员需调查其业务状况、信用条件等，给予赊销、分期付款等优惠的支付条件
m+a+N	有需求，但没有购买力和购买决策权的潜在客户是可接触客户，推销人员应长期观察、维护，使之具备另外的条件
m+A+n	有购买决策权，但没有购买力和需求的潜在客户是可接触客户，推销人员应长期观察、维护，使之具备另外的条件
M+a+n	有购买力，但没有购买决策权和需求的潜在客户是可接触客户，推销人员应长期观察、维护，使之具备另外的条件
m+a+n	没有购买力、购买决策权和需求的客户是非潜在客户，推销人员应停止与之接触

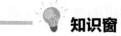 **知识窗**

党的二十大报告中提到，我们要善于通过历史看现实、透过现象看本质，把握好全局和局部、当前和长远、宏观和微观、主要矛盾和次要矛盾、特殊和一般关系。推销人员鉴定潜在客户是否有购买决策权，是为了避免盲目推销。拥有购买决策权的人才是推销人员的主要目标。推销人员在推销过程中要理性分析，根据已有的经验和知识分清主要问题和次要问题，抓住事情的关键点，透过现象看本质，从而找到解决问题的有效方法。

📖 学以致用

寻找购买决策者的方法

请根据鉴定潜在客户购买决策权的相关知识，将表2-7空白部分填写完整。

表2-7 寻找购买决策者的方法

寻找购买决策者的方法	具体做法
参考相同行业	推销人员可以参考相同行业中其他企业的销售经验，也可以向其他有类似经验的推销人员请教
拜访企业高层	推销人员应首先去拜访企业的高层管理者，借助高层管理者的转介绍，打开局面
参考潜在客户资料	
参考宣传资料	

👤 活动四 鉴定潜在客户的信用情况

鉴定潜在客户的信用情况是鉴定潜在客户资格的一项重要内容，主要考察潜在客户履行承诺和合同的诚信度。推销人员在推销过程中要细心考察潜在客户的信用情况，不轻易相信潜在客户的口头表达，也不轻易相信外界传言。

如果一时难以判断潜在客户的信用情况，推销人员就要慎重行事，可以坚持先交款后提货或钱货两清（一手交钱、一手交货）的销售方式；也可以采取小数量、短时间赊销或分期付款的交易方式。

温故知新

一、填空题

1. 鉴定潜在客户资格的要素包括_____、_____、_____和潜在客户的信用情况。

2. 一般来说，潜在客户的需求有两种，_____是指客户对推销商品的必要性表示认可；_____是指推销商品能符合客户需求，但客户没有发现这一点。

3. 为了准确鉴定潜在客户的购买决策权，推销人员需审查潜在客户所在企业或组织的

_____、_____、_____、_____、自主经营权限等。

4. 推销人员可以通过_____、_____、_____等途径，从侧面了解并鉴定潜在客户的购买力。

二、选择题

1. 考察潜在客户履行承诺和合同的诚信度是为了鉴定潜在客户的（   ）。

    A. 购买决策权   B. 信用情况   C. 购买力   D. 需求

2. 关于鉴定潜在客户的需求，下列说法不正确的是（   ）。

    A. 推销人员必须清楚潜在客户是否有需求，何时需要及需要多少的问题

    B. 大部分客户属于潜在需求群体，需要推销人员开发

    C. 潜在客户往往对自己的需求在时间上缺乏足够的认识，推销人员应帮助潜在客户进行判断

    D. 所有潜在客户对自己有无需求都非常明确

3. 关于鉴定潜在客户的购买力，下列说法不正确的是（   ）。

    A. 鉴定个人潜在客户的购买力，主要是了解推销商品与其需求层次的匹配度

    B. 对企业潜在客户或组织潜在客户的直接鉴定主要包括调查其经营情况和财务状况

    C. 鉴定潜在客户的购买力全凭个人经验和个人观察

    D. 推销人员可以了解企业或组织在不同时间段的支付能力

4. 鉴定潜在客户需求的目的不包括（   ）。

    A. 找出真正对推销商品有需求与购买欲望的潜在客户

    B. 避免推销的盲目性

    C. 提高推销的效率

    D. 判断潜在客户的购买决定权

5. （   ）是潜在客户购买的根本动力，是推销人员进行推销的前提和出发点。

    A. 潜在客户的需求   B. 潜在客户的购买力

    C. 潜在客户的信用   D. 潜在客户的购买决策权

三、判断题

1. 鉴定潜在客户的购买力就是考察、分析潜在客户现有的购买力。（   ）

2. 一般来说，客户的需求分为现存需求和潜在需求两种。（   ）

3. 如果潜在客户没有购买决策权，只有需求和购买力，那么他也是推销的精准客户。（   ）

4. 推销人员如果一时无法判断潜在客户的信用情况，可以坚持钱货两清的销售方式。（   ）

5. 购买力的强弱是判断一个潜在客户能否成为现实客户的重要条件。（   ）

融会贯通

由教师安排学生参加推销商品的社会实践活动。

（1）教师与企业保持密切联系，加强学生实训指导工作，要求学生在实践中能运用所学理论知识指导实践活动，独立完成推销的准备工作。

（2）学生能总结出寻找潜在客户的成功方法与鉴定潜在客户资格的经验。

（3）教师将学生按照企业接纳的实际情况分成小组，确定小组负责人。

（4）学生将鉴定潜在客户资格的经验及推销成功的经验进行总结，形成书面材料交给教师。

（5）推销产品实践活动结束后，教师组织学生进行推销实践交流活动，评选出推销实践活动的优秀学生。

任务五 建立客户档案

任务描述

建立客户档案是指推销人员将收集到的客户资料进行整理、归类、建册，以便对客户进行更好的管理。通过建立客户档案，推销人员可以全面了解客户的需求，了解客户的购买力、购买意图等，判断哪些客户能够发展为长期客户或重点客户，同时可以归纳客户的意见与要求，以便进行有针对性的推销，提高服务质量。鉴于此，小艾一组开始整理、建立客户档案。

任务实施

活动一 明确客户档案的内容

推销人员首先要明确客户档案的内容。客户档案的主要内容有客户的基本情况、客户购买推销商品的情况、客户购买推销商品后的情况，如表2-8所示。

表2-8 客户档案的主要内容

项目	主要内容
客户的基本情况	个人客户的姓名、年龄、工作单位、联系方式、任职部门、职务、收入情况、性格爱好、生活方式、价值观及家庭结构等；企业客户或组织客户的名称、地址、联系方式、生产经营规模、经营理念、销售实力、投资情况、市场占有率及融资能力等
客户购买推销商品的情况	客户购买推销商品的时间、商品名称、价格、成交量、订货情况、信用评定情况、合同完成情况，以及客户的购买模式、交易趋势等
客户购买推销商品后的情况	推销商品的退赔、安装、维护等情况，客户满意度等

推销人员要对客户档案做到动态管理。如果客户的情况发生变化，推销人员就要对客户档

案中的资料做出相应的修改，剔除旧的资料，及时补充新的资料，对客户变化进行跟踪，使客户管理保持动态性。

活动二　选择客户档案的表现形式

客户档案一般有两种表现形式：条文式和表格式。

条文式客户档案采用普通文章的形式，内容详尽，便于存档查询。

表格式客户档案内容清晰、重点突出、简单明了，既可用于存档查询，又方便推销人员随身携带。推销人员可以随时查询、记录、补充客户的信息。大多数企业常用的个人客户档案卡和团体客户档案卡如表2-9、表2-10所示。

表2-9　个人客户档案卡

编号：

客户基本情况	姓名		性别		民族		出生日期	
	家庭住址		工作单位		职务		月均收入	
	文化程度		毕业学校		专业			
	座机		手机		QQ		微信	
	特长爱好				体貌特征			
	家庭成员	关系	出生日期	工作单位	职务		备注	
	客户来源				客户状态			
购买商品情况	时间	商品名称	货号	数量	单价	付款方式	退赔折价	
购买商品后的情况								
其他说明								

制表人：　　　　　　制表日期：

表2-10　团体客户档案卡

编号：

客户基本情况	名称				联系方式		
	地址				所有制形式		
	生产经营项目				主营项目		
	成立时间				注册资金		
	作息时间				经营现状		
主要负责人情况	姓名		性别		民族		出生日期
	学历		毕业学校				
	月均收入		特长爱好				
	体貌特征				其他		
	客户来源				客户状态		
购买人情况	姓名		性别		民族		出生日期
	学历		毕业学校				
	月均收入		特长爱好				
	体貌特征				其他		
购买商品情况	时间	商品名称	货号	数量	单价	付款方式	退赔折价
购买商品后的情况							
其他说明							

制表人：　　　　　　　　　制表日期：

推销人员在建立客户档案时，需要注意以下6点。

• 客户档案的信息资料必须准确、详尽。

- 无论采用哪种表现形式，客户档案必须留有空白区域，以便日后补充内容。
- 推销人员必须据此制作简易的携带资料，以便外出拜访客户时使用。
- 推销人员要填写制表人和制表日期，还要特别注明最易成功的方面。
- 一式多份，以防丢失。
- 客户档案涉及不宜公开的个人信息，注意保密。

 知识窗

建立潜在客户档案的具体操作方式一般有手工抄写式和计算机存档式两种。

手工抄写式可在寻找客户时一步到位，随时补充，适时分类，然后存档。计算机存档式也是以收集来的资料为准，不过是利用计算机整理。目前，潜在客户的有关信息资料越来越多地通过计算机或办公软件进行整理、建档，它具有内容齐全、建档规范、查询方便、易于保管等优点。

 **知识窗**

温故知新

一、填空题

1. 客户档案一般有两种表现形式：_____和_____。

2. 客户档案的主要内容有客户的基本情况、_____和_____。

3. 如果客户的情况发生变化，推销人员就要对客户档案中的资料做出_____。

二、选择题

1. 下列不属于客户购买推销商品后的使用情况的是（　　）。

    A. 退赔 　　　　　　B. 维护 　　　　　　C. 安装 　　　　　　D. 交易趋势

2. 建立客户档案时，推销人员要填写制表人和制表日期，还要特别注明最易（　　）的方面。

    A. 犯错 　　　　　　B. 失败 　　　　　　C. 成功 　　　　　　D. 混淆

3. 客户档案中客户购买推销商品的情况不包括（　　）。

    A. 购买推销商品的时间 　　　　　　B. 商品名称、价格

    C. 生活方式、价值观及家庭结构等 　　　　D. 订货情况、合同完成情况

三、判断题

1. 客户档案中个人客户的基本情况包括姓名、年龄、工作单位、联系方式、任职部门、职务、收入情况、性格爱好、生活方式、价值观及家庭结构等。（　　）

2. 建立客户档案前，推销人员首先要明确客户档案的内容。（　　）

3. 表格式客户档案采用普通文章的形式，内容详尽，便于存档查询。（　　）

融会贯通

请同学们4人一组，完成以下任务。

（1）以小组为单位，选定某日常用品为推销商品，研究讨论其特征，确定潜在客户的范围。选定的推销商品应方便携带，同学们要熟练掌握推销商品的主要特征。

（2）讨论和设计推销的准备资料与道具，明确寻找潜在客户的方法。同学们可以先构思整个推销的过程，再通过讨论和研究完善自己的设计环节。

（3）对潜在客户资格进行初步鉴定，筛选出目标客户。

（4）设计和建立潜在客户档案。同学们可以自主选择建立潜在客户档案的表现形式。

答疑解惑

"职场情境"中提到小艾被分配了寻找潜在客户的任务，那么小艾应该如何完成任务呢？

寻找潜在客户的过程中，小艾要做到以下几点。

（1）做好全方位的准备

小艾要做好心理准备，秉持勤奋刻苦、不畏艰难的工作态度和精神，提升自信，锻炼自己的观察力和判断力，以良好的心态和习惯积极面对推销工作中的挫折，并在生活中形成推销的习惯。小艾要准备好商品资料、客户资料、市场资料和竞品资料，熟练运用笔、记事本和通信工具，养成随时记录重要信息的习惯。为了提高推销成功的概率，小艾觉得自己还要提升礼仪素养，在言谈举止、待人接物等方面尽可能做到最好。

（2）了解寻找潜在客户的步骤

小艾了解到，寻找潜在客户的步骤包括确定范围、确定寻找途径、运用合适的方法、鉴定潜在客户资格、建立客户档案。

由于华美服饰主营女装，因此小艾应寻找女性和女装代理商。

在寻找潜在客户时，小艾可以从企业现有客户或关键人物中寻找突破口，请现有客户转介绍；也可以通过市场调查，了解家庭群体对华美服饰的反应，并记录下来。有条件的话，小艾可以在公司组织的公关活动，如庆典活动、产品发布会中寻找潜在客户。

找到潜在客户后，小艾还要在正式推销前鉴定其资格，分析其需求、购买力、购买决策权和信用情况。

最后，小艾要建立客户档案，将客户资料进行整理、归类、建册，列出重点潜在客户，制订约见计划，使推销工作标准化、程序化、规范化。

小艾要先框定潜在客户的范围，然后才能逐步缩小范围，找到精准客户。框定潜在客户范围的方法如下。

（1）拟定潜在客户的基本条件

潜在客户需具备3个要素，即购买力、购买决策权和需求。小艾通过各种方法寻找客户，最后发现服装实体店店主符合以上条件。小艾决定招募他们作为公司的服装代理商。

（2）了解潜在客户的区域特征

公司让小艾等人负责的范围为华北地区，给小艾等人分配的销售任务是每人招募5个代理商。在华北地区，购买华美服饰的人很多，华美服饰的子品牌妃丽、慕尚、妍蕊、夏朵等都是知名品牌，销量可观。但为了增加市场占有率，华美服饰仍然要推销宣传，以抵御竞品的"攻击"。

经过市场调查，小艾发现自己所在的区域有约59%的人购买华美服饰的女装，而竞品总体的市场占有率达到41%，但分到每一个品牌，其市场占有率就不高了，这正说明华美服饰质量好，深受客户群体的欢迎。小艾调查后发现，竞品打出了差异化特色，试图以多元化的色彩和款式占领市场，市场占有率也确实在快速增长。

公司居安思危，及时做出调整，开始增加服装款式，聘用视觉设计师为服装色彩提出专业意见。因此，公司要求销售部迅速出击，向外界宣传新品，招募更多代理商。

小艾在寻找客户的过程中，使用了多种方法。

（1）个人观察法

小艾在街道、餐厅、集贸市场、超市等各个场所密切观察过人群，试图从中发现市场需求，但这种方法效率极低，小艾用了一个月的时间却只找到了几个潜在客户。

（2）直接访问法

小艾通过华北地区的客户名单找到了一些有成交希望的客户。这些客户都是有购买力的实体店店主，有能力成为公司的代理商。于是，小艾做足准备，登门拜访，可惜，这些潜在客户暂时没有需求，小艾只好作罢，把他们记录在档案里，以备后续跟进。

（3）网络寻找法

小艾开始在网络上寻找潜在客户：她进入公司官网、商务网站，找到潜在客户的联系方式，说清缘由后预约拜访；创建了微博、短视频账号等，通过发布女装内容来吸引对其感兴趣的潜在客户。不过，由于经验少，小艾发布的很多信息都石沉大海。

（4）关系寻找法

小艾碰壁过很多次，但她没有气馁，仍然在探索寻找潜在客户的有效方法。连锁介绍法、中心人物法的使用前提是推销人员拥有一定的客户资源，并不适合小艾，因此小艾决定从身边人着手，列出亲朋好友的名单。由于小艾平日和亲朋好友联系频繁，其中对服装有需求的都支持小艾的工作，在确认服装的品质后在她这里下了单，并承诺会帮忙向周围人宣传推荐。

小艾找到潜在客户后，还需要通过各种方法来鉴定他们的资格。

（1）鉴定潜在客户的需求

小艾在电话沟通过程中了解到，某个潜在客户穿腻了黑色、白色等素色的女装，想换一种风格，但又不清楚哪种风格适合自己。小艾据此推断这个客户具有购买女装的需求，便在推荐女装时突出了款式的新颖性。

（2）鉴定潜在客户的购买力

通过与潜在客户的交谈，小艾会鉴定出他们的购买力，再向其介绍相应的女装。

（3）鉴定潜在客户的购买决策权

购买女装的大多数是女性。在推销实践中，小艾遇到的客户也大多是女性，具有购买决策权。

（4）鉴定潜在客户的信用情况

在与潜在客户交谈的过程中，小艾会通过他们的言谈举止判断其信用情况。

小艾收集了大量客户资料，为了更好地管理客户，小艾决定建立客户档案，以便进行有针对性的推销。

小艾要明确客户档案的内容，记录好客户的基本情况、客户购买推销商品的情况和购买推销商品后的使用情况。小艾还要及时跟踪客户的动态，根据实际情况进行修改和完善。

客户档案的表现形式有条文式和表格式两种。小艾在建立客户档案时选择了表 2-11 所示的个人客户档案卡。

表2-11　个人客户档案卡

编号：×××××

<table>
<tr><td rowspan="11">客户基本情况</td><td>姓名</td><td>徐××</td><td>性别</td><td>女</td><td>民族</td><td>汉</td><td>出生日期</td><td>1995年8月</td></tr>
<tr><td>家庭住址</td><td>北京市朝阳区×××</td><td>工作单位</td><td>×××传媒有限公司</td><td>职务</td><td>设计师</td><td>月均收入</td><td>30 000元</td></tr>
<tr><td>文化程度</td><td>硕士</td><td>毕业学校</td><td>××大学</td><td>专业</td><td colspan="3">产品设计</td></tr>
<tr><td>座机</td><td></td><td>手机</td><td>180×××9898</td><td>QQ</td><td></td><td>微信</td><td>同手机号码</td></tr>
<tr><td>特长爱好</td><td colspan="3">绘画、音乐、跑步、郊游</td><td>体貌特征</td><td colspan="3">纤瘦，身高约160厘米，留短发，脸上有雀斑</td></tr>
<tr><td>家庭成员</td><td>关系</td><td>出生日期</td><td>工作单位</td><td>职务</td><td colspan="3">备注</td></tr>
<tr><td>徐×</td><td>父女</td><td></td><td></td><td></td><td colspan="3"></td></tr>
<tr><td>王×</td><td>母女</td><td></td><td></td><td></td><td colspan="3"></td></tr>
<tr><td>客户来源</td><td colspan="3">社交媒体</td><td>客户状态</td><td colspan="3">已成交</td></tr>
<tr><td colspan="9"></td></tr>
<tr><td colspan="9"></td></tr>
</table>

<table>
<tr><td rowspan="3">购买商品情况</td><td>时间</td><td>商品名称</td><td>货号</td><td>数量</td><td>单价</td><td>付款方式</td><td>退赔折价</td></tr>
<tr><td>2022年5月</td><td>妃丽牌T恤</td><td>WY511365</td><td>2件</td><td>165元</td><td>网上支付</td><td>8折</td></tr>
<tr><td></td><td></td><td></td><td></td><td></td><td></td><td></td></tr>
<tr><td>购买商品后的情况</td><td colspan="7">十分满意</td></tr>
<tr><td>其他说明</td><td colspan="7"></td></tr>
</table>

制表人：小艾　　　　　　　制表日期：2022年5月18日

项目三

约见和接近客户

职场情境

　　有一天，公司销售部经理组织销售部所有员工策划代理商招募方案，之后将销售部员工分成4组，每组负责1个城市。

　　刘组长为小艾分配了招募5个代理商的任务，并为小艾提供了客户名单，要求小艾约见并接近这些客户，与其进行初步交涉。

学习目标

✈ **知识目标**

1. 掌握约见客户的技巧。
2. 掌握接近客户的各种方法。

✈ **技能目标**

1. 能够根据明确的理由确定客户，并了解客户的相关信息。
2. 能够通过合适的方法约见客户，并确定恰当的见面地点和时间。
3. 能够明确接近客户的任务。
4. 能够运用合适的方法接近客户。

✈ **素养目标**

1. 做事有耐心，培养百折不挠、坚持不懈的品格。
2. 懂得换位思考，培养与提升真诚为客户服务的意识。
3. 培养并提高沟通协调能力。

任务一　约见客户

任务描述

约见就是预先约定时间见面，即小艾要先征得客户同意与自己见面洽谈。刘组长告诉小艾，在约见客户的过程中需要讲究一定的技巧，应采用合适的方法，向客户说明约见的理由、时间和地点，以保证后续活动的顺利进行。

任务实施

👤 活动一　明确约见理由

推销人员约见客户需要有一个充分的理由，而且这个理由要能引起客户的重视，要能让客户感觉自己有必要接受约见。小艾知道，推销人员约见客户的理由一般有以下 5 种。

1. 推销商品

向客户推销商品是最常见的约见客户的理由。如果是使用这个理由约见客户，在约见客户时，推销人员就可以重点向客户介绍商品的特点，能帮助客户解决什么问题。客户如果对推销人员介绍的商品有需求，就很可能会同意推销人员的约见。

2. 提供服务

客户越来越看重自己在购买商品时所能享受的服务，服务已经成为体现企业实力的重要因素之一，也是推销人员成功推销商品的有力保障。以向客户提供服务为理由来约见客户，有利于推销人员更好地完成推销任务，也能体现企业服务周到，让客户对企业产生良好的印象，为提高客户的满意度奠定较好的基础。

3. 进行市场调查

进行市场调查是推销人员的职责之一。通过市场调查，推销人员可以收集并掌握真实、有效的市场信息，为企业的经营决策提供信息支持。同时，推销人员还能更好地了解客户的需求，从而有针对性地为客户推荐商品。

推销人员以进行市场调查作为约见客户的理由，往往更容易让客户接受并予以配合，因为这个理由不需要客户花费金钱。

4. 回访客户

对于推销人员来说，老客户是一种重要的资源，推销人员对客户进行回访也是约见客户的一种理由。推销人员可以借助回访客户与老客户建立持续、稳定的关系，维护好自己与老客户的关系，从而加深老客户对推销人员的好感和满意度。此外，回访客户也有利于推销人员为自己建立稳定的销售网，节省开发客户的时间与精力。

5. 签订合同

客户与推销人员经过多次洽谈达成购买意向后，推销人员要寻找合适的机会与客户签订合同，以确保交易达成。推销人员以签订合同为理由约见客户时，不能表现得过于急切，要表现出诚恳的态度。因为签订合同并不意味着交易的结束，而是下一次交易的开始。

👤 活动二　确定并了解客户

根据在培训期间所学的知识，小艾知道要先确定约见哪个客户，再去了解这个客户，这样才能更好地开展后续的工作。

1. 确定约见的客户

确定约见的客户是推销约见的第一步。这里所说的客户是指具有购买决策权或者对购买决策者有重要影响的人。因此，推销人员要根据推销业务的具体情况，尽量直接约见购买决策者或者对购买决策者能产生巨大影响的人员，避免在无关人员身上花费太多的时间和精力。

> **📋 经验之谈**
>
> 对于企业客户来说，企业负责人拥有较大的购买决策权，是推销人员理想的约见对象。但是，在实际推销活动中，推销人员通常是无法直接约见企业负责人的，需要与这些负责人的下属或接待人员接触。在与企业负责人的下属或接待人员接触的过程中，推销人员要尊重对方，保持礼貌，向对方表达出足够的诚意，以争取他们的支持和合作，使他们愿意为自己约见企业负责人。

2. 了解客户

为了在约见客户时给客户留下良好的印象，更加顺利地接近客户，小艾需要提前详细地了解客户的基本情况。

小艾先将客户分为个人客户和团体客户，再根据不同的客户类型来了解客户的相关信息。

（1）个人客户

个人客户是指可能购买推销商品的个人和家庭。对于个人客户，推销人员需要重点了解表3-1所示的信息。

表3-1　个人客户的信息

项目	具体内容
个人基本情况	姓名、年龄、性别、籍贯、职业、学历、居住地、联系方式、兴趣爱好、人生经历、相貌特征等
个人需求情况	消费需求、消费动机、消费水平、是否具有购买决策权，以及消费行为偏好，如常用的购买方式、支付方式、购买频率、购买地点等
家庭及主要成员情况	家庭主要成员及主要成员的年龄、性别、职业、学历、联系方式、收入情况、兴趣爱好、人生经历、价值观念、购物习惯等，以及家庭所处的发展阶段

 知识窗

在不同发展阶段，家庭的消费重点也会有所不同，如表3-2所示。了解客户家庭所处的发展阶段，有利于推销人员发现客户当前阶段的消费特征。

表3-2　家庭在不同发展阶段的消费重点

发展阶段	消费重点
家庭形成期（结婚到子女出生的时间段）	娱乐、休闲
家庭成长期（从子女出生到子女开始上学的时间段）	婴幼儿用品、学前教育、幼儿保险等
子女教育期（从子女开始上学到子女结束学业的时间段）	子女教育经费
家庭成熟期（从子女参加工作到家长退休的时间段）	娱乐、休闲
退休养老期（家长退休以后）	老年用品、医疗用品等

 知识窗

（2）团体客户

团体客户包括企事业单位、社会组织等购买者。与个人客户相比，团体客户的购买数量更大、购买能力更强，同时，团体客户的业务也更加复杂。因此，针对团队客户，推销人员准备的资料要更加丰富。以企业团体客户为例，推销人员在约见客户时需要重点了解表3-3所示的信息。

表3-3　企业团体客户的信息

项目	具体内容
企业基本情况	企业的全称和简称、官方网址、所属行业、位置、交通情况、所有制形式、隶属关系、注册资金、成立时间、发展历程、员工数量、获得的成绩，以及推销人员进入企业办公场所的条件、流程等
企业组织情况	企业的组织机构、组织规章制度，当前的法人代表和主要负责人及其职权范围、联系方式等
企业生产经营情况	商品类型、商品所属品类、商品销售情况，企业生产能力、生产技术水平、生产工艺、目标客户群体、目标市场、市场占有率、盈利情况、营销情况，以及大众对企业的评价等
企业采购行为	企业选择采购对象的标准、采购渠道、采购周期、采购数量、付款方式，以及影响企业采购行为的因素等
其他信息	企业的供应商情况、当前主要竞争对手的情况等

活动三　选择见面的地点和时间

在约见客户的过程中，推销人员需要与客户确定见面的地点和时间，以便双方能够面对面地洽谈。

1. 选择见面的地点

推销人员通常可以选择以下地点与客户见面。

（1）工作地点

推销人员如果约见的是企业客户，可以将双方见面的地点选在对方的工作地点。在与客户见面之前，推销人员要对企业的相关情况进行了解，这样有利于在洽谈时给客户留下良好的印象。

（2）居住地点

推销人员如果约见的是个人客户，可以将双方见面的地点选在对方的居住地点，这样既能让客户免于奔波之苦，最大限度地方便客户，又有利于缩短双方之间的心理距离。

在实际推销工作中，一般来说，要由客户主动提出将自己的居住地点作为双方见面的地点。当然，推销人员也可以提出在客户居住地附近见面的请求，如果客户不同意或者有勉强之意，推销人员就应该主动更改见面的地点，不能为难客户。

（3）公共场所

对于有些客户来说，工作地点、居住地点都不便于其与推销人员见面，此时，推销人员可以考虑将双方见面的地点选择在公园、广场等公共场所。对于推销人员和客户来说，这些场所对双方在心理上的影响是均等的，能使双方在见面过程中的地位较为平等。

经验之谈

在与客户见面时，推销人员可能会遇到一些意料之外的情况，如客户临时有事外出，客户当下的情绪较差等。对于这些意外情况，推销人员要做好充分的心理准备，并能根据具体情况灵活应变，避免自己束手无措，引起客户的反感，最终导致推销失败。

2．选择见面的时间

在选择双方见面的时间时，推销人员需要注意以下事项。

（1）多为客户着想

推销人员要广泛收集客户的资料，了解客户的作息时间、活动规律、职业特点等，尽可能地为客户着想，与客户共同商定见面的时间。

（2）根据见面的地点和路线选择见面的时间

推销人员要充分考虑到达见面地点的路线和交通工具等因素，尽量保证见面时间的合理性，以便双方都能按时、顺利赴约。

（3）给自己留出余地

如果需要在某个时间段内约见多位客户，推销人员一定要做好周密的时间安排，给自己留出余地，以免自己在与某位客户见面洽谈时花费的时间超过预期，而错过与其他客户见面的时间。

 知识窗

推销人员拜访不同行业从业者较适宜的时间。

- 会计从业者：宜选择月中，尽量避开月初和月尾。
- 零售商：14:00—15:00，尽量避开周一和周末。
- 行政人员：10:00—15:00。
- 股票行业从业者：股市收市后。
- 银行从业者：避开10:00—16:00。
- 教师：下午放学后。
- 律师：避开10:00—16:00。
- 餐饮业从业者：15:00—16:00，避开人们用餐的时间段。
- 建筑业从业者：早晨或收工后。

 知识窗

经验之谈

推销人员在和客户确定见面的时间时，要问清楚客户方便时的精确时间点，以免客户推脱。

如春在花

推销活动不仅是推销人员向客户推售推销商品的过程，也是推销人员帮助客户，向客户提供解决方案的过程。无论在什么时候，推销人员都要站在为客户提供解决方案的角度来开展工作，树立以客户为中心、为客户服务的意识。

活动四　选择合适的方式约见客户

小艾知道，自己要想约见客户还需要选择合适的方式与客户取得联系，并尽量说服客户同意与自己见面。

小艾了解到，自己可以通过电话约见、网络约见、当面约见、委托约见、广告约见等不同的方式来约见客户，但不同的方式有不同的优缺点和需要注意的事项。因此，小艾需要先了解常用的约见客户的方式及其需要注意的事项，再根据自己的实际情况选择合适的方式约见客户。

1．电话约见

电话约见就是推销人员打电话约见客户的方式。接打电话并非一件简单的活动，蕴含着深刻的学问。

推销人员可以按照介绍身份、导入主题、激发兴趣、说明目的并请求见面、处理拒绝的步骤来对客户进行电话约见。

（1）介绍身份

拨通客户的电话后，推销人员要向客户做一个简单的自我介绍，让客户知道自己在和谁通电话。推销人员可以这样说："张先生，您好，我是华美服饰的业务代表小艾。"

（2）导入主题

向客户做完自我介绍，推销人员就可以导入主题。推销人员可以通过表3-4所示的角度与话术示例导入主题。

表3-4　导入主题的角度与话术示例

角度	话术示例
他人的推荐	"上周，我拜访了××公司徐经理，他向我提起，您是这方面的专家。"
给客户发送过的文件	"上周，我给您发了一份我们公司的新产品目录，不知道您是否看过？"
客户投放的广告	"我在网上看到了贵公司投放的广告，想给您推荐一款我们公司的商品。"
客户在经营过程中或生活中、职业中遇到的问题	"据我所知，贵公司一直在寻找降低成本的方法。"
客户所属行业的知名人士（客户本人更好）近期发表的重要观点	"我在网上看到了您新发表的一篇论文。"

📋 **经验之谈**

对于长期未与公司产生业务往来的"休眠"客户，推销人员可以这样导入主题："白主任，我查看我们的采购记录时，发现贵公司已经很长时间没有来我们这里采购了，不知道是什么原因？下周周一上午我能否拜访您，与您讨论一下这个问题？"

（3）激发兴趣

推销人员可以通过向客户提及推销商品能给客户带来的价值的方式激发客户的兴趣，如推销商品能够帮助客户节约成本、快速打开市场等。推销人员提及的价值最好是客户急需的。例如，推销人员可以这样说："我们公司新研发的机床，能够帮贵公司提高生产效率。"

（4）说明目的并请求见面

推销人员向客户介绍推销商品能给客户带来的价值后，就可以说明自己的目的——约见客户。推销人员要与客户协商，确定见面的地点和时间。最后，推销人员要复述一下见面的地点、时间和客户的联系方式，这既能加深客户的记忆，又能避免自己记错。

（5）处理拒绝

约见客户时遭受拒绝是常见的事，在平时的工作中，推销人员可以不断记录电话约见被拒绝的原因，针对这些原因总结应对话术，并不断完善话术，最终形成自己的一套拒绝约见的应对话术。表 3-5 所示为一些常见的客户可能说的拒绝话语及推销人员可以采用的应对话术。

表3-5　常见的客户可能说的拒绝话语及推销人员可以采用的应对话术

客户可能说的拒绝话语	推销人员可以采用的应对话术
"抱歉，我现在没有时间。"	"我也觉得现在的时间很紧张，不过，这周的周四、周五我恰好在您公司附近办理业务，到时我可以到您公司与您详谈，大约只需要占用您15分钟的时间。"
"你先把资料发到我邮箱吧。"	"我们的资料都是精心设计的提纲。其中的一些数据需要专业人员进行解说。而且针对不同的客户，我们会提供不同的修订方案。我跟您面谈的话也就占用您15分钟的时间，您看我是明天上午去拜访您还是下午去呢？"
"对不起，我对这个商品不感兴趣。"	"让您对一件自己不了解的东西产生兴趣的确是有些强人所难，但这款商品所应用的技术在当下是非常先进的，而且有非常好的发展前景。只需要10分钟，您就能了解它会给您的企业带来的商机。您看明天10∶00我去拜访您，可以吗？"
"我再考虑考虑，下周给你回复。"	"欢迎您这次给我打电话。赵先生，我看下周还是我给您打电话吧，您觉得下周周一什么时间比较方便？"
"之前用过类似的商品，效果不好，不想用了。"	"李总，您用的是哪款商品，什么时候开始用的？出现了什么问题？或许我可以为您提供一些帮助。"
"对不起，我对它不感兴趣。"	"周先生，您现在对这个商品没兴趣一点儿也不奇怪。您没有了解过这个商品又怎么会对它产生兴趣呢？所以，我希望您能允许我当面向您展示这个商品的功能，这样您也给自己找到了一个认识新商品的机会。您看，我明天上午去拜访您，可以吗？"

经验之谈

为了减少失误，推销人员可以进行情景演练。推销人员可以列好电话约见提纲，然后模拟自己拨打电话约见客户的情景。在模拟过程中，推销人员可以在自己面前放一面镜子，通过镜子观察自己在打电话过程中的面部表情、情绪表现，也可以使用录音设备录音，然后分析自己说话时的语气、节奏、音量是否存在问题。在条件允许的情况下，推销人员可以请求他人观察自己的表现，并指出自己的不足。

📖 **案例链接**

在拒绝中争取机会

张志华是美尚食品有限公司的一名业务专员，近期在向各大超市推销公司新研发的一款面包。经过前期调研，张志华获得了汇华连锁超市的相关情况和采购部经理曹晓峰的联系方式。周一早晨，张志华拨通了曹经理办公室的电话。

张志华："早上好，曹经理，我是美尚食品有限公司的业务专员张志华，我想给您推荐我们公司新研发的一款面包。请问您现在有时间吗？"

曹晓峰："抱歉，我现在没时间，马上要去参加公司会议。"

张志华："好的，那我不打扰您了。请问您什么时候有时间，我再打电话给您。"

曹晓峰："明天 14:00 吧。"

张志华："好的，您先忙，明天 14:00 我再联系您。"

第二天 14:00，张志华再次拨通了曹晓峰办公室的电话。

张志华："下午好，曹经理，我是美尚食品有限公司的业务专员张志华，昨天上午和您通过电话的。"

曹晓峰："哦，你想谈什么商品进驻我们超市？"

张志华："我们公司新研发的一款面包，有原味、芝士味、红豆味 3 种口味，希望能与贵超市合作。"

曹晓峰："我们超市已经有好几个品牌的面包，暂时不想再增加品牌了。"

张志华："是的，贵超市确实已经有几个品牌的面包，但那些品牌的面包都是一次发酵，我们的面包是二次发酵，面包更加松软，口感更好。您知道，在同等价格的面包中，消费者更愿意购买口感更好的面包。而且，我们的这款面包已经进入餐饮渠道，每个月都有不错的销量。另外，我们公司对这款面包制定了高价格高促销的市场推广策略，所以这款面包有很高的毛利率。贵超市附近是商务区，会有很多上班族到超市购买便捷、易食用的面包。"

曹晓峰："你们这款面包还在其他地区销售吗？"

张志华："目前，北京、上海、深圳、广州、杭州等城市的 100 多家超市都在销售我们这款面包，且销售情况良好，我可以给您提供一些历史数据。"

曹晓峰："好吧，你明天 10:00 来我办公室面谈吧，请带上一些样品。"

张志华："好的，那明天 10:00 见。"

智慧锦囊：约见曹经理之前，张志华做了前期调研，掌握了汇华连锁超市的相关情况和采购部经理的联系方式。这让张志华能够精准找到具有购买决策权的人，并了解汇华连锁超市内同类商品的相关信息。第一次拨通电话后，张志华对曹经理的"现在没时间"表示理解并询问曹经理什么时候有时间，这让张志华争取到了再次与曹经理通话的机会。

张志华第二次拨通曹经理的电话后，先做了简单的自我介绍，然后马上对曹经理说自己前一天上午和他通过电话，这样有利于让曹经理回忆起这次的通话是经过他认可的，避免曹经理推脱。在曹经理表示对自己的商品不感兴趣后，张志华先是对曹经理的观点表示认同，然后根据自己掌握的信息用简单的话语向曹经理介绍自己公司面包的优势，如二次发酵、已经拥有固定的消费群体、利润率高等，成功引起了曹经理的兴趣。张志华又根据曹经理的要求，简单说明了面包的销售情况，用事实增强说服力，最终争取到了与曹经理面谈的机会。

学以致用

设计应对客户拒绝的话术

请根据客户拒绝的话语设计应对话术，并将话术填在表3-6中。

表3-6　应对客户拒绝的话术

客户拒绝的话语	回复话术
"对不起，我马上要去开会，没时间。"	
"抱歉，我们已经有固定的供应商，暂时不考虑更换供应商。"	
"我听说过这个品牌，好像大众对它的评价不是很好。"	

2. 网络约见

网络约见是指推销人员通过基于信息技术的计算机网络与客户进行沟通，并约见客户的方式。随着互联网信息技术的快速发展，网络已经成为人们常用的沟通渠道之一。

（1）使用网络文字约见客户

很多人习惯使用聊天软件来与他人进行文字沟通。下面以微信为例，讲解推销人员使用网络文字约见客户的技巧。

① 提炼有效信息

推销人员如果一次性向客户发送大段文字，会影响客户的阅读体验，所以推销人员要提炼出有效信息，再将编辑好的文字发给客户。

推销人员在发送文字信息时要避免信息冗余，删掉重复的称谓、语气词等；在保证信息准确、无遗漏的前提下，字数越少越好。单条信息以3～4行为宜，并且要注意分行，保证对方阅读信息时有舒适感。

② 尽量避免问"在吗？"

"在吗？"会让对方产生极大的心理压力，而且如果对方没有及时回复，双方很有可能会展开"在吗？""在了。""现在还在吗？"之类的谈话，浪费彼此的时间。

使用微信文字约见客户时，要想提高沟通效率，推销人员不妨直入主题或者在简单问候后马上进入主题，客户看到消息后可能就会很快给出答复。例如，推销人员可以这样说："刘经理，您好，我是××品牌空调的销售员赵黎，明天下午我去您公司拜访您，向您介绍一下我们公司的新款中央空调。您看方便吗？"

③ 突出重要信息

很多人会通过查看微信聊天记录来处理信息，如果一条条翻看，处理信息的效率会非常低。为了提高沟通效率，推销人员在发送消息时可以贴心地用"【 】"标出重要消息（如时间、地点、事项等），让重要信息变得醒目，便于客户阅读。

④ 发送文字速度要适当

在发送文字消息时，推销人员要遵循"就慢不就快"的原则。如果客户打字速度比较慢，推销人员要迁就客户，尽量按照客户的节奏交流。因为如果一方打字速度过快，另一方跟不上节奏，就容易出现打字慢的一方不能及时、准确地表达心中所想，最终导致沟通不畅。

推销人员如果因为没有看到信息而没有及时回复客户信息，就要向客户说明缘由。推销人员如果在沟通过程中有其他事情要先处理，需要中断聊天，也要及时向客户说明情况。

⑤ 慎用语气助词

文字沟通不同于当面交流，没有语调，没有肢体语言，同样的词语会被不同的人理解成不同的含义，因此推销人员尽量不要使用容易产生歧义的语气助词，如"哦""嗯"等，可以使用"好的""收到"。

（2）使用网络语音约见客户

很多网络沟通工具具备发送语音的功能，网络语音沟通也成为人们常用的沟通方式。使用网络语音约见客户时，推销人员要注意以下 4 点。

① 事先询问对方是否方便

推销人员在发送语音之前应先发文字消息询问对方是否方便听语音，因为客户所处的环境很有可能不适合听语音。提前询问可以体现推销人员的素养，不至于引起客户的反感。

② 组织好语言

推销人员在发送语音时要先整理好思路、组织好语言，确定准确无误后再发送出去，不要在发送之后再撤回消息，否则容易让客户产生疑问，给客户留下做事不严谨的印象。

③ 注意语音时长

在使用语音给客户发送信息时，推销人员要以积极的态度来说话，称呼客户时要亲切自然，发送的语音长度要适当。推销人员可以先发送一条 20 秒左右的语音，等到客户的回应后再与客户互动。推销人员不要直接向客户发送 50 ～ 60 秒的语音，否则会引起客户反感，降低沟通效率。

想发送的消息只有短短几个字，语音长度只有两秒时，在条件许可的情况下，推销人员应发送文字。因为在这种情况下客户看文字的效率远比听语音的效率高，可以帮助客户节省时间，这也是礼貌的一种体现。

④ 准确理解信息

推销人员接收客户发来的语音后，首先要仔细倾听，听清语音中的内容和客户的语气、语调，千万不要把客户的真实意思理解错了，否则沟通效果会大打折扣。

（3）使用网络视频约见客户

在使用网络视频约见客户时，推销人员要注意以下5点。

① 询问客户是否方便

推销人员在向客户发起视频聊天之前，应询问客户是否方便，是否有时间聊天。虽然客户在不方便的时候可以直接拒绝视频聊天，但事先询问可以反映出推销人员的素养。

② 选择适宜的环境

推销人员尽量不要在公众场合与客户视频聊天：在安静的公众场合聊天，会影响其他人的心情，显得很不礼貌；在嘈杂的环境中聊天，噪声会降低视频沟通的效果。因此，推销人员应尽量避开人群，选择一个安静、人少的环境与客户视频沟通。

③ 注意眼神交流

视频聊天类似于面对面交谈，所以推销人员在与客户交谈时要专注，不能心不在焉。推销人员要注意与客户进行眼神交流，尽量直视客户，表现出自己的真诚和对客户的尊重。推销人员如果左顾右盼，东张西望，在与客户交谈的同时处理其他事情，甚至用自己的后脑勺对着客户，可能会给客户留下敷衍或对谈话内容不感兴趣的印象。

④ 保持画面稳定

推销人员在使用网络视频与客户交谈时，要尽量保持画面稳定。如果一边走一边视频聊天，画面背景一直晃动，很可能会让客户感到晕眩和不适。

⑤ 保持良好的个人形象

与客户通过网络视频沟通时，推销人员要注意保持良好的个人形象，不要蓬头垢面、睡眼惺忪地出现在屏幕前，也不要穿得随心所欲，如穿着睡衣、拖鞋等，否则会给客户留下不认真、懈怠的印象。

3. 当面约见

当面约见是推销人员与客户当面确定双方再次见面的地点和时间的方式。

推销人员通常可以通过在某些公共场所与客户不期而遇的机会当面约见客户，如在订货会、展销会上与客户不期而遇；在社交场所或在办理业务途中与客户偶然相见等。与客户不期而遇的机会并不常有，这就需要推销人员平时多留心，能够发现与客户不期而遇的机会。推销人员要多了解客户的生活习惯、兴趣爱好，积极创造与客户见面的机会。

推销人员当面约见客户时可以采用表3-7所示的3种方法。

表3-7　当面约见客户的3种方法

方法	说明	使用场景	示例
开门见山法	自报家门，向客户直截了当地说明自己的目的，再根据客户的反应制定对策	与购买决策者见面的场景下	"贾女士，我是××保险公司的业务员，这里有一份非常适合您的家庭保险，您能抽出15分钟的时间让我为您详细地介绍一下吗？"
一见如故法	将客户当作自己的朋友，拉近与客户之间的心理距离	在公共场所与购买决策者见面的场景下	"徐总，您好，××集团的赵总也是我们公司的客户，赵总公司的办公桌椅都是从我们公司采购的。您的公司刚刚起步，在订购办公桌椅方面有什么需求吗？"
解释大意法	简单地说明自己的来意而不透漏重要的信息，待自己与购买决策者见面后再详细说明	与购买决策者的下属，如秘书、助理等见面，并向秘书、助理强调自己有必要与购买决策者面谈的场景下	"李助理，这种中央空调的性能基本上就是这样，贵公司可以自主选择主机型号。至于采购价格，我想我还是和贵公司的崔总见面后，再商议吧。"

4. 委托约见

委托约见是指推销人员委托他人替自己约见客户的方式。通常来说，受委托的人与客户之间存在某种社会关系或者有一定的社会交往，如受委托人与客户是邻居、同学、同事、亲戚等。如果受委托人与客户之间的关系非常亲密，或者对其能产生较大的影响，就将非常有利于推销人员成功约见客户。

5. 广告约见

广告约见是指推销人员在广播、电视、报纸、新媒体平台等发布广告，从而约见客户的方式。推销人员可以在广告中说明约见的目的、对象、要求、时间、地点等。

在客户数量较多且不具体的情况下，推销人员可以采用广告约见的方式对客户进行广泛约见。

 知识窗

在约见企业负责人时，推销人员通常需要先与企业接待员或企业负责人的秘书进行接触。面对企业接待员或企业负责人的秘书时，推销人员如果想顺利约见企业负责人，就需要运用一些技巧。

（1）面对企业接待员

① 推销人员要用清晰的语句向企业接待员说明自己的来意。推销人员可以这样说："您好，我是××传媒公司业务部的销售代表周铭，麻烦您帮我通知下贵公司营销部的赵经理，我来拜访他。"推销人员如果知道负责人的姓名和职称，就可以直接说出客户所属部门、名字及职称。

② 有时候推销人员想约见的客户不在办公室，因此推销人员应该事先了解几个客户的信息，在无法约见自己最想约见的客户时，可以约见其他客户。

③ 推销人员拜访结束时，要与企业接待员打招呼，并请教他的姓名，以示对对方的尊重，也能够让自己在下次拜访时叫出他的名字，拉近彼此的距离。

（2）面对企业负责人的秘书

① 推销人员要介绍自己，并用简短的话语向秘书说明自己的来意。推销人员在说明来意时，可以使用一些专业性的语言，以让秘书感觉这次拜访很重要。推销人员可以这样说："您好，我是××传媒公司业务部的销售代表周铭，我要向贵公司营销部的赵经理报告我们为贵公司设计的社群创建方案和开展社群线下活动的方案，麻烦您帮我转达。"

② 如果秘书告知推销人员企业负责人当下无法与其见面，推销人员可以先询问秘书的姓名，然后准备好自己的名片、商品资料，请秘书代为转交，并向秘书表示感谢。

了解以上约见客户的方式后，小艾认真总结、分析了这些方式的优缺点，如表3-8所示。

表3-8　约见客户的5种方式及其优缺点

约见方式	优点	缺点
电话约见	① 与其他约见方式相比，电话约见更加快捷、经济，效率更高。 ② 推销人员能在通话的过程中直接表明自己的意思，并能快速收到客户的反馈	① 客户可能会因为某些原因拒绝接听电话。 ② 电话约见可能会使信息的接收出现差错，例如有些字没听到，有些字听错了，传递的内容被误解，甚至可能会因双方的心理因素而使信息的传递受到影响
网络约见	① 较少受地理位置的限制。 ② 推销人员能快速得知客户的反应	① 推销人员需要获取客户的网络联系方式。 ② 信息的传递容易受到网络信号的影响
当面约见	① 推销人员可以马上得知客户的反应。 ② 信息传递准确	① 容易受到时机的限制，推销人员能够碰到想约见的客户的机会比较难得。 ② 容易受到地理位置的限制。 ③ 当需要约见的客户数量较多时，当面约见的效率较低
委托约见	① 有利于降低客户对推销人员的戒备心理。 ② 有利于借助受委托人的关系提升客户对推销人员的信任感	① 推销人员处于被动地位，如果受委托人未及时向客户传达信息，推销人员可能就会丧失与客户见面的机会。 ② 如果受委托人与客户的关系一般，推销人员就可能失去见到客户的机会
广告约见	① 覆盖范围较大。 ② 花费的时间较少	① 针对性较差。 ② 与其他约见方式相比，费用较高。 ③ 在数量众多的广告中，约见广告可能很难引起客户的注意

📝 如春在花

任何工作都不可能是一帆风顺的，推销工作也不例外。在约见客户的过程，推销人员可能会被拒绝，也可能会遇到各种困难。"吃得苦中苦，方为人上人"，推销人员要有解决困难的耐心，要有百折不挠、坚持不懈的韧性。

温故知新

一、填空题

1. 推销人员约见的客户是指具有_____或者对_____有重要影响的人。

2. 推销人员在约见个人客户时需要重点了解的信息包括_____、_____、_____。

3. 推销人员在约见团体客户时需要重点了解的信息包括企业基本情况、企业组织情况、_____、_____、_____。

4. 推销人员可以按照介绍身份、_____、_____、_____、_____的步骤来对客户进行电话约见。

二、选择题

1. （　　　）是推销约见的第一步。

A. 选择约见的客户　　　B. 确定约见的客户　　C. 了解约见的客户　　D. 收集客户信息

2. 下列选项中不属于推销人员约见客户的理由是（　　　）。

A. 推销商品　　　　　　B. 提供服务　　　　　C. 进行市场调查　　　D. 回收货款

3. 对于推销人员和客户来说，能使双方在见面过程中的地位较为平等的见面地点是（　　　）。

A. 客户家中　　　　　　　　　　　　　B. 推销人员所在公司

C. 公园　　　　　　　　　　　　　　　D. 客户所在公司

4. 推销人员使用微信文字约见客户时，发送的文字信息要准确、简练，单条消息以（　　　）为宜。

A. 1~2行　　　　　　　B. 2~3行　　　　　　C. 3~4行　　　　　　D. 4~5行

5. 下列选项中属于电话约见客户优点的是（　　　）。

A. 与其他约见方式相比，电话约见更加快捷、经济，效率更高

B. 有利于降低客户对推销人员的戒备心理

C. 有利于提升客户对推销人员的信任感

D. 客户可能会因为某些原因拒绝接听电话

三、判断题

1. 推销人员在使用网络文字约见客户时最好先问客户一句"在吗"，然后一直等客户回复。（　　　）

2. 在使用网络语音约见客户时，推销人员如果想发送的消息只有短短几个字，在条件许可的情况下就应发送文字。（　　　）

3. 推销人员在选择与客户见面的时间时尽量多为客户着想，与客户商定见面的时间。（　　　）

4. 在客户数量较多且不具体的情况下，推销人员可以采用网络约见的方式对客户进行广

泛约见。（　　　）

5. 如果需要在某个时间段内约见多位客户，推销人员一定要把时间安排得紧凑一些，以确保自己与每位客户都能见面。（　　　）

融会贯通

请同学们4人一组，完成以下任务。

（1）一人扮演某品牌乳酸菌饮料推销人员，一人扮演某超市采购部经理。推销人员约见采购部经理，请求采购部经理在超市上架自己品牌的乳酸菌饮料。

（2）在约见采购部经理之前，推销人员要收集超市的相关信息，如超市内是否有同款或类似款的乳酸菌饮料，同款或类似款乳酸菌饮料的定价、销售情况，以及饮料在超市上架的流程、超市对上架饮料的要求等。

（3）推销人员选择合适的方式约见采购部经理，并说服采购部经理与自己见面详谈。

（4）互换扮演的角色，然后总结在约见客户过程中可能会遇到的意外情况，并找出应对意外情况的方法。

请教师与学生一起完成表3-9。

表3-9　推销人员约见超市采购部经理训练评测表

评价方式	收集超市相关信息（3分）	确定约见方式（2分）	约见客户时的话术表达（3分）	应对客户的拒绝（2分）	总分（10分）
自我评价					
小组评价					
教师评价					

任务二　接近客户

任务描述

接近客户是指推销人员正式接触客户或者与客户正式见面，以让后续的推销洽谈顺利进行。接近客户是推销洽谈的开端。小艾成功约见客户后就要接近客户，引导客户对代理自己公司的品牌产生兴趣。

任务实施

活动一　明确接近客户的任务

在正式接触客户的时候，小艾认为自己要非常明确自己在接近客户环节做些什么，以为后续更好地推销洽谈奠定基础。

1. 验证信息

在寻找客户阶段，推销人员掌握了客户的一些信息，但是这些信息是否全面、准确，有待验证。推销人员可以利用与客户产生初步接触的时机，通过观察客户、向客户提问、倾听客户回答等方法对之前收集的信息进行验证，以确保信息的全面性、准确性，然后可以根据这些信息制定或优化推销方案。

2. 引起客户的注意

在面对推销人员的推销时，很多客户并不会将注意力放在推销人员身上。对于这样的客户，推销人员要想说服他们购买推销商品是比较困难的。因此，推销人员应该在一开始接触客户时就设法吸引客户的注意力，让客户的注意力集中在自己身上，为顺利进入推销洽谈阶段、激发客户的购买欲奠定基础。

3. 培养客户的兴趣

在实际推销中，推销人员不仅要引起客户的注意，还要培养客户对自己推销的推销商品产生兴趣。客户对推销商品产生兴趣后，才可能愿意深入了解推销商品，才可能与推销人员进行洽谈，最终购买推销商品。

4. 转入实质性洽谈

从推销的发展过程来看，引起客户的注意和培养客户的兴趣是在为转入实质性洽谈做准备。在接近客户阶段，推销人员的主要任务是通过与客户的初步接触，引导客户自然而然地转入实质性洽谈，最终达成交易。

👤 活动二　选择接近客户的方法

在接近客户之前，小艾不仅分析了客户资料、熟悉了公司产品，还向有经验的前辈学习了接近客户的几种方法。

1. 介绍接近法

介绍接近法是指推销人员通过自我介绍或他人介绍的方式接近客户的方法。

（1）自我介绍接近法

自我介绍接近法是指推销人员通过口头表述，并辅助使用名片、相关证件等，达到与客户相识的目的的方法。推销人员可以通过口头表述简单地说明自己的姓名、工作单位等，然后向客户展示名片、相关证件，提高自己的可信度，进一步消除客户心中的疑虑。推销人员可以这样说："赵先生，您好，我叫小艾，在华美服饰任职，这是我的名片。我想向您介绍我们公司的两个女装品牌。"

在实际的推销活动中，推销人员采用自我介绍接近法很难在一开始就引起客户的关注。一般来说，推销人员可以通过自我介绍给客户留下一个良好的印象，然后使用其他方法引导客户转入实质性洽谈。

知识窗

推销人员在自我介绍时要注意以下 3 点。

（1）态度良好

在自我介绍时，推销人员的态度要自然、友善、亲切、随和，落落大方，彬彬有礼，语速正常，语音清晰，并善于使用肢体语言表达自己的友善和诚意。

羞怯心理是自我介绍的一大障碍。在自我介绍之前，推销人员要树立自信心，克服羞怯心理，得体地把自己介绍给客户，引起客户的兴趣，因为每个人都有优点、长处，而且自己最了解自己。

（2）注意繁简

自我介绍一般包括姓名、籍贯、职业、职务、工作单位及其地址、毕业学校、从业经历、特长、兴趣爱好等。推销人员在自我介绍时，应根据实际情况决定内容的繁简，不一定要把上述内容都说出来。

有时只需要进行简单的自我介绍，讲明姓名、身份、拜访的目的和要求即可。一般以交流日常工作为目的的自我介绍可以适当简单一些，以交友、求职为目的的自我介绍应当详细一些。

（3）掌握分寸

推销人员在自我介绍中对自己进行评价时，不要使用"很""第一"等表示极端赞颂的词语，也不必刻意贬低自己，关键在于掌握分寸、实事求是，切不可自吹自擂，夸大其词。

 **知识窗**

（2）他人介绍接近法

他人介绍接近法是指推销人员通过与客户熟悉的第三方的介绍接近客户的方法。这个第三方与客户的关系越密切，或者第三方的口碑越高、名望越高，推销人员就越容易接近客户。推销人员可以这样说："李先生，您的朋友王先生介绍我来拜访您，说您有扩大经营规模的计划。"

经验之谈

推销人员采用他人介绍接近法接近客户时，他人的介绍必须是真实存在的，不能是推销人员虚构的。此外，推销人员通过他人介绍与客户见面后，不要炫耀与介绍人的关系，而要保持谦虚，用真诚的态度赢得客户的好感。

学以致用

通过介绍接近法接近客户

假设你在超市负责推销空气炸锅，请运用介绍接近法分别向 3 位客户推销空气炸锅，并将话术填在表 3-10 中。

表3-10　通过介绍接近法接近客户的话术

客户身份	接近客户的话术
女大学生	
年轻的妈妈	
老太太	

2. 商品接近法

商品接近法是指推销人员直接将商品或商品的模型放在客户面前，借助商品引起客户的注意，从而接近客户的方法。

推销人员采用商品接近法接近客户时，商品最好是实物，且便于携带，便于推销人员向客户展示其功能，便于客户简单地操作商品，能让客户在体验操作商品的过程中发现商品的优势，从而对商品产生兴趣。

3. 赞美接近法

赞美接近法是指推销人员通过对客户表示赞美的方式接近客户的方法。很多人喜欢听别人赞美自己，因此，推销人员可以抓住人们的这一心理，通过赞美客户吸引客户的注意力，让客户心情愉悦，从而让客户愿意接受推销。

（1）赞美的方式

赞美他人的方式有很多种，推销人员别出心裁的赞美更能显示出自己的真诚与细心。

① 直言式赞美

直言式赞美即推销人员直截了当地表达自己对客户的认可。例如，推销人员与客户一见面就说："您今天气色真好！"一句出自内心的由衷赞美会让人心情愉悦。

② 对比式赞美

赞美他人切忌空泛，要让他人觉得真实可信。推销人员可以使用对比式赞美。对比式赞美包含3个元素，即感受、事实和对比。

例如，推销人员对客户说："您的眼光真好，您选择的这款风衣与您很配，显得您身形更好，更有气质，其他人都穿不出您这样的效果。"

这句话包含：感受（您的眼光真好），事实（这款风衣与您很配，显得您身形更好，更有气质）；对比（其他人都穿不出您这样的效果）。推销人员的赞美内容真实具体，能让客户感受到赞美是真实可信的，而不是胡乱说的。

③ 间接式赞美

间接式赞美就是推销人员不直接向客户表示赞美，而是通过第三方转述，最终将称赞的话传到客户的耳朵里。间接式赞美包括两种方法。

- 在第三方面前赞美。在第三方面前赞美即客户不在场，推销人员在第三方面前对客户进行赞美。例如，张晓是刘思语的客户，有一次刘思语在张晓的上级面前说："贵公司的张晓工作认真负责，不但具有创新能力，而且非常具有团队精神，是一个不可多得的人才啊！"这话传到张晓那里后，她自然会对刘思语万分感激。

- 传达第三方的赞美。传达第三方的赞美更容易令人信服，如果第三方具有一定的影响力，被赞美的人会更加开心。例如，推销人员对客户说："刚才那位女士想让我问您，您这条裙子是在哪里买的，她觉得好漂亮。"

④ 推测式赞美

推测式赞美是一种主观的赞美方式，虽然推销人员赞美的内容未必是事实，未必能够实现，但能给人一种美好的感觉。

例如，"您太有才华了，以后肯定会有一番作为的！""您的孩子思维敏捷，勤奋好学，训练刻苦，总有一天他会成为一名优秀的篮球运动员。"这种赞美是推销人员根据客户表现出的某一方面或某些方面的良好品质推测出来的，能给客户留下美好的印象。

（2）赞美接近法的注意事项

推销人员在采用赞美接近法时，需要注意以下事项。

① 态度真诚

推销人员在赞美客户时要态度真诚。首先，推销人员赞美的内容应该是客户真实拥有的，不能无中生有，更不能是客户的缺点或缺陷。例如，推销人员对一个身材比较丰满的客户说："您看您的身材真好！"这种赞美不仅不会换来客户的好感，还会使客户产生反感。因此，推销人员的赞美要发自肺腑，情真意切，这样的赞美才能发挥出积极的作用。

② 内容具体

推销人员赞美客户时要挖掘具体的内容，这样才能获得理想的效果。那些空泛、含糊的赞美不仅很难让客户接受，还会让客户怀疑推销人员的辨别力和鉴赏力，甚至可能会怀疑推销人员怀有某种动机或企图。

挖掘具体的内容时，推销人员应做到以下两点。

- 将赞美事物与赞美客户联系起来。例如，同样是赞美客户的包和裙子，推销人员甲的赞美就显得比较空洞，推销人员乙的赞美因将赞美事物与赞美客户联系起来而令人印象深刻。

  推销人员甲："您的包真好看！"

  推销人员乙："您的包真好看，您好有眼光。"

  推销人员甲："您穿这条裙子真漂亮。"

  推销人员乙："这条红裙子很衬您的肤色，使您的气色看起来更好了，真漂亮！"

- 称呼客户的名字也可以使赞美的内容更具体。推销人员称呼客户的名字能引起客户的注意，让客户感觉受到了重视。例如，"陈女士，您用手机拍摄的这张照片真是太美了，色调好，有意境，构图也很棒！您的洞察力真强，对事物的观察深邃又细腻。"

③ 赞美适度

推销人员赞美客户要讲究适度原则，只有掌握好赞美的尺度才能达到预期的效果。恰如其分的赞美可以让客户内心愉悦，增加自信。适度夸张的赞美可能会更充分地表达自己的赞美之情，客户也会乐意接受。但是，过分夸张的赞美会让客户感到虚假、不真诚。

例如，客户唱歌唱得不错，推销人员甲说："您的歌是全世界最动听的歌。"

推销人员乙说："您唱得真不错，很有韵味，这种抒情的感觉让人很放松，我很喜欢。"

显然，推销人员甲的赞美可能会让双方都很难堪，而推销人员乙的赞美更真诚、自然。由此可见，过度夸张的赞美会变成刻意吹捧、阿谀奉承，只会给客户留下不好的印象。

④ 分清对象

推销人员在赞美客户时要分清赞美对象。推销人员如果对客户并不熟悉，一时之间找不到可以赞美他的话，就可以先观察他的特征，找到闪光的特征后再称赞。

面对比较熟悉的客户，推销人员要观察客户的变化，如服饰、外貌、发型、精神状态等，然后将客户的变化说出来。这样的赞美会让客户觉得自己受到了重视，自己的每一处变化都得到了关注。

 案例链接

用赞美赢得机会

赵玉松来到一家饭店向店主推销自己公司的扫码支付盒子。赵玉松对店主宋先生说："宋先生，您好，我是 ×× 科技有限公司的销售员赵玉松，我经常经过贵店，发现贵店总是有很多人用餐，真是不简单。"

宋先生："您过奖了，店里的生意还可以。"

赵玉松："贵店服务人员在为顾客提供服务时态度非常和善、亲切，宋先生对员工的培训一定非常用心。我点了几个菜，菜品非常好吃。而且我和几个顾客交流后，发现他们都是回头客，可见贵店的餐食真的是非常好吃。我也去过其他饭店，像贵店这样服务态度好、餐食又好吃的实在不多。我曾经在对面饭店用餐，店主周先生对我说他非常钦佩您的经营管理。"

宋先生："是吗？周先生把饭店经营得也非常好，他也是我学习的榜样。"

赵玉松："周先生也将您作为自己学习的榜样。不瞒您说，我向周先生推荐了我们公司的这款扫码支付盒子，他感觉这款机器非常不错就购买了，并向我提及宋先生，所以今天我才来打扰您！"

宋先生："哦，周先生换了新的扫码支付盒子？"

赵玉松："是的，宋先生是否也考虑换一台新的扫码支付盒子？您现在使用的扫码支付盒子虽然也不错，但如果您能拥有一台功能更齐全、识别速度更快的扫码支付盒子，就能有效提高收银速度，让顾客不用排队等太久，让顾客更加满意。"

宋先生："嗯，你介绍一下这台扫码支付盒子的功能吧。"

于是赵玉松向宋先生详细地介绍了这款扫码支付盒子的功能和优势，并表示能给宋先生申请延长扫码支付盒子的售后服务时限，最终，宋先生购买了两台扫码支付盒子。

智慧锦囊：赵玉松没有一开始就向宋先生推销扫码支付盒子，而是在与宋先生聊天的过程中不动声色地用赞美拉近自己与宋先生的心理距离，然后借助第三方对宋先生的赞美进一步获得宋先生对自己的信任，最终说服宋先生购买了自己的商品。可见，推销人员在接近客户时不要迫不及待地向客户介绍商品，因为这样做反而容易引起客户的反感。推销人员可以先与客户聊一些有趣的话题，降低客户对自己的防备之心后再寻找合适的切入点向客户推销自己的商品。

如春在花

推销人员要注意提高沟通能力，要善于根据不同的人物、不同的情况进行沟通。推销人员在与客户沟通时，要具有亲和力，用简单易懂的语言向客户传达有效信息。

4. 圈子接近法

圈子接近法是指推销人员通过扮演客户所属某个圈子的人，参加客户的社交活动，从而接近客户的方法。

拥有共同点的人往往更容易成为朋友，越相似的人，越容易认可对方，所谓"物以类聚，人以群分"就是这个道理。例如，销售健身课程的推销人员，自己热爱运动，并懂得一些健身方法，是一些健身俱乐部的成员，这样就更容易接近客户，赢得客户的认可。

推销人员采用圈子接近法接近客户的关键点是，善于找到自己与客户的共同点，如生活习惯、消费习惯、兴趣爱好等，且自己推销的商品必须与客户所属的圈子有一定的联系，是客户在这个圈子中活动所需要的。

5. 提问接近法

提问接近法是指推销人员通过向客户提出问题，引导客户思考、关注、讨论有关问题，从而接近客户的方法。通过提问，推销人员可以发现客户的真实需求，并根据客户对问题的反应引导客户回答问题，从而将客户的需求与自己推销的商品联系起来。

推销人员可以采用以下方法对客户进行提问。

（1）请教式提问

推销人员以真诚的态度向客户请教，了解客户的需求，然后根据客户需求推销商品。推销人员可以这样说："这些只是对我们公司一部分商品的简单介绍。我们公司每年都会出很多新品，如果您有特殊需求，我们在设计的过程中也可以充分考虑您的意见。请问，您对我们的商品有哪些具体需求？"

（2）描述性提问

推销人员想了解客户对商品的看法，可以尝试让客户围绕商品的某一方面进行描述，这样做有利于推销人员了解客户更加看重商品的哪些方面，从而精准地确认客户的需求。

推销人员可以这样说："您可以谈谈贵公司正在使用的这款商品的情况吗？希望您可以为我们提供一些改进的建议。""通过试用，您觉得该商品的哪些功能是您十分需要的？"

（3）封闭式提问

封闭式问题是指限制客户回答的范围，有意识、有目的地让客户在推销人员提供的范围内作答。推销人员可以这样问："您是想在户外还是室内使用这款商品呢？"

> **经验之谈**
>
> 推销人员对问题的表述要明确、清晰，不要使用含糊不清或模棱两可的句子，以免让客户无法理解问题，甚至对问题产生误解。例如，推销人员向客户提问："您希望降低企业的消耗吗？"这个问题就不够明确，推销人员只是提及"降低企业的消耗"，并没有说明"降低什么消耗""降低多少""需要花费多长时间"等，这样的提问很难引起客户的注意。而"您希望到今年年底让企业的生产材料消耗降低30%吗？"就比较明确，容易引起客户的注意。

温故知新

一、填空题

1. 在接近客户环节，推销人员的任务包括验证信息、_____、_____、_____。

2. 在接近客户阶段，推销人员的主要任务是通过与客户的初步接触，引导客户自然而然地转入_____，最终_____。

3. 介绍接近法通常包括_____、_____两种方式。

二、选择题

1. 下列语句中属于间接式赞美是（　　　）。

   A. 您的眼光真好，您选择的这款帽子与您很配，显得您非常有气质。

   B. 旁边的那位女士说您试穿的这件衣服很能彰显您的气质。

   C. 您的孩子画的画真好看，将来他一定能成为一名优秀的绘画从业者。

   D. 您今天的衣服搭配真好看！

2. 推销人员采用圈子接近法接近客户的关键点是（　　　）。

   A. 善于找到自己与客户的共同点，且自己推销的商品必须与客户所属的圈子有一定的联系

   B. 选择合适的圈子的人

   C. 参加与客户圈子有关的社交活动

   D. 融入客户所在的圈子

3. "请问您是通过现金付款还是微信支付付款呢？"属于（　　　）。

A．描述性提问　　　　B．请教式提问　　　　C．封闭式提问　　　　D．开放式提问

三、判断题

1．一般来说，推销人员可以通过自我介绍给客户留下一个良好的印象，再使用其他方法引导客户转入实质性洽谈。（　　）

2．在采用商品接近法接近客户时，推销人员所展示的商品最好是实物，且便于携带，便于推销人员展示商品功能。（　　）

3．面对自己不熟悉的新客户，推销人员可以一见如故地大加赞美客户的外貌、穿着等。（　　）

融会贯通

请同学们 5 人一组，按照设定完成演练任务。

（1）人员设定

某实业有限公司（主要生产和销售手机壳、计算机外壳和按键）的业务部推销人员小赵；某科技有限公司采购部经理曹宇（男，35 岁，喜欢登山、健身）。

（2）情境设定

推销人员小赵第一次到曹宇办公室拜访曹宇，并向曹宇推销自己公司生产的手机壳。

（3）演练任务

① 每组内由一名学生扮演推销人员小赵，一名学生扮演曹宇。

② 推销人员应该合理采用接近客户的方法接近客户。

③ 推销人员从即将进入曹宇办公室开始就要注意一些动作的细节，如握手、交换名片、就座的细节等。

请教师与学生一起完成表 3-11。

表3-11　推销人员接近客户训练评测表

评价方式	接近客户时表达流畅（5分）	进入办公室后的一系列动作的细节（5分）	总分（10分）
自我评价			
小组评价			
教师评价			

答疑解惑

"职场情境"中提到小艾要约见并接近客户，那么小艾是如何做的呢？小艾首先需要成功地约见客户名单上的每个客户。

（1）明确约见理由

根据公司的计划，小艾明确了自己约见客户的理由是向服装代理商推销自己公司的品牌服

装，并为代理商提供相关服务。

（2）确定并了解客户

刘组长向小艾提供的客户都是拥有多年服装销售经验的实体店店主，因此，小艾可以将这5个店主列为自己的约见对象。

小艾确定这5个店主都是个人客户，因此她可以通过查询公司提供的客户档案、向老客户询问、网络搜索客户信息等方式收集并了解这5个实体店店主的基本信息。

由于这些客户都是实体店的店主，所以小艾还收集并了解了这5家客户店铺的基本情况（如店铺位置、交通情况、发展历史）、店铺的经营情况（如店铺主要销售的商品、目标客户群体、盈利情况、营销情况）、店铺的采购情况（如商品采购渠道、采购周期、采购数量、付款方式）等信息。

（3）选择见面的地点和时间

推销人员在选择与客户见面的地点时应该坚持方便客户、与见面时间相适应的原则，这样有利于交易的达成。因此，小艾可以在与各个店主沟通商议后，由双方共同确定见面地点。

小艾需要约见的客户有5个，如果她选择在同一天与这5个客户见面，在选择地点和时间时就需要慎重，要给自己留出余地，避免因意外情况而导致无法与客户顺利见面。因此，小艾可以分两天来约见这5个客户，第1天约见3个客户，第2天约见其他客户。

（4）选择合适的方式约见客户

小艾在分析刘组长提供的客户名单时发现名单上有这些客户的手机号码，因此，小艾可以直接打电话约见客户。小艾可以在9:00给第1个客户打电话。接通后，小艾可以按照下面的方法与客户沟通。

小艾："您好，是罗××先生吗？"

罗先生："是我，你是哪位？"

小艾："罗先生，您好，我是华美服饰的业务代表小艾。我知道您开着一家服装店，并且经营情况非常好，今天给您打电话，是想给您推荐我们公司的两个品牌的女装。"

罗先生："哦，这样啊。"

小艾："我们公司拥有自有工厂，能为您提供一手货源，还能为您提供免费铺货、自由退换等服务，而且您无须支付加盟费。"

罗先生："你们的方式还不错。"

小艾："是的，我们品牌的服装都是原创设计，在市场上已经有了不错的知名度。您上架我们的服装后，能很快打开市场，快速赢利。"

罗先生："嗯，你给我发一份资料吧。"

小艾："罗先生，是这样的，我们公司会根据不同客户的具体情况提供定制化的代理方案。要不这样吧，您看您这周周二的上午还是下午比较方便，我去您的店铺与您见一面，向您详细介绍一下我们的代理方案。"

罗先生："嗯，周二上午吧。"

小艾："9:00可以吗？"

罗先生："可以。"

小艾："好的，罗先生，那我们周二9:00见。"

成功约见第1个客户后，小艾可以拨打其他客户的电话约见他们。

成功约见客户后，小艾要接近客户，让客户对公司的品牌服装形成初步印象。

（1）明确接近客户的任务

小艾认为，目前客户对公司和公司的品牌还缺乏足够的了解，因此她可以在接近客户阶段先验证这5个客户的信息，再向客户详细地介绍慕尚、夏朵两个品牌，以及公司品牌代理的服务内容，引起客户对品牌的注意和培养客户对品牌的兴趣。

（2）选择接近客户的方法

与第1位客户见面后，小艾可以再次向罗先生做自我介绍："罗先生，您好，我是华美服饰的业务代表小艾，上周五我和您通过电话的。"罗先生表示肯定后，小艾可以简单地向罗先生说明自己了解到的关于他店铺的信息，并向罗先生递交为他量身打造的品牌代理方案。征得罗先生的允许后，小艾可以详细地向罗先生介绍方案中的内容。

项目四

实施推销洽谈

职场情境

　　小艾成功约见与接近客户罗先生（品牌代理商）后，要与客户进行推销洽谈。推销洽谈是整个推销过程的关键阶段，小艾在这一阶段的主要任务是做好洽谈的准备工作，能够根据客户的情况和需求灵活运用推销洽谈的方法和技巧，成功说服客户代理华美服饰的商品。

学习目标

✈ **知识目标**

1. 了解营造良好的推销洽谈氛围的方法。
2. 了解常用的说好开场白的方法。
3. 了解推销洽谈的内容。
4. 了解说服客户的方法。
5. 了解不同的推销洽谈方法。

✈ **技能目标**

1. 掌握营造良好的推销洽谈氛围的方法。
2. 学会说好开场白的方法。
3. 熟练掌握说服客户的各种方法。
4. 熟练掌握推销洽谈的各种方法。

✈ **素养目标**

1. 提高语言表达能力与沟通技巧，以诚待人，以情感人，以理服人。
2. 培养公正、平等、互信、互利的意识。

任务一　导入推销洽谈

任务描述

　　推销洽谈是指推销人员运用各种方法和手段向客户传递推销信息，并设法说服客户购买推销商品的过程。小艾觉得，为了保证推销洽谈能够顺利进行，自己需要做好以下工作：营造良好的推销洽谈氛围、说好推销洽谈的开场白、确定推销洽谈的内容、掌握说服客户的方法。

任务实施

👤 活动一　营造良好的推销洽谈氛围

　　在导入推销洽谈阶段，营造一种轻松、友好、和谐的推销洽谈氛围是非常重要的。推销人员为了营造这种推销洽谈氛围，应注意以下 3 点。

1. 注重仪表，举止得体

　　推销人员的穿着应与自己的身份相符、与推销洽谈的环境相协调，能够给人整洁、清爽、优雅的感觉。推销人员还要遵守社交礼仪规范，注意自己的言行举止，做到言行有礼、举止得体。

2. 主动热情，态度真诚

推销人员与客户见面时，应主动热情、真诚友善，努力消除对方的陌生感和戒备心理，拉近与对方的距离。

3. 专业能力强，充满自信

推销人员要注意拓宽自己的知识面，提高自身的专业能力，在进行推销洽谈前做好充分准备，并在与客户沟通交流时充满自信、不卑不亢。推销人员应充分关注客户提出的问题、客户的需要和愿望，使客户相信推销人员会努力地帮助他。

👤 活动二　说好推销洽谈的开场白

见面后，双方一般不会立即进入实质性话题，而是需要彼此熟悉和了解，为进一步推销洽谈打好基础。因此，推销人员应当针对不同类型的客户及其不同需求，巧妙地运用开场白来营造良好的推销洽谈气氛，争取轻松、顺利地将谈话导入正式的推销洽谈。

1. 找好推销洽谈开局的话题

推销人员要找好推销洽谈开局的话题，使双方都有共同语言。推销洽谈开始的话题应是轻松的、非业务性的，是双方共同感兴趣的，这样可以快速拉近双方的心理距离，为正式的推销洽谈做好铺垫。推销洽谈开局常用的话题如图 4-1 所示。

中性话题	对方感兴趣的话题	有关利益的话题	双方熟知的第三方话题
社会新闻 业界新闻 热点时事 体育运动 经济趋势 休闲旅游 双方经历 美食时尚	对方的兴趣爱好 对方的娱乐休闲方式 对方取得的成就 对方的家庭需求 对方关注的话题 对方熟悉的话题	理财 投资 节省经费 降低成本 经营合理化	如何结识第三方 和第三方的关系 第三方的近况 第三方的爱好

图4-1　推销洽谈开局常用的话题

2. 说好开场白的方法

为了使推销洽谈开局氛围更轻松、愉悦，推销人员要掌握说好开场白的方法。常用的说好开场白的方法有以下 6 种。

（1）赞美法

真诚的赞美能让人更加自信，拉近彼此的心理距离。推销人员可以通过称赞客户来减少其心理防备，进而激发对方的谈话热情，充分调动对方的情绪，营造良好的推销洽谈氛围。

推销人员在赞美客户时，应注意以下 3 点。

- 推销人员要善于发现客户身上的闪光点，如事业发展大、外貌好、家庭幸福等。
- 赞美要情真意切、发自肺腑，切不可过于夸张。基于事实的赞美更容易让客户接受。

- 赞美要具体化，要用具体的语言将客户身上的优点描述到位。例如，"王经理，您这办公室设计得真别致，一看您就是一个有生活情趣的人。""您这么年轻就当科长了，真是太厉害了！""您儿子长得真帅，看起来特别像您。""这件衣服特别衬您的肤色，您真有品位。"

（2）情感法

推销人员可以通过某一特殊事件来激发客户心中的情感因素，促使客户情感迸发，从而达到营造良好氛围的目的。推销人员使用此方法开场时，应提前了解客户的个人情况，掌握客户的相关信息，如性格、兴趣、爱好、专长、个人经历，以及处理问题的方式等，并投其所好。

> 📖 **案例链接**
>
> **舞台童话剧**
>
> 宋景是一名推销企业管理系统软件的推销员。一次，她得知某知名大型机械加工企业要定制一套企业资源计划（ERP）系统，于是准备去找该企业的朱总推销软件。
>
> 在拜访朱总前，宋景收集了一些关于朱总的个人信息。朱总是一位年轻的母亲，有一个6岁的儿子，由于平时工作太忙，陪伴孩子的时间很少，内心十分自责。她还得知朱总的儿子特别喜欢看舞台童话剧。因此，宋景准备了3张艺术中心舞台剧的门票。
>
> 见面后，宋景与朱总谈到了家庭，特别谈到了朱总的儿子，并称赞朱总是一位事业家庭双丰收的成功女性，还将门票作为初次见面的礼物送给她。朱总很惊讶，也很感动，激动地说："小姑娘，你怎么知道我儿子喜欢看舞台童话剧？我已经很久没有陪他去看了。真的太感谢你了！"
>
> 就这样，宋景与朱总开始了融洽的交谈，朱总还主动谈到了项目合作方案。经过几次协商，双方最后达成了交易。
>
> **智慧锦囊：** 在与客户洽谈之前做好充分准备，可以在洽谈时收到事半功倍的效果。宋景通过了解客户的情感需求，主动谈及客户的家庭，并赠送了小礼品，激发了客户的情感，营造了良好的开局氛围，为达成交易打下了良好的基础。

（3）请教法

请教法是指推销人员利用向客户请教的机会来接近对方的方法。"赠人玫瑰，手有余香"，很多人乐于被请教问题。推销人员可以找一些客户擅长的问题向他请教，客户一般不会拒绝。

例如，"顾经理，您是教育行业的专家，这是我们公司研发的儿童英语App，想请您指导一下在设计方面还有哪些问题。""很多人认为目前市场的走向是趋于平稳的，我很想听听您的看法。"

推销人员在请教客户时应注意以下3点。

- 态度诚恳、谦逊。
- 赞美在先，请教在后，赞美和请教是密不可分的。

- 找准客户擅长的问题，以免让对方难堪。

📖 案例链接

赞美+请教

一名推销员来到公园，看到很多妈妈正在耐心地陪孩子画画。

推销员来到其中一对母子面前，看了看孩子的画，说："小朋友，你画得太棒了，今天公园里面这么多小朋友在画画，就数你画得最好看！"推销员又转头对着妈妈说："您一定是一位很用心的妈妈，才能培养出这么优秀的孩子。"

妈妈说："你过奖了，他只是喜欢画画而已。"

推销员说："您看您儿子多专注啊！我也有一个儿子，跟他年龄相仿，但特别好动，能请教一下您是如何培养孩子专注力的吗？"

妈妈说："孩子专注力的培养的确很重要。首先，你必须给他创造一个安静的环境；其次，他做他喜欢的事情时，你一定不能去打扰他……"

推销员说："您说得太好了，我受益匪浅，太感谢您了！您看他画得多投入啊！"推销员指了指孩子满身的画笔污渍。

妈妈说："是呀，每次看到这个问题我都很头疼。他每次画画都会弄上油彩，根本洗不掉，有些衣服还很新，也只能扔掉。"

推销员说："这个很正常，毕竟才几岁的孩子，不过现在不都是用可水洗的环保材质的画笔吗？"

妈妈说："买的时候商家都这么说，可是污渍还是洗不干净……"

推销员说："嗯，画笔的材质太重要了，它既关系到孩子的身心健康，也关系到对衣物的保护。您看，这是我们公司新推出的环保儿童水洗画笔。它是专门针对儿童设计的，由无污染、无刺激的材质制成，用水轻轻一擦就可去除笔渍。要不您现在试试？"

妈妈说："我试试看……"

智慧锦囊： 在这个案例中，推销员通过赞美和请教的完美结合赢得了客户的好感，拉近了与客户的距离，营造了良好的开局氛围，为正式的推销洽谈做好了铺垫。推销员赞美和请教的目的性并不明显，只是和客户闲聊，找到客户的真实需求后，才正式谈到推销的画笔。此时客户看到有解决痛点的机会，自然不会拒绝尝试。

（4）利益法

人们一般会特别关注有利于自己的事情。利益法是指推销人员在推销洽谈一开始就向客户说明商品能够带给客户的利益，以吸引客户注意的方法。例如，"陈经理，我来拜访您是为了向您介绍一种可以让贵公司节约一半电费的方法。""高总，我有一种方法能够让贵公司每年节约成本100万元，不知道您是否感兴趣？"

（5）提问法

提问法是指推销人员通过提出客户比较关心的问题来引起客户注意的方法。例如，"吴先生，您认为影响贵公司生产成本的主要因素是什么？""贵公司现在的成品率比较低，如果有一种方法能使成品率提高20%，您是否有兴趣了解下？"

推销人员使用提问法开场时，要注意以下3点。

- 问题必须明确、具体，不可表述不清。
- 问题与推销洽谈有关，便于转入正题。
- 表达方式力求新颖、出其不意，能引发对方认真思考。

（6）第三方法

推销人员可以在开场白中提到中间人（如客户的朋友、亲人、同事、合作伙伴等）。这是一种迂回战术，使用这种方法一般不会遭到客户的拒绝，比较容易获得客户的信任。例如，"刘先生，您的好友周杨把您推荐给了我，他认为您可能对我们的培训课程感兴趣，因为我们的培训课程使他的员工的工作效率提高了不少。"

推销人员使用此方法时，应保证确有其人其事，切忌杜撰，否则不仅会让客户在察觉后感到不满，还会影响自身及企业的信誉。

 经验之谈

推销人员在与客户推销洽谈时，以上几种方法可以单独使用，也可以结合使用，重要的是根据客户的实际情况选择使用。此外，推销人员在与客户交谈时还要保持积极、友善的态度，不得因为注重形式而忽略了自己的态度。

知识窗

推销人员需要特别注意的是，开场白的话题不得涉及国家和行业的机密，双方企业内部的事情，对领导、同事、同行的议论与诋毁，以及客户的敏感问题等。

 知识窗

学以致用

设计合适的开场白话题

请根据客户的实际情况设计合适的开场白话题，并填写在表4-1中。

表4-1 根据客户的实际情况设计合适的开场白话题

客户的情况	合适的开场白话题
客户的书架上摆放着许多历史书，如《史记》《贞观政要》等	
客户的桌子上摆放着她和孩子的合影	
客户的书架上摆放着很多马拉松比赛的奖杯和证书	

活动三　确定推销洽谈的内容

推销洽谈的内容就是推销过程中所涉及的各种关键事项。推销洽谈涉及面很广，内容丰富。不同商品的推销有不同的洽谈内容，但内容是大致相同的，主要包括商品品质、商品价格、商品数量、销售服务、保证条款等。

1. 商品品质

商品品质是商品质量、功能和外观形态的综合，是客户购买商品的主要依据，也是影响商品价格的主要因素。因此，推销人员要力求全面地向客户介绍商品的质量、功能和外观形态。

2. 商品价格

商品价格是推销洽谈中最重要的内容，也是推销洽谈中极为敏感的问题。对于商品价格，不同的客户有不同的理解，推销人员要根据客户需求的迫切程度、需求层次、支付能力及消费心理等进行针对性推销洽谈。在推销洽谈中，买卖双方要商定一个彼此都满意的价格，确定货款的结算方式、结算时间及结算使用的货币等。

推销人员与客户商谈价格时，要处理好以下 3 个问题。

- 掌握好商品的价格水平。
- 先谈商品的实用性、价值性，后谈商品的价格。
- 向客户证明价格的合理性。

3. 商品数量

商品数量是指对商品的质量、个数、长度、面积、容积及体积等的计数量。成交商品的数量直接关系交易规模和交易额。在推销洽谈中，买卖双方应协商采用相同的计量单位、计量方法。通常情况下，商品数量与价格密切相关，成交数量大时，价格会有一定的优惠。

4. 销售服务

推销人员应从企业实际情况出发，本着方便客户的原则，为客户提供优质的销售服务。服务项目包括按承诺的方式向客户交货；提供售后维修、养护、保管等方面的服务；提供技术指导、操作说明等方面的服务；提供零配件、工具等方面的服务。在推销洽谈过程中，推销人员应尽力满足客户的正当要求，解除客户的后顾之忧。

5. 保证条款

保证条款的主要内容是担保。在商品交易中，卖方对售出的商品要承担某种义务和责任，以保证买方的利益，卖方的这种义务和责任即担保。对于日期较长、数量较大、金额较高、风险较大的商品交易，买方都会要求卖方提供担保。为限制卖方售货后不执行担保行为，买方有必要和卖方洽谈保证条款。

📋 **经验之谈**

推销人员在与客户推销洽谈时，为了预防意外情况和随机因素对合同执行的影响，应就合同的取消条件及履约、违约等有关权利、义务进行洽谈，并对合同纠纷中引起的诉讼及处理办法进行协商，以免引起麻烦。

👤 活动四　掌握说服客户的方法

推销人员要掌握相应的方法，通过摆事实、讲道理说服客户，使客户放弃异议，最后双方达成共识。

说服客户的方法主要有 5 种。

1. 自我评判法

自我评判法是指推销人员与客户共同分析购买行为的利弊，让客户进行自我评判的方法。

推销人员使用自我评判法时要把客户购买商品的利弊分析透彻，并用适当的形式表达出来，让客户认识到双方的共同分析符合客观事实。另外，推销人员不要急于下结论，要把评判权交给客户，给客户考虑的机会和时间。

2. 经验说服法

经验说服法是指推销人员利用客户的经验说服客户的方法，有时也可以利用其他客户或自己的经验。推销人员需从关心客户出发，通过介绍商品引导客户联想，从而激发客户的购买欲望，为说服客户、促成交易奠定基础。

推销人员使用经验说服法时，应注意以下 3 点。

- 对客户有比较深入的了解，能大致判断出客户有哪些经验。
- 对客户的经验进行形象描述，增加说服力。
- 可以和客户一起试用商品，激发客户的购买欲望。

3. 事实说服法

事实说服法是指推销人员通过展示某种事实的方式说服客户的方法。推销人员为了说服客户，不仅要摆事实、讲道理，还要巧妙地使用各种技巧，从正面或从侧面向客户说明购买商品所能获得的利益。

推销人员使用事实说服法时，应注意以下 3 点。

- 向客户展示的事实必须真实可靠，不得弄虚作假。
- 如果客户一直听不明白，推销人员不要重复讲述，不妨做个示范。
- 可以和客户一起做示范，让客户亲身感受。

4. 以退为进法

为了使客户接受推销建议，推销人员可先提一个较高的要求，在客户为难时再做出让步，提出一个真实的、略低的要求。除说服客户接受价格以外，如果客户经过推销人员的介绍已经产生比较强烈的购买欲望，但还有所顾虑时，推销人员就可使用此法实现推销目标。

5. 登门槛法

登门槛法是指推销人员先向客户提出一个易于接受的小目标，然后逐步提高要求，最后实现理想的推销目标的方法。

使用此方法时，推销人员应注意以下3点。

- 了解客户的需求。
- 目标要从易到难、由低到高。
- 善于察言观色，根据自己的经验和客户的相关特征揣测客户的购买力。

📖 **案例链接**

步步为营

一位家长带着上幼儿园的女儿来到某艺术指导中心。

艺术指导中心的咨询员说："女士，您好，请问有什么可以帮助您吗？"

家长说："我孩子特别喜欢唱歌，我想让你们给她指导一下。"

咨询员说："您的决定真是太棒了，您女儿正处于声乐启蒙的关键时期。您选择我们是明智的，您应该有所了解，我们的指导人员的专业素养及工作成果都是被社会认可的。"

家长说："嗯，那你就帮我推荐一个指导人员吧。"

咨询员说："好的，我马上给您登记，顺便问问，孩子还有其他兴趣吗？"

家长说："我们正在考虑培养方向，你有好的建议吗？"

咨询员说："我是一个8岁孩子的母亲，以我的育儿经验及工作经验，再结合您女儿文静乖巧的特点，我推荐孩子学古筝。古筝相对简单，学的人少，说不定以后还能成为孩子的专长呢。"

家长说："听上去不错，可是我到哪里购买古筝呢？"

咨询员说："这个您不用操心，我们这里就有各种乐器，考虑孩子是初学者，推荐您买这把古筝。"

家长说："给我看看。"

智慧锦囊：咨询员不仅通过赞美和介绍自身优势强化了家长的最初意愿，而且通过询问了解了家长的更多需求，还通过洞察孩子的性格为其选择了适合的乐器，最终实现了自己的推销目标。

温故知新

一、填空题

1. 在导入推销洽谈阶段，营造一种_____、_____、_____的洽谈氛围是非常重要的。

2. 推销人员与客户见面时，应主动热情、真诚友善，努力消除对方的_____，拉近与对方的距离。

3. 推销洽谈开始的话题应是_____、_____，是双方共同感兴趣的，这样可以为正式的推销洽谈做好铺垫。

4. 推销人员要善于发现客户身上的_____，通过称赞客户来减少其心理防备，进而激发对方的谈话热情，充分调动对方的情绪，营造良好的推销洽谈氛围。

5. _____是指推销人员与客户共同分析购买行为的利弊，让客户进行自我评判的方法。

二、选择题

1. 关于说好开场白的赞美法，下列描述不正确的是（   ）。

    A. 赞美要情真意切、发自肺腑

    B. 赞美要基于事实，切不可过于夸张

    C. 赞美要具体化，不可过于抽象

    D. 赞美就是将一切美好的语言赋予客户

2. 下列选项中不适合作为推销洽谈开局的话题是（   ）。

    A. 社会新闻   B. 体育运动

    C. 经济收入   D. 休闲旅游

3. 在推销洽谈的过程中，采用提问法开场时，下列描述错误的是（   ）。

    A. 问题必须明确、具体

    B. 连续提出多个问题进行追问

    C. 表达方式力求新颖，能引发对方认真思考

    D. 问题与洽谈推销有关

4. "林总，您真是一位热心爽快的人，非常荣幸能当面跟您沟通。"此开场白采用了（   ）。

    A. 赞美法   B. 提问法   C. 第三方法   D. 请教法

5. （   ）是推销洽谈中最重要的内容，也是推销洽谈中极为敏感的问题。

    A. 商品品质   B. 商品价格   C. 商品数量   D. 销售服务

三、判断题

1. 推销洽谈涉及面很广，内容丰富。不同商品的推销有其不同的洽谈内容，但内容是大致相同的。（   ）

2. 为了更好地激发客户的购买欲望，推销人员的开场白应重点介绍商品，而不是客户感兴趣的话题。（   ）

3. 推销人员只要向客户充分展示商品的功能和可以带给客户的利益，就能激发客户的购买兴趣与购买欲望，最终达成交易。（   ）

融会贯通

请同学们 4 人一组，完成以下任务。

（1）每组提前做好推销准备，可以选择的推销商品包括液晶电视、空气净化器、空调等；通过各种途径充分了解、掌握推销商品的相关知识。

（2）每组完成一份说服客户的文案，文案设计如表 4-2 所示。

表4-2　说服客户的文案设计

推销任务	选用的主要说服方式	推销商品的卖点	说服客户的重点及过程设计	说服客户
向客户推销液晶电视				
向客户推销空气净化器				
向客户推销空调				

（3）一人扮演推销人员，一人扮演客户。演练要求推销人员仪态端庄，声音洪亮，表达流畅，熟悉商品；推销洽谈的开场白应恰当，有吸引力；说服方式合理，说服客户的过程流畅、自然。

请教师与学生一起完成表 4-3。

表4-3　模拟导入推销洽谈说服客户评测表

评价方式	态度认真（1分）	声音洪亮（1分）	表达流畅（2分）	开场白恰当、有吸引力（2分）	方式合理（2分）	成功说服（2分）	总分（10分）
自我评价							
小组评价							
教师评价							

任务二　选择推销洽谈的方法

任务描述

推销洽谈是有规律可循的商务活动。小艾觉得，推销人员应根据不同的推销对象和环境，选择并恰当地使用不同的推销洽谈方法。

任务实施

活动一　介绍法

介绍法是指推销人员利用生动形象的语言介绍推销商品，说服客户购买推销商品的洽谈方法。介绍法一般分为 FABE 介绍法、直接介绍法和间接介绍法 3 种。

1. FABE介绍法

FABE介绍法是指推销人员通过介绍和比较商品的特点／属性（Features）、优点／作用（Advantages），陈述商品给客户带来的利益（Benefits），并提供令客户信服的证据（Evidence），使客户全面认识商品的方法。

例如，服装推销人员说："女士，您好，这是今年秋季新款运动裤。它采用了特殊面料（Features），具有非常好的透气性，还能防止液体的渗入（Advantages），所以，您在运动时穿着它会感到非常舒服，洗起来也容易（Benefits）。我们这款运动裤销量很好，您看我们的销售记录，已经卖出×××条了（Evidence）。"推销人员的表达简单易懂，能完整地向客户说明商品和客户之间的利益关系，让客户认同商品，相信商品能为自己带来利益，从而接受推销人员的推荐。

2. 直接介绍法

直接介绍法是指推销人员直接介绍商品的性能、特点、价格、服务等，劝说客户购买商品的方法。直接介绍法的优点是开门见山，节省推销时间，提高推销效率。

推销人员使用直接介绍法时要抓住客户容易接受的明显特征或优点进行介绍，并注意尊重客户，不要冒犯客户，以免引起客户的反感。

3. 间接介绍法

间接介绍法是指推销人员不直接说明商品的性能、特点、价格、服务及能给客户带来的利益等，而是通过介绍与之密切相关的其他事物来间接介绍商品，说服客户购买商品的方法。

推销人员使用间接介绍法时，应注意以下3点。

- 选用的说明资料真实、可靠。
- 选用的说明资料最好是客户熟知或容易接受、认可的。
- 说出推销重点。

活动二　演示法

演示法是指推销人员通过各种方法向客户展示商品并劝说客户采取购买行动的方法。演示法主要有以下4种。

1. 商品演示法

商品演示法是指推销人员通过直接演示商品或商品模型向客户传递商品的有关信息，进而劝说客户购买商品的方法。推销人员既可以演示商品的外观、结构，又可以演示商品的性能、使用方法、使用效果、维修保养方法等，从而使客户对商品有直观的了解，获得较为全面的商品信息，进而正确认识推销活动，并购买商品。

使用商品演示法时，推销人员应注意以下5点。

- 明确演示的目的，在演示前要非常明确商品的优势和特征。

- 熟练掌握操作方法与步骤，并根据商品特点选择演示的方式和地点。
- 随时与客户沟通，演示与讲解相结合，增添趣味性。
- 邀请客户参加演示，让客户亲身体验商品，促使客户产生认同感和购买欲望。
- 操作演示速度适当，演示时间不可过长，要抓住关键点，突出商品的主要特征。

 案例链接

巧妙演示去污能力

　　刘智所在的公司研发了一种全新的清洗剂，可以快速为机器设备或建筑物清洗污渍。公司总经理布置完销售任务后，大家开始为业绩冲刺。不过，大多数推销人员碰壁了，因为客户不了解该清洗剂的性能和特色，对推销人员的介绍持怀疑的态度。

　　刘智前去拜访一栋商务楼的负责人，决定为负责人现场演示。刘智对负责人说："对于贵单位而言，商务楼的洁净卫生应该是一项非常重要的日常维护项目，而且商务楼的明亮整洁也代表着企业的形象。"

　　负责人点点头，同意他的观点。刘智微笑着说："我给您带来了一款非常好用的清洗剂，可以迅速清洁地面，有效维护商务楼的洁净卫生。我可以给您演示一下，现在我在地板上喷洒一点儿清洗剂，过一会儿用湿拖把一拖就非常干净了。"

　　他一边说，一边往地板的污垢上喷洒清洗剂。由于清洗剂渗透污垢需要几分钟的时间，为了不让负责人产生等待的焦灼感，他继续介绍清洗剂的性能，以转移负责人注意力。刘智说："这款清洗剂不仅可以清洗地板、玻璃上的污垢，还可以清洗墙壁、办公桌椅、走廊等地方的污垢。在使用这款清洗剂时，使用者可以根据污垢的具体情况用水稀释这款清洗剂，而且这款清洗剂对地板、门窗没有任何腐蚀性。"

　　刘智还用手指蘸了一些清洗剂，说："您看，对人的皮肤也没有伤害。"他看到刚才被喷洒上清洗剂的污垢已经发生变化，于是对负责人说："才几分钟，您看这效果，清洗剂已经浸透污垢。只要用湿拖把一拖，地板就会变得非常干净。"

　　他拿出湿拖把将地板擦干，说："您看，是不是很干净？"为了加强效果，他紧接着拿出一块白手绢擦了一下刚清洗干净的地方，然后拿给负责人看了看，说："您看，白手绢还是像以前那么干净。"他又用白手绢在没有清洗的地方擦了一下，说："您看，没擦的地方有点儿脏！"

　　就这样，刘智巧妙地将清洗剂的优势展示给负责人，也顺利拿到了订单。

　　智慧锦囊：在推销过程中，商品演示具有强大的说服力。推销人员在演示商品时，要注意展示商品最吸引人的地方，即商品区别于其他商品的优点。在演示商品时只要稍加引导，客户就会顺着推销人员的思路走。在演示前，推销人员要整理好所用的演示道具，熟练掌握演示方法，这样更能突出自身的专业性，有利于获得客户的好感，赢得客户的信任。

2. 文字、图片演示法

文字、图片演示法是指推销人员通过展示商品的文字、图片资料来刺激客户产生购买欲望，进而采取购买行动的方法。在不能或不便直接演示商品的情况下，推销人员可以通过文字、图片演示的方法来介绍商品。此方法图文并茂，方便易行，还能获得很好的效果。

使用文字、图片演示法时，推销人员应注意以下两点。

- 事先整理好资料，确保资料的真实性、系统性，方便客户阅读。
- 结合客户的特点进行演示，因为不同客户的关注点可能有所不同。

3. 音像、影视演示法

音像、影视演示法是推销人员利用录音、录像、光盘、AR、VR等现代推销工具和技术说服客户购买商品的方法。运用现代推销工具和技术推销商品，是推销行业的发展趋势。

音像、影视演示法可以集推销信息、推销情景、推销气氛于一体，容易使客户对商品产生兴趣并留下深刻的印象，具有很强的说服力和感染力，有利于消除客户的异议，提高推销的成功率。

📖 **案例链接**

有奇效的装饰效果图

齐莹是某装饰公司的推销人员。在接待客户时，她总是首先询问客户对房间装饰的总体想法，了解各个房间的尺寸，然后通过计算机软件将装饰后的效果显示在计算机屏幕上，让客户观看。

客户张先生之前总是接到装饰公司推销人员的电话，每个推销人员都把自家情况说得天花乱坠，但张先生不为所动，甚至十分讨厌此类推销电话。一天，齐莹拿着笔记本电脑与张先生见面，根据张先生的想法与要求，制作出装饰后的效果草图，成功引起了张先生的兴趣。

最终，张先生接受了齐莹的建议，在与齐莹洽谈的过程中签订了装饰协议。

智慧锦囊： 推销不能只靠说，在不能或不便直接展示商品或用语言难以说明商品的情况下，推销人员要根据洽谈的实际需要，采用图文、视频等形式向客户展示商品。案例中，齐莹通过计算机软件将装饰后的效果草图演示给张先生看，最终取得了良好的推销效果。

---

4. 证明演示法

证明演示法是指推销人员通过展示相关的证明资料或进行戏剧性的表演来说服客户购买商品的方法。推销洽谈是传递推销信息的过程，也是说服客户采取购买行动的过程。为了有效地说服客户，推销人员应向客户出示具有说服力的证明资料，如生产许可证、质量监督检验中心的鉴定证书、营业执照、身份证等。

推销人员在出示这些证明资料的同时也可以进行戏剧性的表演，以演示商品的某些特性，达到说服客户的目的。

例如，消防用品的推销人员推销防火衣时，将防火衣放进一个铁桶，再向铁桶中丢一把火，等火熄灭后把防火衣拿出来展示，以此证明防火衣的质量很好。

使用证明演示法时，推销人员应注意以下3点。

- 提前准备好证明资料，并做好预演，以保证在进行戏剧性表演时不会出现失误。
- 证明资料必须真实可靠。
- 注意选择恰当的演示时机和方式。

活动三　提示法

提示法是指推销人员在推销洽谈中利用语言和行动提示、启发客户，激发客户的购买欲望，促使其做出购买行为的方法。推销人员向客户介绍商品后，有些客户会犹豫，这时推销人员可以使用提示法进一步引起客户的注意，刺激客户产生购买欲望。

提示法不仅要让客户清楚地知道购买商品可以给客户带来的利益，还要让客户相信购买商品是客户的真实需要。

提示法主要有以下几种。

1. 直接提示法

直接提示法是指推销人员直接向客户说明商品能给客户带来的利益，从而劝说客户购买商品的方法。

使用直接提示法时，推销人员应注意突出推销重点，使提示内容易于被客户理解和接受。

📖 **案例链接**

婚期将近

一位年轻男子来到家具店，要买一套衣柜。婚期将近，他想尽快把衣柜准备好。刘洲是该家具店的推销人员，他热情地与年轻男子打过招呼后，就开始向其推销某套衣柜。刘洲介绍完衣柜后，年轻男子还是有些犹豫，想再看看。

这时，刘洲对年轻男子说："先生，这套衣柜的款式很新颖，颜色亮丽，也很时尚，材质绿色环保，实用性也非常强，很符合您布置新房的要求。假如您现在订货，一周之内我们就可以帮您安装好。您如果对这套衣柜满意，就要尽快订货。不然的话，因为订货量太大，我们就很难保证交货日期了。"

年轻男子想了想，这套衣柜确实符合他的需求，而且现在订货，不会耽误自己的婚期，便购买了这套衣柜。

智慧锦囊：案例中的推销人员直接提示商品可以很好地解决客户面临的问题，又提示客户这款商品订货量大，若不尽早做出购买决定就要等很长时间了。推销人员通过增加客户的紧迫感促使其尽快做出购买决定。

2. 间接提示法

间接提示法是指推销人员婉转、间接地提示推销重点，劝说客户购买商品的方法。这种方法有利于营造良好的洽谈氛围，消除客户异议，促进推销洽谈顺利进行。

例如，一名销售成套设备的推销人员指着一份商务报纸上一则关于某企业进行设备更新的新闻报道，对客户说："王总，这家企业购买了我们的商品后，取得了很好的效益，其他一些企业也在考虑购买我们的商品呢，您看，报道都出来了。"

推销人员既陈述了推销主题，又以关怀的口吻间接提示客户购买商品，使客户几乎感受不到被推销商品的压力，反而有一种找到了解决方案的兴奋感。

使用间接提示法时，推销人员应注意以下 3 点。

- 审时度势，找准时机。
- 选准客户，有针对性地使用。
- 语言含蓄、表达婉转。

3. 名人提示法

名人提示法是指推销人员利用客户对名人的崇拜心理，借助名人的声望来消除客户的疑虑，影响客户的态度，进而激发客户的购买欲望，说服客户购买商品的方法。

推销人员在使用名人提示法时，一般要注意以下两点。

- 提示的名人具有较高的知名度、美誉度，并受客户崇拜、尊敬。
- 提示的名人与商品相关，能够增加推销洽谈的感染力。

4. 联想提示法

联想提示法是指推销人员通过自己示范时的言谈举止，或者提示某些事实、情景，使客户产生某些联想，刺激客户产生购买欲望的方法。

运用联想提示法时，推销人员要注意以下 4 点。

- 举止、表情有助于客户产生有益的联想。
- 提示的语言有感染力，有助于引导客户产生联想。
- 提示的事实、情景真实、贴切、可信。
- 让客户感受到自己购买商品后可以获得某些利益。

随着现代科学技术的发展与信息传递技术的普及，推销人员可以掌握更多的推销洽谈方法与手段。在实际推销洽谈过程中，推销人员要根据实际情况，因地制宜，因人制宜，灵活选择并运用洽谈方法，不断开拓创新，设计更加新颖、高效的推销洽谈方法。

📖 **案例链接**

用灯光引流

经过仔细的调查，推销人员王云发现一家商店正在装修，还没有安装橱窗的灯光设备，于是他来到这里进行推销。

看到推销人员前来，戒备心理很强的店主一直说不需要。

王云对店主说："这些灯光设备在白天可能没有太大的作用，但在晚上可以让所有路过的行人看到贵店的橱窗。如果不安装这些灯光设备，即使人们贴着您的橱窗经过，可能也不会注意到橱窗里的展品。安装这些灯光设备后，贵店的外观会比对面商店的外观显得更舒适、温馨。耀眼的灯光照射在橱窗内的展品上，灯光的魅力会吸引行人驻足，您的展品会因此被更多的人清楚地看到。您想一想，要是这些灯光设备能为您吸引成千上万的顾客，您还发愁商品的销量吗？"

经过联想，店主觉得这样的场景真是不错，便购买了王云推销的灯光设备。

智慧锦囊：案例中的推销人员向客户描绘了安装灯光设备后的情景，让客户去想象，使商品更具有魅力，并且客户从联想中看到了安装灯光设备可以给自己带来的巨大收益，便产生了购买欲望。

 知识窗

推销人员需要掌握以下推销洽谈技巧。

（1）推销语言要悦耳动听。悦耳动听的语言更容易打动客户，获得客户的好感。

（2）注意说话节奏。推销人员要注意语速、语调、停顿及重音等，让客户听清、听懂、理解、接受。

（3）注意细节。推销人员要密切关注客户的反应，根据客户的理解力和理解程度调整自己说话的音量、速度和方式。

 **知识窗**

 学以致用

联想提示法的运用

联想提示法能帮助客户意识到使用商品与自己利益的关系。请根据联想提示法的知识完成连线。

典型商品	基本介绍	联想提示利益
服装	款式、颜色、尺码	流行、质感、气质、设计感
家具	款式、颜色、环保	舒适、整洁、典雅、家庭享乐
生产工具	性能、型号、功能	产量、效率、质量、利润

如春在花

读懂客户的心理和重视客户的情绪是打开推销成功之门的"钥匙"。人们常说"理解万岁"，可见被人理解是每个人都想获得的心理感受。当客户抱怨商品不好时，我们要高度重视他们的情绪，耐心听取他们的意见，表现出负责任的态度。以客户为出发点，细心观察他们的言行举止，重视他们的情绪，提供真诚的帮助和安慰，这样更容易拉近与客户的距离。

温故知新

一、填空题

1. 推销人员使用 _____ 法时要抓住客户容易接受的明显特征或优点进行介绍，并注意 _____ 客户，不要冒犯客户，以免引起客户反感。

2. 使用 _____ 时，推销人员在演示前要非常明确商品的优势和特征。

3. 推销人员使用商品演示法时，可 _____ 参加演示，让客户 _____，促使客户产生认同感和购买欲望。

4. 提示法是指推销人员在推销洽谈中利用 _____ 提示、启发客户，激发客户的购买欲望，促使其做出购买行为的方法。

二、选择题

1. 推销人员使用演示法介绍商品时，下列描述不正确的是（　　）。

　　A. 选用的说明资料最好是客户熟知或容易接受、认可的

　　B. 熟悉掌握操作方法与步骤

　　C. 随时与客户沟通

　　D. 操作演示速度越快越能赢得客户的信任

2. 直接用商品或商品模型向客户演示的方法是（　　）。

　　A. 文字、图片演示法　　　　　　　　B. 证明演示法

　　C. 商品演示法　　　　　　　　　　　D. 音像、影视演示法

3. 推销人员直接介绍商品的性能、特点、价格、服务等，劝说客户购买商品的方法是（　　）。

　　A. 直接介绍法　　　B. 提问法　　　C. FABE介绍法　　　D. 演示法

4. 关于间接提示法，下列描述不正确的选项是（　　）。

　　A. 审时度势，找准时机　　　　　　　B. 突出推销重点

　　C. 语言含蓄、表达婉转　　　　　　　D. 选准客户，有针对性地使用

5. 介绍法是指推销人员利用生动形象的语言介绍推销商品，说服客户购买推销商品的洽谈方法。下列不属于介绍法的是（　　）。

　　　A．FABE介绍法　　　B．间接介绍法　　　C．直接介绍法　　　D．间接提示法

三、判断题

1．商品演示法的优点是开门见山，节省推销时间，提高推销效率。（　　　）

2．使用商品演示法时，推销人员应边演示边讲解，增添趣味性。（　　　）

3．使用直接提示法时，推销人员应使提示内容易于被客户理解和接受。（　　　）

4．音像、影视演示法具有很强的说服力和感染力，有利于消除客户的异议。（　　　）

5．直接提示法适合所有客户，不必考虑客户的个性心理。（　　　）

融会贯通

　　一对夫妇走进一家高档服装店。

　　推销员说："您好，欢迎光临，请问有什么需要帮助的吗？"

　　男士说："我想给我太太买一套衣服。"

　　推销员说："请问衣服主要用于什么场合呢？"

　　男士说："这个周末我将和我太太去参加毕业3周年的大学同学会，我太太第一次参加我的同学会。"

　　推销员说："是吗？那一定是一个令人期待的聚会！像您太太这么漂亮、有气质的女士，在里面一定很出众。再选一套漂亮大方的衣服，简直是锦上添花呀！请问聚会是在户外还是在室内举办呢？"

　　男士说："谢谢，聚会是在一个会所里举办。"

　　推销员说："那肯定是一个隆重的场合，更要打扮得正式、优雅一些。恰好我们这里新到了一套礼服，是限量版的，无论质地、做工、款式还是档次，都是无可挑剔的。您太太这么有气质，穿上这套礼服一定非常漂亮，要不先试试看？"

　　女士说："这一定很贵吧？多少钱？"

　　推销员说："咱们先不谈价格，关键在您是否喜欢，您先试试再说！"

　　女士穿上衣服后，推销员说："您看，真好看！您完全穿出了这套礼服的风格和韵味，我们的模特都穿不出这种效果。说心里话，女士，您真幸福，有这么疼您的丈夫，我在这个店工作3年多了，以我的经验，只有那些很爱妻子的丈夫才舍得为妻子买这么好的礼服，真美慕您啊！"

　　男士看了看价签，说："3 800元，太贵了，能不能便宜些？"

　　推销员说："是的，这套礼服确实有些贵。不过，这么名贵的礼服适合像您妻子这样的优雅女士穿。而且它是限量版，穿出去绝对不会撞衫。您试想一下，您妻子穿这套礼服去参加您的同学会，肯定是里面一颗耀眼的明珠，到时候不知道会有多少人向您投来赞许的目光呢！"

　　女士说："这个牌子我听都没听过，还这么贵……"

推销员说："看你们是第一次来我们店，您穿这套礼服又这么好看，同时，我也希望我们店里的衣服都能找到最适合它的主人。这样吧，两位是我们的新客户，我给两位9折优惠，这可是我们从来没有过的折扣，希望两位有新的需求时再来。两位看，行吗？"

男士想了想，说："好的，包起来吧。"

请同学们3人一组，根据以上内容完成以下任务。

（1）一人扮演推销员，两人扮演客户，重现以上情景；表演结束，互换角色进行表演。

（2）表演要求推销员：积极热情地与客户打招呼，获得良好的第一印象；了解客户的购买需求，有针对性地进行介绍；请客户试穿，使用联想提示法等进行推销洽谈，最后达成交易。

（3）表演完成后，一起思考推销员是如何推销成功的，使用了哪些推销洽谈的技巧？

请教师与学生一起完成表4-4。

表4-4　推销洽谈方法训练评测表

评价方式	态度认真（1分）	语言表达（1分）	洽谈方法（3分）	表演过程（3分）	团队合作（1分）	推销成功（1分）	总分（10分）
自我评价							
小组评价							
教师评价							

答疑解惑

"职场情境"中提到，小艾成功接近罗先生后，下一步要做的就是与罗先生进行推销洽谈。为了使推销洽谈变得顺利，小艾决定先营造良好的推销洽谈氛围。

（1）营造良好的推销洽谈氛围

小艾主动和罗先生打招呼："您好，很高兴见到您！"小艾面带微笑，热情友好，举止得体，落落大方，并自信地面对罗先生，向罗先生展示了良好的仪表仪容，这一切都给罗先生留下了极好的印象。

（2）说好推销洽谈的开场白

进入罗先生的店铺后，小艾并没有着急向他推销商品，而是找好开局话题。小艾环顾罗先生的店铺，发现墙壁上挂着一幅字。小艾虽然不懂书法，但还是被这幅字的苍劲有力打动，于是说："罗先生，想必您非常喜欢书法吧？墙上挂着的这幅字真是太吸引人了，我一个外行都能感受到它的魅力。听说练习书法能修身养性，难怪您有一种豁达、稳重的气质。"

通过说中罗先生的兴趣爱好，小艾成功地找到话题，让罗先生主动谈起了很多事情。

（3）确定推销洽谈的内容

小艾在与罗先生开始正式推销洽谈时，主要从商品品质、商品价格、商品数量、销售服务等方面介绍公司的服装。

小艾说："我拿来了几套衣服，给你看一下我们的品牌女装的质量。这些衣服使用的面料无瑕疵，手感舒适。再来看衣服的接缝处，很整齐，没有线头，线迹还被隐藏了起来。这两个品牌的女装有很多板型，可以满足消费者的不同需求。

"我们这两个品牌的销量一直很好，您代理后不用担心销量不好的问题。如果大批量代理，我们会给您返更多佣金。

"我们会在一个月之内交货，同时为您提供技术指导和商品培训。如果在代理过程中有任何问题，您可以随时联系我们。"

（4）掌握说服客户的方法

看到罗先生有一些犹豫，小艾决定使用以退为进法说服罗先生："罗先生，我建议您先进货 5 000 套……罗先生，看样子您还是有一些犹豫。我可以理解，因为您对我们的品牌不是很熟悉，可能担心代理之后的销售情况达不到预期。没关系，您可以先进货 2 000 套，销售情况好，您再多拿些货。您看怎么样？"

在推销洽谈的过程中，小艾采用了很多方法。

（1）介绍法

小艾觉得直接介绍女装可能对罗先生没有什么吸引力，于是采用了 FABE 介绍法。"这款卫衣的面料舒适、透气性能好，即使在夏天也不会让人觉得闷热。这款卫衣十分受消费者的欢迎。您代理的话，销量肯定不会差，您看，这是这款卫衣去年的销量，和往年对比，增长很快。"

（2）演示法

小艾准备得很充分，她把拍摄的卫衣图片向罗先生进行展示，用十分漂亮的女装图片吸引了罗先生的注意，还和罗先生一同观看了一些展会销售盛况的视频，让罗先生充分了解商品销售火爆的场面。

商品质量是口碑的基础，为了让罗先生相信商品的质量，小艾向其出示了营业执照、质检报告、生产许可证等证明资料。

（3）提示法

小艾还使用间接提示法委婉地向罗先生强调代理她们公司品牌女装的好处："不知道您听没听说过，××服装公司代理我们的品牌女装后，其销量直线上升，取得了很好的经济效益。现在很多公司和店铺也正在考虑采购我们的品牌女装。您看，这是上半年的新闻报道。"

项目五

处理客户异议

职场情境

　　处理客户异议贯穿整个推销过程，正确对待和妥善处理客户异议是推销人员必备的基本能力。

　　小艾在推销过程中遇到过很多客户异议，她曾沮丧，产生过很强的挫折感，但她也知道，客户异议具有两面性，既是成交障碍，又是成交信号。小艾认为，只要端正态度，正确认识客户异议，客观分析客户异议产生的原因，并准确识别客户异议背后的需求，根据具体情况把握好解决客户异议的时机，使用恰当的方法，就能妥善解决客户异议。

学习目标

知识目标

1. 了解客户异议的类型。
2. 了解客户异议产生的原因。
3. 了解解决客户异议的时机。
4. 了解解决客户异议的方法。

技能目标

1. 能够根据客户异议的具体情况选择恰当的处理时机。
2. 能够根据客户异议的内容选择适宜的处理方法。
3. 在处理客户异议时，表现出良好的态度。

素养目标

1. 做事沉着、冷静、思虑周全，不急于下结论。
2. 培养并提高观察判断客户心理活动的能力。
3. 提高专业能力，树立专业形象，提升在他人心中的形象。

任务一 准确识别客户异议

任务描述

客户异议是指客户针对推销人员及其在推销过程中的各种活动所做出的反应，是客户对推销商品、推销人员、推销方式和交易条件产生的怀疑、抱怨，提出的否定或反对意见。在实际推销过程中，那些被客户用来作为拒绝购买推销商品的意见或问题都属于客户异议。

为了准确识别客户异议，推销人员要明确客户异议的类型，学会分析客户异议产生的原因。小艾知道，只有准确识别客户异议，才能妥善解决客户异议。

任务实施

活动一 明确客户异议的类型

在推销过程中，客户提出的异议五花八门，类型多种多样。推销人员要明确客户异议的类型，学会辨析客户异议的真假，只有这样才能有效地消除与客户之间的障碍。

1. 根据客户异议性质的不同分类

根据客户异议性质的不同，客户异议可以分为 3 种类型，即真异议、假异议与隐藏异议。

（1）真异议

真异议是指客户认为目前没有购买需要，或对商品不满意，或对商品持有偏见。例如，客户反应的"听说商品有问题，容易出故障，返修率比较高"就属于真异议。推销人员面对客户的真异议，应视实际情况采取立即处理或延后处理的措施，如图5-1所示。

宜立即处理的情况
客户提出的异议属于其所关注的焦点；
推销人员只有妥善地处理好异议，才能继续进行销售说明；
处理好客户异议后，推销人员能够立即获得订单

客户对商品的功能和特性并没有完全了解；
客户提出的异议不在推销人员掌控和管理的范围；
推销人员对客户提出的异议感到不确定或表示怀疑

宜延后处理的情况

图5-1　面对客户的真异议，推销人员宜立即处理或延后处理的情况

（2）假异议

调查显示，在实际推销过程中，假异议的占比较大。假异议通常是推销人员完成推销任务的主要障碍，所以推销人员要通过各种有效的方法，使事情有所转变，最后完成推销任务。假异议一般包括两种形式，如表5-1所示。

表5-1　假异议的两种形式

假异议	说明	举例
敷衍	客户以找借口或故意挑剔的方式敷衍推销人员，其目的是不想和推销人员交谈，不愿了解推销活动	"我很忙，改天再说吧。" "我马上要去开会，下次再谈吧。" "我只是随便看看。" "我已经有这样的化妆品。"
掩饰	客户提出了许多异议，但这些异议并不是他们真正想要解决的问题，而是以此为掩饰，希望达到自己真正的目的	"我在其他店里也看到过这款手表，但是人家的手表更精致。"（客户希望低价购买此手表） "这套衣服应该不是今年的新款"（客户希望得到折扣优惠）

📖 **案例链接**

"我不需要"

文宣大学毕业后找了一份推销员的工作，专门负责向客户推销文具。进入职场后的辛酸只有他自己知道，他每次向客户推荐商品时，得到的答复永远是"我不需要"。他为此非常苦恼，不知道该如何改善这种局面。

文宣向经验丰富的同事刘斌请教。刘斌说："你首先必须找对客户群体。你是推销文具的，应该找那些有学生的家庭或文化单位，因为他们有使用文具的需求。"

文宣叹了一口气，说："我找的客户群体没错啊，但人家都说不需要，这是怎么回事？"

刘斌问："他们一拒绝你，你就离开了？"

文宣说："对啊，不然我还能怎么做？"

刘斌说："你起码也要问一问他们为什么不买你的文具！"

文宣问："问了之后呢？"

刘斌说："只要知道客户拒绝的理由，你就离推销成功不远了。如果客户认为文具太贵，你就让他知道什么是物超所值；如果客户不信任文具的质量，你可以向他承诺，只要不是人为损坏，一年之内出了任何问题都可以退货。你把他拒绝的理由一一排除，他还有什么理由不购买你的文具呢？"

文宣说："太感谢您了，以后我会注意这些问题。您对这些问题如此有见解，难道也经常被客户拒绝吗？"

刘斌笑着说："不然呢？我也是普通人，我的运气可没那么好，但我是一个把拒绝当成机会的人。"

刘斌的最后一句话让文宣深受启发：被拒绝并不是推销的终结，而是成交的好机会。

后来，文宣带着这样的想法来到一位客户家中。客户听完他的商品介绍后仍然是那一句"我不需要"，文宣这次并没有直接走掉，而是微笑着问："请问您为什么不需要呢？据我所知，您有一个上小学的儿子，我们的文具非常适合他。"

客户说："他不缺文具。"

文宣说："哦，可是我们的商品质量非常好，而且设计符合人体工程学，握笔更省力。很多买过的人都觉得很好用。"

客户说："你肯定说好了，我又没用过，怎么知道你们的文具好用不好用。"

文宣说："您现在可以感受一下。"

客户用了一下，感觉文具的质量确实不错，价格又不贵，于是索性购买了一些。

通过这一次实践，文宣终于找到了推销的窍门。

智慧锦囊：客户的一句"我不需要"可能只是一种借口。推销人员不能轻易放弃，要以积极的态度询问和了解客户"不需要"的原因，明确并帮助客户解决问题，用为客户真诚服务的态度打动客户，赢得客户的信任。

（3）隐藏异议

隐藏异议是指客户并不展示自己的真实意图，而是通过提出各种真异议和假异议来迫使推销人员做出某种程度上的妥协。例如，客户想降低商品价格，却在商品的质量、功能、特性、外观等方面提出异议。

知识窗

推销人员在面对客户异议时应该注意以下几点。

（1）避免争论，态度积极地处理异议，从而推进推销工作。

（2）提出异议是客户宣泄内心抱怨和不满的渠道，因此不要打断客户说话。

（3）客户之所以提出异议，是因为自身利益尚未得到满足。

（4）注意聆听客户的异议，有效识别真异议、假异议和隐藏异议。

（5）不要轻易对客户做出自己无法兑现的承诺。

（6）当自己没有权限解决客户异议时，请说"我会尽快帮您解决"。

（7）异议意味着客户有求于自己，因此应在力所能及的范围内努力满足客户的需求。

 知识窗

经验之谈

很多客户即使有意购买，也不喜欢迅速成交，习惯在商品颜色、式样、交货日期上不停打转。这时推销人员不要再谈订单的问题，可以热情地帮对方挑选颜色、式样、交货日期等。成交订单也是一个与客户交朋友的机会，用热情、友好的态度为客户服务，双方建立良好的友谊，订单也就容易成交了。

2. 根据客户异议内容的不同分类

根据客户异议的内容不同，客户异议可以分为需求异议、商品异议、价格异议、财力异议、权力异议、货源异议、购买时间异议、服务异议、推销人员异议等。

（1）需求异议

需求异议是指客户主观认为自己不需要推销商品的异议，可能是客户已经购买该商品，也可能只是客户拒绝推销人员的借口。对于前者，推销人员要礼貌、友好地向客户介绍自己的推销商品的优势；对于后者，推销人员则要针对客户异议的不同含义采取不同的措施。

（2）商品异议

商品异议是指客户认为推销商品本身不能满足自己的需要而形成的异议，主要表现为客户对推销商品的性能、作用、质量、用途等提出不同的看法。为此，推销人员要充分掌握商品的知识，准确、详细地讲解商品及其能给客户带来的利益。

（3）价格异议

价格异议是指客户对推销商品的价格产生的异议，如抱怨推销商品价格太高。客户提出价格异议，往往表明客户对推销商品产生了购买兴趣和购买倾向，只是觉得价格与自己的心理价位有所偏差，想让推销人员降低价格。

推销人员在处理价格异议时，可引导客户考虑推销商品的价值，让客户觉得物有所值；如果降低价格，就要向客户提出附加条件；利用客户的心理，使用小计量单位报价，或暗示客户这已是最低的价格；暂时避开价格话题。

（4）财力异议

财力异议是指客户因缺乏支付能力而提出的购买异议，也称为支付能力异议。财力异议的主要根源在于客户的收入状况和对推销商品的成见。例如，"商品确实不错，可惜我们没有能力购买。"在实际推销过程中，推销人员要善于识别客户的财力异议是真异议还是假异议。

如果是真异议，推销人员可通过比质比价（某种商品通过与标准价格商品进行质量对比而确定的价格）等方式打动客户，也可根据具体情况同意分期付款或延期付款等。如果是假异议，推销人员应该有理有据地说服客户。

（5）权力异议

权力异议是客户以缺乏购买决策权为理由而提出的异议。例如，"我无权决定。"辨别真假购买决策者是推销人员处理这类客户异议的首要问题。

推销人员辨别客户有无购买决策权的方法有调查了解；听其言，观其行；询问客户，了解订货计划是如何制订的。

推销人员处理权力异议的方法如下。

- 客户拥有购买决策权：推销人员要将客户的需要与推销商品能给客户带来的利益密切地结合起来，进一步刺激客户产生购买欲望；在价格、服务等方面做出适当的让步；站在客户角度帮助客户解决困难。
- 客户没有购买决策权：推销人员应摆正心态，以礼相待；善待客户，力争得到客户的帮助，找到具有购买决策权的人。

（6）货源异议

货源异议是指客户强调已经有满意的供应商而不愿意再购买其他供应商的商品。例如，"我们和××公司是多年的合作伙伴了。""我们对现在的供应商很满意，不想考虑其他供应商。"

推销人员处理货源异议的方法如下。

- 锲而不舍，以礼相待，适时推销。
- 提供例证或运用比较法引起客户的兴趣。
- 强调推销商品的与众不同与独特优势。
- 恳请客户允许自己与竞争对手竞争。
- 建议客户扩大经营范围，提高预算。

（7）购买时间异议

购买时间异议是指客户通过拖延购买时间来拒绝推销人员或达到其他目的的异议。例如，"对不起，我很忙。""我没有时间。""我们现在还不需要进货，等下个月吧。"客户提出购买时间异议的原因可能只是一种拒绝的借口，也可能是对是否购买犹豫不决，还可能是对供货时间不满等。

推销人员处理购买时间异议的方法如下。

- 明确告诉客户，本次推销只会占用他几分钟的时间。

- 简明扼要，重点推销。
- 抓住时机刺激客户。
- 提供令客户满意的服务。

（8）服务异议

服务异议是指客户对售前、售中、售后的服务存在疑虑或不满。例如，"你们提供免费安装服务吗？""商品后期出现问题，怎么处理？""商品的保修期有多长时间？""你们的服务态度太差了。"为此，企业要树立良好的企业形象，赢得良好的口碑；推销人员应努力提升服务意识、提高服务水平，让客户满意。

（9）推销人员异议

推销人员异议是指客户因不信任或反感推销人员而提出的异议。推销人员异议属于真异议。例如，"对不起，我不想跟你谈，请贵公司另派一名推销人员过来。"推销人员要对客户以诚相待，多与客户进行情感交流，争取和客户做朋友，获得客户的认可与信任，从而顺利达成交易。

 知识窗

推销人员在适宜的情境中使用某些适宜的词汇，有助于激发客户的需要，引导客户产生拥有某种商品的强烈欲望。利于推销的词语一般应该具有生动性、提示性，有较强的穿透力和感染力。

推销人员使用频率较高的词语：了解、证实、健康、从容、保证、安全、节约、新的、发现、正确、结果、真诚、价值、真理、安慰、利益、应得、快乐、重要、担保、优点、好处、明确。

推销人员应避免使用的词语：妒忌、讨厌、怀疑、困难、吝啬、欠缺、鄙视、责备、反悔、遗憾、害怕、危险、为难、烦恼、犹豫、疑虑、慌张、批评、心虚、拒绝、扫兴、反对、挑拨、悲伤、忧愁。

活动二　分析客户异议产生的原因

客户异议产生的原因多种多样，有客户方面的，有推销商品方面的，有推销人员方面的，有企业方面的，这些因素相互联系、相互影响，有时也可以相互转化。

1. 客户方面的原因

客户方面的原因主要包括以下7点。

（1）自我保护

客户即使明白推销商品的功能、作用，也明白这是自己需要的商品，但出于保护自己利益的本能通常也会拒绝推销人员。

（2）缺乏对商品的认识

客户如果对商品没有全面、正确的认识，就容易对商品产生偏见或疑虑，进而产生异议。

（3）没有购买意愿

客户对推销商品不感兴趣，或者他们的潜在需求没有被激发出来，就不会产生购买意愿。

（4）固有的购买习惯

客户习惯了现有商品，并且与某些推销人员及其代表的企业形成了比较稳定的合作关系，面对陌生的推销人员和推销商品时就会产生疑惑、排斥心理。

（5）支付能力不足

客户如果缺乏购买力，没有足够的能力支付货款，就会提出各种异议来拒绝推销人员。

（6）情绪欠佳

客户如果临时遇到烦心事，情绪低落，就很可能会提出各种异议，甚至抱怨、发牢骚。

（7）购买决策权有限

客户的购买决策权有限或者不想承担责任时，会以"对不起，我说了不算""我想和家里人再商量一下"的方式拒绝推销人员。

📖 案例链接

不想改变

乔女士常去一家理发店剪头发，发型师经常劝说她尝试新发型。乔女士很讨厌这种推销方式，所以每次都斩钉截铁地拒绝发型师的建议。

一次，乔女士又去店里剪头发。发型师建议她："乔女士，我觉得您换个卷发会更好看。"

乔女士很不耐烦地说："你就按我的要求剪吧，不要总劝我换发型。我觉得现在的发型就挺好，我一点儿也不喜欢改变。"

发型师说："乔女士，看您气色不太好，最近是不是遇到了烦心事？您如果想换一种心情，不妨尝试做一些改变。例如，换一份工作、换一处住所、换一个发型。当您尝试改变时，您会发现生活每天都充满新意。"

乔女士觉得发型师的话很有道理，但是换工作、换住所并不容易，于是决定先换一个发型。就这样，乔女士接受了发型师的建议，换了一个新发型。

智慧锦囊：在这个案例中，我们不难看出乔女士对发型师的推销感到不满的原因是其自身不想改变现状，即乔女士自己没有改变发型的意愿。于是，发型师换了一种说法，针对乔女士的心理需求提出了一些合理化建议，这些建议看似与推销无关，却是为乔女士着想，这才激发出乔女士的改变意愿，让乔女士换了新发型。

2. 推销商品方面的原因

推销商品自身的问题导致客户产生异议的情况也有很多，大致可归纳为以下4个方面。

（1）推销商品的质量

相比同类商品，推销商品如果在质量、性能（实用性、有效性、可靠性、方便性等）、颜色、型号、外观包装等方面没有更多的特色与优势，客户就可能产生异议。

（2）推销商品的价格

客户对推销商品的价格产生异议的原因主要包括客户主观上认为推销商品的价格太高；客户希望通过价格异议达到其他方面的目的；客户对推销商品没有迫切的购买需求。

（3）推销商品的品牌

品牌一定程度上可以代表推销商品的质量和特色。在推销过程中，客户通常会优先选择知名品牌的商品，以获得心理上的安全感，而对普通品牌的商品就会产生怀疑，进而拒绝购买。

（4）推销商品的服务

推销商品的服务包括售前、售中和售后服务。如果推销人员未能向客户提供足够的商品信息或企业信息，没能提供让客户满意的服务，没能得到客户的认可，客户就有可能提出异议。

3. 推销人员方面的原因

在推销活动中，推销人员自身的问题也会使客户产生异议。推销人员方面的原因主要包括以下6点。

（1）未与客户建立良好的信任关系

推销人员在与客户沟通的过程中，如果不注意服务态度，不重视礼仪规范，不注重自己的仪容仪表，就难以与客户建立良好的信任关系。

（2）刻意夸大商品功能

有些推销人员为了达到推销目的，会刻意夸大商品功能，对商品的描述与事实不符，这就容易导致客户产生异议。

（3）业务能力不精

推销人员对商品不够了解，欠缺推销技能，推销技巧不熟练，商品演示失败，都会导致客户产生异议。

（4）介绍过于专业化

推销人员的商品讲解过于专业化，使用太多的专业术语，让客户一头雾水，就会影响其购买情绪，使其产生异议。

（5）沟通效率低

推销人员没有抓住客户的利益需求点，只是一味地介绍商品，也易导致双方在沟通中产生分歧。

（6）姿态过高

推销人员如果不注意与客户互动交流，只顾自己讲解，不注意倾听，让客户觉得不被尊重、不舒服时，就会导致客户产生异议。

4. 企业方面的原因

客户的异议有时来源于企业。企业方面的原因主要包括以下3点。

- 企业管理水平低。
- 企业不注重自身形象的建立，如不重视自我宣传，企业的知名度、美誉度不高。
- 企业生产假冒伪劣商品，破坏生态环境等。

客户对企业没有产生良好的印象，自然不会对企业生产的商品有良好的评价，更不会产生购买意愿。

如春在花

一件质量好的商品可以让客户买得称心、用得放心。人是机器的管理者，决定商品质量的因素是人，质量也是一种责任心的体现。因此，企业要提高员工的业务素质，严格把关质量。

温故知新

一、填空题

1. 根据客户异议性质的不同，客户异议可以分为_____、_____、_____ 3种类型。

2. "你们的服务态度太差了"属于_____异议；"对不起，我很忙，我现在没时间"属于_____异议；"我对现在的供应商很满意，不想考虑其他供应商"属于_____异议。

3. 如果客户提出的异议是客户关注的焦点，推销人员应采取_____处理的措施；推销人员如果对客户提出的异议感到不确定或表示怀疑，应采取_____处理的措施。

4. _____是指客户因缺乏支付能力而提出的购买异议。

5. _____是指客户主观认为自己不需要推销商品的异议，可能是客户已经购买该商品，也可能只是客户拒绝推销人员的借口。

二、选择题

1. 不属于产生客户异议的主要原因的是（　　　）。

    A. 客户方面的原因   B. 推销商品方面的原因

    C. 社会方面的原因   D. 推销人员方面的原因

2. "我现在不想买羽绒服，等冬天再说吧"属于（　　　）。

    A. 价格异议   B. 财力异议   C. 需求异议   D. 购买时间异议

3. 根据客户异议性质的不同，客户异议的类型不包括（　　　）。

    A. 真异议   B. 商品异议   C. 假异议   D. 隐藏异议

4. 客户由于缺乏对商品的认识而提出异议时，推销人员应（　　　）。

    A. 唤起客户的兴趣

    B. 建议客户扩大经营范围

    C. 详细、准确地介绍商品及其能给客户带来的利益

D. 同意分期付款或延期付款

5. 下列不属于辨析客户有无购买决策权的方法的是（　　　　）。

　　A. 调查了解　　　　　　　　　　　B. 听其言，观其行

　　C. 询问客户，了解订货计划是如何制订的　　D. 称赞客户，重复询问

三、判断题

1. 对于客户的需求异议，推销人员只需礼貌、友好地向其介绍自己的推销商品的优势。（　　　）

2. 推销人员处理货源异议时，可以强调推销商品的与众不同与独特优势。（　　　）

3. 客户抱怨商品价格高的目的都是相同的。（　　　）

4. 辨别真假购买决策者是推销人员处理权力异议的首要问题。（　　　）

5. 客户异议产生的原因和客户本身无关。（　　　）

融会贯通

一名推销人员向一个客户推销洗衣机。

客户："这款洗衣机噪声大吗？我家那台洗衣机噪声太大，都能影响孩子上网课。"

推销人员："噪声太大确实会影响我们的生活、工作、学习。我们这款洗衣机是超静音设计，没有什么声音。女士，您听我们这款洗衣机的工作声音。"推销人员一边说，一边打开了装有衣物的洗衣机，让客户观察其工作状况，听其工作时的声音。

客户："嗯，不错，声音确实很小。可听说这款洗衣机很浪费水。"

推销人员："这款洗衣机是节能型洗衣机，既省水又省电。您看，它要比一般的洗衣机节水 50% 呢！"

客户："哦，那行吧，我回家和家人商量商量再说。"

推销人员："女士，看您气质这么好，一定把家里打理得也特别好。我们这款洗衣机正在搞促销活动，不仅可以打 9 折，还送礼品。"

客户："是吗？如果我买了它，出现问题怎么办？"

推销人员："您放心！我们的商品是有质量保证的。我们的宗旨就是为客户提供满意的服务。"说着，她拿出一张卡片并很礼貌地递给客户，说："您看，这是这款洗衣机生产厂家的 24 小时服务热线。万一您在使用中遇到什么问题，可以随时拨打热线电话，会有专人负责处理。另外，我们免费送洗衣机到您家，专业人员会为您免费安装、调试，以及指导您使用。以后，我们还会安排专人定期回访，定期对洗衣机进行维修保养，保证让您用着放心、用着满意。××品牌就是优质服务的保证。"

客户："好吧，那我就买一台。"

请同学们 4 人一组，完成以下任务。

（1）阅读以上内容并思考问题：客户提出了哪些异议？这些异议分别属于什么类型，其产

生的原因是什么？推销人员是如何处理这些异议的？

（2）在小组内展开讨论，并就以上问题达成共识，然后分享自己的观点。

（3）一人扮演推销人员，一人扮演客户，体会客户的心情，演练推销人员处理客户异议的过程。

（4）请教师与学生一起完成表5-2。

表5-2　推销人员识别客户异议训练评测表

评价方式	准确说出客户异议的类型（2分）	分析客户异议产生的原因（3分）	处理客户异议的技巧（3分）	分享观点的透彻性、全面性（2分）	总分（10分）
自我评价					
小组评价					
教师评价					

任务二　妥善解决客户异议

任务描述

在推销过程中，每个推销人员都会遇到客户存在异议的情况。如何妥善解决客户异议，消除与客户之间的障碍，是很多推销人员必须思考的问题。小艾知道，只有妥善解决客户异议，才能取得推销的成功。准确识别客户异议就是为了在适当的时机使用恰当的方法解决客户异议。

任务实施

活动一　把握解决客户异议的时机

推销人员应把握好解决客户异议的时机，这样不仅省心省力，还能达到事半功倍的效果。一般来说，解决客户异议的时机主要有4种。

1. 预先解决

预先解决是指推销人员通过观察预测客户将会提出的某种异议，在客户提出异议之前主动把问题提出来，并做出合理、全面的解释。这样可使推销人员处于主动地位，有效地控制和调节推销节奏，还易于找出客户异议背后的真实需求，节省推销时间，提高推销效率。

推销人员在预先解决客户异议时应注意以下4点。

- 做好准备工作，收集有关资料，科学预测客户将会提出的某种异议。
- 收集大多数客户经常提出的异议，重点介绍商品优势，进行推销演示。
- 遵守礼仪规范，尊重客户，避免冒犯客户。
- 做出的解释合理、全面，不会让客户找到漏洞。

2．即时解决

即时解决是指推销人员对客户提出的那些直接影响成交结果的异议，在第一时间做出令客户满意的答复。当客户提出异议后，推销人员应立即热情地回答客户的问题，让客户觉得被尊重、被重视，从而更加认同、信任推销人员，最终促成交易。这就要求推销人员思维敏捷，具有较强的应变能力、善辩的口才、全面的商品知识和丰富的临场经验。

3．延时解决

在实际推销过程中，并非所有的客户异议都解决得越快越好。在下列情况中，推销人员对客户异议采取延时解决措施的效果会更好。

- 不能立即给客户一个满意的答复，或没有足够的资料来说服客户。
- 立即解决客户异议会妨碍推销人员说服客户，甚至会影响整个推销的进程。
- 客户异议可能会随着推销的进程而逐渐消失。
- 客户异议偏离推销主题，对此异议的解决对推销而言毫无意义。

4．不予解决

对于一些客户异议，推销人员可以不予解决。这些异议主要有：无理取闹；无法回答的奇谈怪论；不攻自破的异议；容易造成争执的异议。

例如，客户说：“啊，你原来是某公司的推销人员，你们公司周围的环境可真差，交通也不方便！”即使事实并非如此，推销人员也不用和客户争辩，可以转移话题。

推销人员对客户异议不予解决时，应注意以下两点。

- 可故意忽视、回避客户异议，既不反驳，也不回答，而是保持沉默。
- 用幽默的语言转移话题，使此异议不了了之。

推销人员这样做可以有效避免与客户起争执，从而节省时间、提高推销效率，还有利于与客户保持良好的人际关系，维持和谐的推销氛围，促成交易。

📖 **案例链接**

避重就轻

文佳是某办公用品公司的推销人员，当她得知某公司的办公室缺少碎纸机后便前往该公司推销。

文佳见到该公司的采购部张主任后，简短地为其介绍了碎纸机的性能，还让他试用了一下碎纸机。张主任试用完后，嘟囔道：“碎纸机的确很有用，你推荐的这款碎纸机的性能也不错，但我们的办公室有很多年轻人，不够稳重，真害怕这款碎纸机用不了几天就坏了。”

文佳见状便说："要不这样吧，我明天先把新的碎纸机运过来，然后您把办公室的员工叫过来，我当众为你们介绍一下使用方法和注意事项。这是我的名片，如果在使用过程中遇到什么故障或者不明白的问题，你们可以及时与我联系，我们公司会很快派人上门维修。张主任，如果没有其他问题，咱们就先签下订单，您看怎么样？"

张主任听了这番话，又想了想，觉得没什么问题，便点头同意，当即与文佳签下订单，并让她尽快把新的碎纸机送来。

智慧锦囊：在这个案例中，客户表面上是担心冒失的年轻人把碎纸机弄坏，其实是担心碎纸机的质量，表示出拒绝购买的意思，但文佳在这一点上没有与客户争论，而是转向碎纸机的使用方法、注意事项和售后服务等话题，成功引导客户转移思维。此外，文佳从侧面说明碎纸机有质量保障，潜移默化地促使客户做出购买决策。事实上，对有些客户异议不予正面解决，并将其转移到有利于商品推销的问题上，更容易促使客户做出购买行为。

活动二　选择解决客户异议的方法

客户异议类型多样、错综复杂，推销人员要积极深入地分析原因，探寻有效解决异议的方法，为排除推销障碍、促成交易打好基础。解决客户异议的方法主要有以下几种。

1. 询问法

询问法是指客户提出异议后，推销人员直接就相关问题询问客户，引导客户在不知不觉中回答自己提出的异议，甚至否定自己，同意推销人员的观点。客户产生异议的原因存在很多不确定性，推销人员通过询问可以了解客户产生异议的真正原因，获得更多有用的信息，从而更好地解决异议。

推销人员使用询问法解决客户异议时，应注意以下4点。

- 不要急于求成，要由浅入深、循序渐进地询问。
- 询问要有利于解决客户异议，不必询问不相关的问题。
- 注意观察客户的表情，揣摩其心理活动，要适可而止地询问，不可追根究底。
- 询问时要讲礼仪，注意询问的姿态、语气等，表现出真诚帮助客户的态度，使客户自愿说出产生异议的原因。

📖 **案例链接**

水到渠成

一名保险推销人员向客户推销保险。

客户说："我们定期给儿子存钱，不用买保险。"

推销人员说："您真是一位有责任心的父亲。请问，您打算给儿子存多少钱呢？"

客户说："大约 100 万元吧。"

推销人员说："那您怎么存呢？"

客户说："当然是存银行了。"

推销人员说："冒昧地问一下，您大约一年存多少钱呢？"

客户说："大约 5 万元吧。"

推销人员说："5 万元，那就是说，您大约得存 20 年？"

客户说："差不多吧。"

推销人员说："对不起，请允许我打个比方，万一您或家人发生点儿意外，您还能确保自己每年存足 5 万元吗？"

客户说："这……当然不能了。"

推销人员说："是啊！可如果您购买保险就不同了。只要您交足首期的保费，您的保单就能生效。即使您或家人发生点儿意外，您的儿子也依然能享受您的关爱。您觉得不好吗？"

客户说："是吗？你给我讲讲吧。"

最后，推销人员成功地完成了推销任务。

智慧锦囊： 在这个案例中，客户一开始对保险商品有很深的疑虑，直接拒绝购买保险商品。推销人员在遇到拒绝时没有继续推销保险商品，而是询问客户，从客户的回答中了解了客户的真实需求，并做出积极引导，耐心说服，最后成交。推销人员的问题循序渐进，都围绕客户对儿子的关爱展开，而且表达委婉、态度真诚，最终打动了客户。

2. 先肯后否法

先肯后否法指推销人员先肯定客户异议，然后陈述自己的不同观点，以免客户产生抵触情绪，使其更容易接受自己的观点。

先肯后否法有利于营造良好的推销氛围及维护较好的人际关系，也有利于推销人员推销成功。

推销人员使用先肯后否法解决客户异议时，应注意以下 3 点。

- 尊重异议，承认异议，态度委婉，先退后进。
- 运用语言技巧，表达委婉，过渡自然，少用或不用"但是"，以防引起客户的警觉与反感。
- 充分体现出对客户的真诚与尊重。

例如，客户认为服装的款式已经过时时，推销人员可以这样回答："女士，您说得没错，您的记忆力真的很好，这种款式几年前确实流行过。我想您是知道的，服装的潮流是轮回的，如今这种款式又有了回潮的迹象。"

3. 补偿法

补偿法是指推销人员利用客户异议以外的推销商品的其他优点来补偿或抵消客户异议。补偿法有助于推销人员赢得客户的信任，并达成交易。

使用补偿法解决客户异议时，推销人员应注意以下两点。

- 认同客户异议的同时，及时提出有利于激发客户购买欲望的推销商品的其他优点，有效地补偿客户。
- 分析客户异议，找出客户异议产生的原因，确定客户异议的性质，避免为迎合客户而盲目认同客户异议。

例如，客户提出："这个皮箱的皮料不是上好皮料。"推销人员说："您真是好眼力。如果用上好的皮料，皮箱的价格会高出很多，您看这款皮箱的新颖设计、时尚色彩、精细做工，太适合漂亮、优雅的您了。您和朋友去旅行，这款皮箱一定会给您增色不少。"

推销人员的回答既能打消客户的疑虑，又能以设计、色彩、做工等方面的优势刺激客户产生购买欲望。

4. 举例法

举例法是指推销人员用列举事例的方法引导客户同意自己的观点，以消除客户异议。当客户提出异议后，推销人员为获得客户的信任，可以通过介绍其他客户，特别是客户熟知、敬佩的其他客户，引导客户认识到购买推销商品的好处，以消除其异议，促成交易。

推销人员使用举例法消除客户异议时，需要注意以下3点。

- 列举的事例必须真实可靠，不可用杜撰的方式欺骗客户。
- 列举的事例必须围绕客户异议，能够对客户产生影响，最好是客户信服、熟知的人和事。
- 如果条件允许，推销人员可以让客户与事例中的人直接联系，以证实事例的真实性。

5. 逐日核算法

逐日核算法是推销人员在解释商品的价格时，将客户购买商品的总支出分解为每日支出，并突出客户支出虽小但可获得较大利益的信息，以此来消除客户异议。

这种方法直观浅显、通俗易懂、一目了然，很容易让客户明白商品的价格并不高，物超所值。

例如，客户说："360元买一支口红，太贵了。"推销人员说："乍一听是很贵，可一支口红至少可以用一年，您平均每天都花不了一块钱，就可以使用这款纯天然、无化学成分的高品质口红。最重要的是它能让您每天都保持青春活力，散发魅力。"

活动三　解决客户异议时的态度

在解决客户异议时，推销人员的态度非常重要。小艾从工作实践中了解到，当推销人员以真诚的态度面对客户时，客户即使一开始有所不满，随着时间推移，也会被推销人员打动，渐渐对推销人员产生信任感。

在解决客户异议时，推销人员要做出以下表现。

1. 态度真诚

推销人员在解决客户异议时，要学会站在客户的角度考虑问题，设身处地地为客户着想，表现出真诚的态度，并给予客户恰当的表扬和鼓励，让客户感受到自己真心实意的关怀和帮助。这样才会使客户更加认可、接受推销人员的建议与主张。

2．尊重客户

推销人员在解决客户异议时，要时刻牢记自己的职责，以尊重客户为前提，为其提供优质的服务，努力满足其需求，不能与客户发生冲突或争辩。

3．注意倾听

当客户提出异议时，推销人员首先应倾听异议，控制自己的情绪，不要总想占据主导地位。推销人员在认真倾听时可鼓励客户多说，使客户打开心扉，并通过观察来辨别异议的真伪，分析客户产生异议的原因，明白客户的全部意思。即使客户异议中有不合理之处，推销人员也不要马上反驳，而应进行正确引导，使客户逐渐接受合理的观点和建议。

4．沉着冷静

在推销洽谈中，推销人员应保持沉着冷静，谨慎回答客户提出的问题；解决客户异议时的语气要温和、措辞要恰当；说话要留有余地，不能信口开河，随意对客户许下无法兑现的承诺，也不可直接指出客户的错误，以免伤害客户的自尊心，使洽谈无法继续进行。

📖 **案例链接**

"我自豪"

刘洋曾经是一名司机，现在是一名汽车推销员。他对自己推销的汽车非常熟悉，在推销过程中，只要有人挑剔他推销的汽车，他就立即与之争辩。因为经验丰富，他经常是争辩的胜利者。

每当刘洋说得客户哑口无言时，他总是自豪地想："我又胜利了。"事实上，他确实以丰富的商品知识和争辩经验驳倒了很多客户。

然而，他赢了争辩，输了买卖，最终他没有卖出去几辆汽车。他是一名失败的推销员。

智慧锦囊： 推销人员必须尊重客户，重视他们提出的异议，并使用恰当的方法妥善解决客户异议。要知道，推销人员是以说服客户购买推销商品为目的，而不是单纯在争辩中获得胜利。

 学以致用

灵活使用各种方法解决客户异议

请根据所学知识完成下面的连线题。

客户感觉商品总价高	用演示法让客户理解商品功能
客户不懂商品	通过询问了解客户产生异议的原因
客户犹豫，拿不定主意	使用逐日核算法

温故知新

一、填空题

1. 解决客户异议的时机主要有_____、_____、_____和_____。

2. 对于一些客户异议，推销人员可以不予解决。这些异议主要有：_____；_____；_____；_____。

3. 客户异议的原因存在很多不确定性，推销人员通过_____可以了解客户产生异议的真正原因。

4. 推销人员在解决客户异议时，要时刻牢记自己的职责，以_____为前提，为其提供优质的服务，努力满足其需求。

二、选择题

1. 使用先肯后否法解决客户异议时，推销人员应少用或不用（　　），以防引起客户的警觉与反感。

    A. "没问题"　　　　　　B. "但是"　　　　　　C. "所以"　　　　　　D. "因为"

2. 使用询问法解决客户异议有利于推销人员（　　）。

    A. 引导客户说更多的话　　　　　　　　B. 营造良好的洽谈氛围

    C. 引导客户自己解除异议　　　　　　　D. 了解客户更多的信息

3. 应对客户提出商品售价太高的方法是（　　）。

    A. 先肯后否法　　　B. 询问法　　　C. 逐日核算法　　　D. 举例法

4. 当客户提出异议时，推销人员首先要（　　）。

    A. 立即答复　　　B. 适时提问　　　C. 倾听异议　　　D. 争辩反驳

5. 下列选项中，推销人员应延时解决的客户异议是（　　）。

    A. 偏离推销主题的客户异议　　　　　　B. 无法回答的奇谈怪论

    C. 客户的故意刁难　　　　　　　　　　D. 客户的借口

三、判断题

1. 对于客户异议，推销人员不一定要立即答复，应该选择适当的时机。（　　）

2. 解决客户异议时，推销人员要遵循完全肯定的原则。（　　）

3. 推销人员应尊重客户，所以对于客户提出的异议，推销人员应立即答复，不应故意忽视。（　　）

4. 使用询问法解决客户异议时，推销人员应追根究底，一探究竟。（　　）

5. 补偿法有利于营造良好的推销氛围及维护较好的人际关系。（　　）

融会贯通

请同学们两人一组，完成以下任务。

（1）每组提前准备一款推销商品，如牙膏、洗发水等；每位同学通过多种渠道充分了解、掌握推销商品的知识，做好推销准备。

（2）每组根据日常观察和经验，自行设计推销细节，将推销过程的脚本写出来。

（3）一人扮演推销人员，一人扮演前往超市购物的客户，共同表演推销人员向客户推销商品的过程；客户提出各种异议，推销员解决异议。

（4）表演中，推销人员要注意展示自己与客户洽谈沟通、解决异议的技能，同时遵守推销礼仪。客户要注意模仿常规客户，切勿刁难推销人员，也不能故意通融。表演结束后，两人互换角色再次表演。

请教师与学生一起完成表 5-3。

表5-3　模拟解决客户异议训练评测表

评价方式	认真倾听（1分）	引导提问（2分）	解释答复（2分）	异议解决方法（2分）	演示操作（2分）	推销礼仪（1分）	总分（10分）
自我评价							
小组评价							
教师评价							

答疑解惑

推销人员向客户介绍和推荐商品时，客户难免会提出异议。为了有效解决客户异议，推销人员必须准确识别客户异议，根据客户异议的类型有针对性地采取解决办法。

"职场情境"中提到，小艾在推销过程中也遇到了客户提出异议的情况。小艾要先准确识别客户异议。

（1）明确客户异议的类型

罗先生对小艾说："我们这家店近来生意一直很好，现金流也很稳定，我觉得没有必要再代理其他服装品牌了，否则容易影响店铺的现金流，如果后期出现滞销问题，我们会很头疼的。"

根据客户异议的性质来判断，罗先生说的话属于隐藏异议：前半句表示不需要代理其他服装品牌，后半句又表示害怕代理其他服装品牌出现滞销，影响现金流。可见，罗先生说的话并不是自己的真实意图，他并非不想代理其他服装品牌，只是担忧销售回款问题。根据客户异议的内容来判断，罗先生说的话属于需求异议，小艾要友好、礼貌地介绍自己的推销商品的优势。

（2）分析客户异议产生的原因

小艾通过罗先生所说的话开始分析原因。如果从罗先生身上找原因，这可能是他出于保护自己的利益而表现出的本能的拒绝，也可能是因为罗先生对华美服饰的服装了解得不是很透彻，再加上罗先生已经与其他品牌合作已久，形成习惯，会对陌生的推销人员和商品产生排斥心理。

如果从推销商品方面找原因，罗先生可能是对华美服饰服装的价格不太满意，也可能是不信任华美服饰。

如果从推销人员也就是自己身上找原因，小艾在反思自己在介绍华美服饰的服装时是否过于专业，影响了罗先生的购买情绪，同时没有抓住罗先生的利益需求点，使双方在洽谈时产生了分歧。

如果从企业方面找原因，小艾觉得华美服饰不论是在广告宣传上还是在市场美誉度上，都无可挑剔。

准确识别出客户异议后，小艾接下来就要想办法解决客户异议。

（1）把握解决客户异议的时机

罗先生提出异议后，小艾立即热情地回答罗先生的问题，使罗先生感受到自己被尊重、被重视。

（2）选择解决客户异议的方法

小艾使用询问法直接就相关问题询问罗先生。其主要过程如下。

小艾："罗先生，您说您这家店一直生意很好，现金流稳定。如果有一个能快速增加收益的途径，您不想尝试尝试吗？"

罗先生："当然想尝试。"

小艾："对啊，华美服饰旗下有多个女装品牌，大多数品牌的市场占有率很高。也可能是您没有听说过我们的这些品牌。不过没关系，我们的品牌经受得住市场考验。请问，华美服饰的女装品牌需要达到什么条件才会使您放心呢？"

罗先生："虽然我们的现金流很稳定，但如果半年之内资金不能回流，我这家店第二年就很难运转了。"

小艾："半年啊。明白了，这您就不用担心了。首先，想成为我们品牌的代理商，您只需要购买少量的货。您可以先购买500套，看一看销售的效果，如果不行，您再另作考虑，如何？其次，为了开拓市场，我们会给您更高的佣金。我相信，凭我们品牌女装的质量，再加上我们的合作，不出一个月，首批货肯定会卖光的。您还有什么担忧的吗？"

罗先生："你看我这家店规模不小，员工也不少，但我们都对华美服饰知之甚少，希望贵公司可以帮忙开展业务培训。"

小艾："好的，这一点我也想到了。"

（3）注意解决客户异议时的态度

小艾在与罗先生沟通的过程中，听到异议时并没有气馁，更没有冷落罗先生，而是一直保持热情、真诚的态度，做的每一件事和说的每一句话都能体现出对罗先生的尊重和对罗先生需求的满足。小艾一直在引导罗先生多说，以收集罗先生的潜在需求，找到解决异议的突破口。

项目六

与客户达成交易

小艾知道，与客户达成交易是推销活动的最终目标，也是衡量推销人员实际能力的重要标准。与客户达成交易阶段是推销活动的关键阶段。

小艾作为华美服饰的推销人员，其任务就是根据不同客户的具体情况使用不同的成交法，细心观察并识别出客户发出的成交信号，及时促成交易，使客户成为华美服饰的代理商，并与其签订合同，确立双方的合作关系。

学习目标

知识目标

1. 了解达成交易的条件。
2. 了解成交信号的类型。
3. 了解达成交易的方法。
4. 了解签订合同的程序。
5. 了解合同的主要条款。
6. 了解合同的签订形式。

技能目标

1. 能够根据客户的语言、行为、表情等识别出成交信号。
2. 能够根据客户的具体情况选择合适的成交方法。
3. 能够拟出合同的主要条款。
4. 能够根据客户的情况选择恰当的合同签订形式。

素养目标

1. 培养敏锐的洞察力，能够透过外表把握客户的内心活动。
2. 培养勇于承担责任和风险的品质，以高效的执行力做好工作。
3. 遵循互惠互利原则，懂得换位思考、将心比心。
4. 培养良好的心理素质、较强的沟通协调能力和精准的预判能力。

任务一　辨别交易达成

任务描述

交易达成即成交，成交的过程是指客户通过推销人员的介绍，产生购买欲望，表明购买意向，采取购买行动的过程。小艾在与客户接触的过程中，发现很多客户有购买意向，但因某些疑虑而无法在短时间内做出成交决定，所以她一直密切关注客户的反应，以便准确识别出成交信号，成功捕捉成交机会。

任务实施

活动一　分析达成交易的条件

为了达成交易，推销人员必须了解并学会分析达成交易的条件。达成交易需要具备以下条件。

1. 满足客户的需求

越能满足客户的需求就越容易达成交易。在推销商品能满足客户需求的情况下，推销人员激发客户产生购买欲望，驱使客户产生购买动机，才能唤起客户的购买行为。

2. 让客户了解推销商品

客户一般不会在自己还不了解推销商品时就购买推销商品。让客户充分了解推销商品是达成交易必不可少的条件。

3. 获得客户的信任

获得客户的信任也是达成交易必不可少的条件。客户如果对推销商品、推销人员及其代表的企业没有信任的态度，即便有购买需求，也不会做出购买行为。

4. 客户异议

客户异议有很多种，有效解决客户异议是达成交易的必要条件。推销人员面对客户异议时，应保持积极的心态，既要认真倾听，又要灵活使用各种推销技巧逐一解决客户异议。推销人员还要善于抓住重点，解决影响客户做出购买行为的关键性问题，转变客户的态度。

5. 识别成交信号

推销人员要准确识别出客户的成交信号，抓住时机促使客户做出购买决定。在与客户推销洽谈时，推销人员不能急于求成，也不能反应迟钝，而应及时抓住成交的时机。在发现客户有成交意向时，推销人员应立即结束洽谈，提出成交请求。

成交时机一般有以下情况：重大的推销障碍被消除后；推销商品能带给客户的重要利益被客户接受时；客户发出各种成交信号时。

6. 促成交易

推销人员应熟练掌握促成交易的方法与技巧，并灵活运用到推销洽谈中，根据客户的实际情况采用相应的对策，及时帮助客户做出购买决定。

活动二　识别达成交易的信号

达成交易的信号是指客户在接受推销人员推销的过程中，通过语言、行为、表情等表露出来的愿意成交的信息。这些信号包括客户打算购买推销商品的一切暗示或提示。

在实际推销过程中，很多客户为了保护自己的利益，不愿意明确地做出成交表示，但是他们的成交意向会通过各种方式表现出来。推销人员必须仔细观察，通过各种细节捕捉并准确识别出客户愿意达成交易的信号，及时促成交易。

客户表现出来的成交信号可以归纳为以下 3 种。

1. 语言信号

语言信号是指客户在与推销人员的交谈中，尽管没有明确地提出愿意成交，但其某些语言已经比较明确地流露出成交意向。推销人员要准确识别出成交信号，并及时与客户达成交易。

客户想要达成交易的语言信号主要有以下内容，如表6-1所示。

表6-1　语言成交信号的主要内容

内容	说明	举例
价格方面	客户询问价格、支付方式等方面时，往往说明客户已经在考虑购买推销商品	①客户希望推销人员把价格说得更确切一些。 ②客户以种种理由要求降低价格。 ③客户询问最低折扣
推销商品方面	客户提出推销商品方面的问题时，其实就是表明自己已经有成交意向	①客户对推销商品质量、加工等提出具体要求。 ②客户详细询问推销商品的使用方法、保养方法、售后服务、注意事项等。 ③客户询问推销商品的销量。 ④客户要求推销人员展示推销商品或提出试用推销商品
其他方面	除价格、推销商品方面的其他方面	①客户频繁使用肯定性语言，如"值得考虑""确实不错"。 ②客户对推销人员的提问做出积极的反应，主动提出成交条件。 ③客户反复询问交易的某些条款，如交货方式、交货时间及付款条件等。 ④客户征求朋友或同行伙伴的看法和意见。 ⑤客户把推销人员当成朋友，谈起自己的事情

📖 **案例链接**

最直接的方式

李萌是一名经验丰富的推销人员。有一次，两个客户一起过来看商品，一边看一边闲聊，两个人看起来关系很好。

看了一会儿，其中一个客户问李萌："我觉得这款商品挺好看的，你能详细说说吗？"李萌便为这个客户详细地介绍了商品。李萌介绍完商品后，客户十分明显地表现出对该商品的兴趣，两眼一直盯着商品。

李萌继续说："我们的商品质量在行业内名列前茅，相信您之前也有所了解。我已经介绍完商品，现在您还有什么问题吗？"

客户说："我已经大概了解你们的商品，确实不错。"客户又看了看同伴，问道："你觉得怎么样？"

同伴也一直在看这款商品，也觉得挺不错。

李萌从客户的表现中确定了其购买意向，于是开始向客户展示商品的各种优势。

客户又问："现在购买有什么优惠吗？"

李萌又给客户详细介绍了优惠活动，最后顺利成交。

智慧锦囊：当客户已经对商品产生兴趣的时候，其说出的话一般会具有针对性。推销人员可以从中发现客户对商品的关注点。在这个案例中，客户表示商品确实不错，询问同伴的意见，询问购买优惠，都反映出他有强烈的购买意愿。正是识别出这个明显的成交信号，李萌才抓住时机，趁热打铁，主动向客户介绍商品优势，进而顺利达成交易。

2. 行为信号

行为信号是指推销人员在向客户推销商品时，从客户的某些细微行为中发现的成交信号。在推销洽谈中，推销人员要注重细节，时刻观察客户下意识的动作和行为变化，从中识别出成交信号。

客户有成交意向的行为信号主要体现在以下9个方面。

- 客户仔细触摸、观察、操作、试用推销商品。
- 客户反复认真查看与推销商品有关的视听资料，并频频点头。
- 客户主动出示收集的有关推销商品的信息和资料。
- 客户主动靠近推销人员，如变换座位，凑近推销人员；身体前倾，仔细倾听推销人员的解说；拍拍推销人员的肩膀或手臂等。
- 客户有成交的动作，或做出有签字倾向的动作，如找笔、摸口袋等。
- 客户主动提出改换洽谈地点，如由大会议室换到小会议室。
- 客户由专心倾听转为要求看销售合同书。
- 客户接受推销人员再次预约见面或者主动提出再次会面的时间。
- 客户主动向推销人员介绍企业的有关负责人和高级决策人员等。

📖 案例链接

看透客户的"违心话"

王晓天是一家房产中介的推销人员，与一个客户进行几次洽谈后，约好周日看房。

在看房的过程中，客户说："这房子太贵了，这里是郊区，离市区很远，小区绿化也不好，我真的不喜欢这里的房子。"客户一边说，一边左顾右盼，时不时地看一下四周的景致，还特别仔细地检查每个房间，甚至连墙皮有没有裂纹，马桶是什么品牌的都要看清楚。

王晓天看得出来，虽然客户嘴上说不喜欢，但他是十分喜欢这套房子的。因此，王晓天十分有信心，在介绍房子时又说出了一些原本没有提到的优势。最后客户非常满意，购买了这套房子。

智慧锦囊：单从案例中客户的话来判断，客户提出了很多异议，对这套房子应该是不满意的，但从其行为来看，他对这套房子非常满意，是有购买欲望的。当然，行为语言有很多种，每个客户表现出来的成交信号也千差万别，这就需要推销人员具有敏锐的洞察力，通过客户举手投足的细微之处解读其内心的真实需求。

3. 表情信号

表情信号是指客户通过面部表情、神态等表现出来的成交信息。当客户不自觉地通过表情、神态等透露出购买意愿时，说明促成交易的理想时机已到，推销人员可以大胆地提出成交请求了。当然，客户的表情信号不易察觉，需要推销人员长期用心留意，积累识别表情信号的经验。

客户有成交意向的表情信号主要体现在以下 6 个方面。

- 客户变得神采奕奕。
- 客户紧锁的眉头舒展开，两眼变得炯炯有神。
- 客户神情专注，目不转睛，认真研究产品说明书、报价单、合同等。
- 客户对推销商品的不足表现出包容和理解，对其某些优点表现出极大的兴趣，露出赞赏的神情。
- 客户不再咬紧牙关，面部肌肉逐渐放松，表情自然，态度友好。
- 客户的态度由冷漠、怀疑转为热情、信任等。

在推销过程中，尽管客户没有明确做出成交表示，但以上信号已经表露出其成交意向，推销人员应抓住时机提出成交请求。

知识窗

推销人员可以通过"望""闻""问""切"来洞悉客户发出的成交信号，掌握识别成交信号的技巧。

"望"：推销人员细心观察、揣摩客户的行为、表情，从而初步判断客户的购买意向。

"闻"：推销人员通过客户的语气、客户说话时的细节等发现客户的需求与欲望、心理变化、情感起伏，去伪存真，找准客户的需求和商品功能的契合点。

"问"：推销人员通过主动式询问探求客户真正的购买欲望，准确把握客户的需求。

"切"：推销人员结合之前的观察和了解，进行综合的分析和判断，摸清客户的"脉搏"，读懂客户的心，找出最适合客户的促成交易的对策。

温故知新

一、填空题

1. 达成交易的信号是指客户在接受推销人员推销的过程中，通过＿＿＿＿＿、＿＿＿＿＿、＿＿＿＿＿等表露出来的愿意成交的信息。

2. 客户想要达成交易的语言信号主要包括＿＿＿＿＿、＿＿＿＿＿及其他方面的内容。

3. 客户仔细触摸、观察、操作、试用推销商品属于＿＿＿＿信号。

4. 客户表示"值得考虑""确实不错"等属于＿＿＿＿信号。

5. 客户不再咬紧牙关属于＿＿＿＿信号。

二、选择题

1. 客户突然表现出友好和客气的姿态，并且询问推销人员"要不要喝水？"。客户表现出的这些信号属于（　　）。

  A. 语言信号　　　　　　B. 行为信号　　　　　C. 表情信号　　　　　D. 事态信号

2. 不属于交易信号类型的是（　　）。

  A. 语言信号　　　　　　B. 资金信号　　　　　C. 表情信号　　　　　D. 行为信号

3. 客户提出双方从原来的大会议室到自己的办公室洽谈属于（　　）信号。

  A. 语言　　　　　　　　B. 行为　　　　　　　C. 表情　　　　　　　D. 事态

4. 下列选项中，不属于达成交易的条件的是（　　）。

  A. 满足客户的需求　　　　　　　　　　B. 维护好企业形象

  C. 获得客户的信任　　　　　　　　　　D. 解决客户异议

5. 推销人员发现客户有成交意向时，应立即（　　）。

  A. 强调商品优势　　　　　　　　　　　B. 继续讲解商品的功能、特点

  C. 结束洽谈，提出成交请求　　　　　　D. 承诺商品售后服务

三、判断题

1. 在实际推销过程中，很多客户不愿意明确地做出成交表示。（　　）

2. 达成交易的信号包括客户打算购买推销商品的一切暗示或提示。（　　）

3. 客户一般不会在自己还不了解推销商品时就购买推销商品。客户只有在充分了解推销商品，认识到其价值时，才会产生购买欲望，做出购买行为。（　　）

4. 客户主动出示收集的有关推销商品的信息和资料，说明客户有成交意向。（　　）

5. 客户主动靠近推销人员，说明客户对推销商品不感兴趣，没有购买意向。（　　）

融会贯通

请同学们完成以下任务。

（1）两人一组，一人扮演推销人员，一人扮演客户。推销人员向客户介绍某款冰箱；推销人员介绍完冰箱的特征后，客户开始询问自己关注的问题，如"耗电量如何？""售后服务怎么样？""现在购买有哪些优惠？"等，并打开冰箱样机仔细观察。

（2）两位同学模拟推销情节的时间不超过3分钟。扮演推销人员的同学要及时识别出对方的成交信号，与其做好沟通，抓住成交机会，适时提出成交请求。

（3）通过角色扮演、情景演练，同学们针对以下问题进行讨论。

① 客户的哪些言行举止体现了成交信号？

② 推销人员是如何与具有购买意向的客户沟通的？

（4）演练要求表现大胆，仪态自然、端庄，声音洪亮，口齿清晰，语言表达通俗易懂、简洁明了。

请教师与学生一起完成表6-2。

表6-2 辨别交易达成训练评测表

评价方式	仪态（1分）	语言表达（2分）	识别成交信号（2分）	把握成交时机（2分）	交易成功（2分）	准时完成（1分）	总分（10分）
自我评价							
小组评价							
教师评价							

任务二 积极促成交易

任务描述

在推销过程中，小艾遇到过各种各样的客户，有的客户优柔寡断，有的客户对事物要求比较高：这些客户在面对小艾推销时会有不一样的表现。小艾明白，她要针对不同的客户、不同的实际情况选择不同的成交方法，促使客户做出购买决策。

任务实施

活动一 假设成交法

假设成交法是推销人员在假设客户已经接受推销建议且同意购买的基础上，通过提出一些具体的成交问题的方式直接要求客户购买推销商品的方法。

在整个推销过程中，客户随时可能流露出成交意向，推销人员要抓住时机，正确使用假设成交法，将成交信号转化为成交行动，及时促成交易。假设成交法可以节省推销时间，提高推销效率。

推销人员使用假设成交法时，应注意以下3点。

- 充分了解客户，有针对性地使用假设成交法。此方法适合使用在老客户或依赖性强、性格比较温和的新客户身上，不宜使用在自我意识较强、非常自信的客户身上。
- 善于把握机会，适时使用假设成交法。推销人员应在发现成交信号时，确信客户有购买意向时及时使用此方法。
- 懂得营造推销气氛。推销人员应让客户感到亲切、温和，切忌咄咄逼人，以免引起客户的反感。

例如，某女士试穿服装后，一直站在镜子前看着自己，还露出满意的笑容，这时推销人员要对客户说："女士，您穿这件衣服非常合身，这衣服简直就是为您量身定做的。现在我们为了回馈老客户，可以给老客户9折优惠，您去收银台付款就可以了。"

> **经验之谈**
>
> 在推销洽谈的尾声，推销人员可以询问客户是否还有尚未理解的问题或顾虑，如果客户表示没有其他问题，推销人员就可以把合同拿出来，翻到客户签字的那一面，在客户签字的地方做一个记号，然后把合同推给客户："那么，请您在这里批准，我们就可以马上开始作业了。"使用"批准"这个词要好过"签字"一词。推销人员把笔放在合同上做好记号的旁边，微笑地挺直腰坐好，等待客户的反应。

活动二　选择成交法

选择成交法是推销人员向客户提供两种或两种以上可供选择的购买方案，引导客户做出选择的成交方法。此方法的前提是假设客户已经有购买意向，重点是向客户提出购买方案，让客户不去考虑是否购买，而是考虑购买多少、购买哪个及如何购买等问题，即无论客户做出何种选择，其最终结果都有利于推销人员完成推销任务。

例如，服装推销人员对客户说："女士，您穿这件连衣裙真是太漂亮了，两个颜色您都能轻松驾驭，黄色更显青春活力，黑色让您优雅而庄重，您选择哪个颜色，还是两件都要？我帮您包起来。"

又如，电器推销人员对客户说："这款洗衣机非常实用，现在正在促销。您现在购买，不仅可以享受八折优惠，还可以享受终身免费维修，我相信您一定会感到满意的。您看是安排今天给您送货还是明天给您送货？"

选择成交法既可以调动客户做出购买决策的积极性，又可以减轻客户的心理压力，创造良好的成交气氛；虽然把成交的选择权交给客户，但也把客户的购买选择限制在目标范围内。无论客户做出何种选择，推销人员都能实现推销目的。

推销人员使用选择成交法时，应注意以下 3 点。

- 推销人员要看准成交信号，针对客户的购买动机和购买意向找准切入点，向客户提供有效选择。
- 在推销过程中，推销人员应掌握成交的主动权，把成交的选择权留给客户，在适当的时机向客户施加一些成交压力，积极促成交易。
- 推销人员要提供适量的选择方案（以两三个选择方案为宜），并限定选择范围。方案过多、范围太广，会使客户举棋不定，难以选择，最终适得其反。

活动三　优惠成交法

优惠成交法是推销人员通过提供优惠的条件促使客户立即决定购买推销商品的成交方法。在使用优惠成交法时，推销人员提出的优惠条件就是推销商品的附加价值，是对推销商品价值的一种提升。为了满足客户的求利心理，推销人员使用优惠成交法进行让利销售，所以优惠成交法又被称为让步成交法。

优惠条件包括价格优惠、付款方式优惠、售后服务优惠及其他购买优惠等。

正确使用优惠成交法，有利于营造良好的成交氛围；使用批量成交优惠条件，可以促成大批量交易，提高成交效率。该方法尤其适合推销某些滞销商品，减轻库存压力，加快存货的周转速度，如服装的反季促销、"买一送一"、打折优惠等。

推销人员使用优惠成交法时，应注意以下4点。

- 使用此方法前，推销人员应当使客户建立起对推销商品和自己的信任，否则可能会引起客户的反感和不满。
- 推销人员要遵守职业道德，实事求是，不能使用欺瞒手段诱导客户购买推销商品。
- 推销人员要避免引起客户误解的言行，不能让客户产生推销商品质量欠佳或是残次品的感觉。
- 推销人员要掌握好让利的幅度，确保利润。

活动四　保证成交法

保证成交法是推销人员向客户提供某种成交保证来促成交易的方法。例如，一位客户一直在压价，迟迟不肯付款，推销人员知道对方是害怕买贵了后，便说："您放心，如果您发现别人卖得更便宜，我可以立即给您退货。"又如，某公司引进生产设备，经过长时间的洽谈，负责人还是不放心，于是推销人员说："您放心，这台设备我们今天下午就给您送到，安装工作由我亲自来监督。确认没有问题以后，您再向总经理报告。"

推销人员使用保证成交法时，应注意以下3点。

（1）找准时机

一般来说，对于单价高、风险较大的推销商品，客户会更担心其质量、功能、特性等不符合要求，推销人员应向客户做出保证，以消除客户的心理障碍，增加其购买信心。

（2）找对切入点

推销人员要仔细观察客户，准确辨识客户成交的心理障碍，找对切入点，针对客户担心的主要问题做出成交保证，有效地促成交易。

（3）信守承诺

推销人员必须做到言而有信，维护好与客户的关系。信口承诺、过度承诺、事后不予兑现或难以兑现，只会失去客户的信任。

活动五　小点成交法

小点成交法是指推销人员通过对次要问题的解决来促成交易的方法。这里的"小点"是指次要的、较小的成交问题。人们通常在次要问题上更容易做出决定，而在重大问题上会更慎重，在成交决策上也会比较敏感。

小点成交法就是利用客户的这一心理，避免直接提出重大的成交问题，先实现小部分成交，逐步实现整体成交，即先对成交活动的具体条件和具体内容达成协议，再就成交本身达成协议，从而最终实现成交。

小点成交法可以有效减轻客户的成交心理压力，营造良好的成交氛围，同时有利于推销人员在留有余地的情况下尝试表达成交意图。要想灵活使用小点成交法，推销人员就应当选择合适的情景。适合使用小点成交法促成交易的情景如图6-1所示。

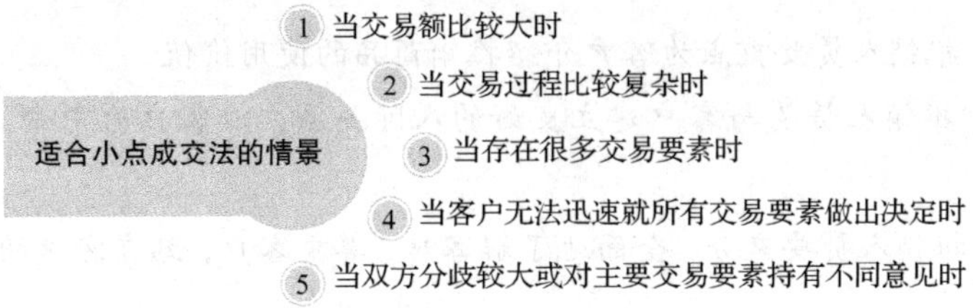

适合小点成交法的情景
1 当交易额比较大时
2 当交易过程比较复杂时
3 当存在很多交易要素时
4 当客户无法迅速就所有交易要素做出决定时
5 当双方分歧较大或对主要交易要素持有不同意见时

图6-1　适合使用小点成交法促成交易的情景

例如，一名推销人员对客户说："您完全不必担心交货时间，我们保证按照您的具体要求及时交货，这个星期或下个星期都可以，您看呢？""设备安装和修理问题由我们负责，张总，如果您没有其他问题，我们就这样决定了。"

推销人员先就交货时间方面的问题（次要问题）或推销商品的售后服务问题与客户达成协议，然后间接地促成交易。虽然"小点"的重要性不如主要问题的重要性，但推销人员也不能忽视客户对这一部分的关注。

推销人员使用小点成交法时，应注意以下4点。

- 推销人员应针对客户的购买动机，选择合适的次要问题先与客户达成一致。错误地提出次要问题，可能会分散客户的成交注意力，影响最后的成交。
- 推销人员要注意次要问题与重大问题的联系，解决好次要问题才能更好地解决重大问题。
- 推销人员要认真解决客户异议，不能刻意回避客户提出来的有关购买的重大问题，以免引起客户的误会。
- 小点成交法主要适用于大宗的、复杂的问题和人员比较多而又无法立即就所有成交内容达成一致的交易。

👤 活动六　最后机会成交法

最后机会成交法是指推销人员通过告知客户当前是购买的最后有利时机来促成交易的方法。此方法利用客户害怕失去某种利益的心理，将客户的购买压力转化为成交动力。

推销人员使用最后机会成交法时，应注意以下3点。

- 推销人员要让客户真切地感觉到这是最后的机会，促使客户尽快做出购买决定。
- 推销人员要摸准客户的心理，确定客户对推销商品有浓厚兴趣时才能使用最后机会成交法。
- 提示语言要委婉一些，切忌恐吓客户，否则会让客户感到厌烦，产生抵触情绪。

知识窗

在达成交易阶段，推销人员应遵循以下原则。

互惠互利：推销人员要展示推销商品能给客户带来的利益，明确交易给双方带来的利益。

价值观念：推销人员要重点为客户介绍推销商品的使用价值。

融洽关系：推销人员要与客户建立良好的人际关系，以客户为中心，营造融洽的谈话氛围。

尊重客户：推销人员要充分、全面地了解客户，尊重客户，站在客户的角度考虑问题。

 知识窗

 如春在花

推销人员在推销时要遵循互惠互利的原则。互惠互利原则是指人们在人际交往中考虑双方的共同价值和共同利益，满足共同的需要，使彼此都能从交往中得到实惠。大多数人的交往是互惠互利的，如果没有需求上的相互满足和互补，推销工作就无法完成。互惠互利促成合作，而合作才能共赢。在竞争激烈的市场经济时代，合作共赢是时代的选择，可以达到"1+1>2"的效果。

学以致用

使用恰当的方法促成交易

请根据所学知识完成下面的连线题。

客户怀疑推销商品，害怕担风险   选择成交法

客户想要的推销商品数量多，觉得价格高   最后机会成交法

客户已有购买意向，在犹豫购买哪个   保证成交法

客户担心失去机会   小点成交法

存在很多交易要素时   优惠成交法

温故知新

一、填空题

1. 使用假设成交法需要充分了解客户，适合使用在_____身上。

2. 选择成交法的前提是_____，重点是向客户提供两种或两种以上可供选择的购

买方案，引导客户做出选择。

3. 在使用优惠成交法时，推销人员提出的优惠条件就是_____。为了满足客户的求利心理，推销人员使用优惠成交法进行让利销售，所以优惠成交法又被称为_____。

4. 推销人员向客户提供某种成交保证来促成交易的方法叫_____。

5. _____利用客户害怕失去某种利益的心理，将客户的购买压力转化为成交动力。

二、选择题

1. 推销人员通过对次要问题的解决来促成交易的方法称为（　　）。

　　A. 选择成交法　　　　　　　　　　B. 小点成交法

　　C. 直接成交法　　　　　　　　　　D. 保证成交法

2. 推销人员在使用假设成交法与客户沟通时，不正确的做法是（　　）。

　　A. 充分了解客户　　　　　　　　　B. 让客户感到亲切、温和

　　C. 制造高压气氛　　　　　　　　　D. 确信客户有购买意向

3. 下列成交法中尤其适合推销某些滞销商品，减轻库存压力，加快存货周转速度的方法是（　　）。

　　A. 小点成交法　　　　　　　　　　B. 选择成交法

　　C. 最后机会成交法　　　　　　　　D. 优惠成交法

4. 下列情景中不适合使用小点成交法促成交易的是（　　）。

　　A. 交易额比较大　　　　　　　　　B. 客户对推销商品有极大兴趣

　　C. 存在很多交易要素　　　　　　　D. 交易过程比较复杂

5. 关于最后机会成交法，下列描述不正确的是（　　）。

　　A. 要让客户真切地感觉到"机不可失，时不再来"

　　B. 确定客户对推销商品有浓厚兴趣

　　C. 无论客户有无购买意向，都适用

　　D. 提示语言要委婉一些，切忌恐吓客户

三、判断题

1. 推销人员在使用最后机会成交法时，恐吓客户的效果更好。（　　）

2. 保证成交法是把成交的选择权交给客户，但把客户的购买选择限制在目标范围内。（　　）

3. 正确使用优惠成交法，有利于营造良好的成交氛围。（　　）

4. 使用保证成交法时，推销人员要找对切入点，针对客户担心的主要问题做出成交保证，有效地促成交易。（　　）

5. 使用小点成交法时，推销人员应针对客户的购买动机，选择合适的次要问题先与客户达成一致。（　　）

融会贯通

一对夫妻到某商场选购地毯。推销人员热情地迎上来，说："两位如果想找一种既耐磨又不易褪色的地毯，就可以考虑化纤地毯。"这对夫妻在专注地倾听，推销人员接着说："您看，羊毛地毯豪华、漂亮，但很难打理，两位是不是想要一种比较容易清洗的地毯呢？"

男士紧锁眉头地回答："是啊，我们这么大岁数了，主要考虑实用，还是买容易清洗的地毯比较好。"

推销人员耐心地解释："您看，这种化纤地毯不但颜色漂亮、价格适中，而且脚感好、使用方便、容易清洗，尤其适合两位使用。"

听完后，夫妻一边打量化纤地毯，一边用手触摸化纤地毯。

推销人员立马说："两位认为这些颜色中的哪一种最适合在两位的房间里布置？两位看，这两种图案两位喜欢哪一种？两位需要两块还是多买几块？"

夫妻说："我们先买两块吧，要一块黄色的和一块紫色的。"

请同学们3人一组，完成以下任务。

（1）根据以上情景进行角色扮演，一人扮演推销人员，两人扮演客户，轮流模拟表演。

（2）同组人员讨论、分析推销人员使用了哪种成交方法；自己作为推销人员，在遇到类似的问题时会如何妥善解决？

（3）各小组选出代表，在班内进行交流。教师做出最后总结，并进行评价。

请教师与学生一起完成表6-3。

表6-3 积极促成交易活动训练评测表

评价方式	态度认真 （1分）	语言表达 （1分）	解决异议 （2分）	成交方法与技巧 （2分）	表演过程 （2分）	交易成功 （2分）	总分 （10分）
自我评价							
小组评价							
教师评价							

任务三 签订合同

任务描述

合同的拟订和签署是推销工作的最后环节，推销人员与客户签订合同后才算达成了真正意义上的成交。推销人员应根据洽谈内容拟订合同条款，确保合同符合法律规定，并选择合适的合同签订方式。

在推销洽谈的过程中，小艾精准地识别出客户的成交信号，并使用恰当的方法与客户达成交易，接下来就要把成交的内容以书面形式确定下来，即签订合同，以防之前的努力付诸东流。

任务实施

活动一　了解签订合同的程序

签订合同的程序可以概括为两个阶段：要约和承诺，如图 6-2 所示。

要约是指当事人一方向另一方提出的以一定条件拟订合同的建议和要求

要约

签订合同的程序

承诺

承诺是指合同受要约人对合同要约人提出的建议和要求表示完全同意

图6-2　签订合同的程序

1. 要约

在推销活动中，发出要约的一方称为合同要约人，接受要约的一方称为合同受要约人。

推销人员要掌握合同要约的成立条件，以便向受要约人发出要约。合同要约人应是具有缔约能力的特定人；合同要约的内容须具体、明确；合同要约具有缔结合同的作用，并表示要约人受其约束；合同要约必须发给要约人希望与其订立合同的受要约人；合同要约应以明示方式发出；合同要约必须送达合同受要约人。

推销人员要明确合同要约的法律效力。合同要约送达特定的受要约人时，合同要约即发生法律效力。要约人不得在事先未声明的情况下撤回或变更合同要约，否则要承担缔约过失的损害赔偿责任。

要约人想撤回合同要约时需注意：撤回合同要约的通知应当在合同要约送达受要约人之前或者同时送达受要约人。如果合同要约已送达受要约人，该合同要约便不可撤回。

2. 承诺

合同要约一经承诺，即表明双方就合同主要条款达成协议，合同即宣告成立，所以承诺对合同的成立起着决定性作用。

承诺要想成立，必须由合同受要约人或其代理人做出；承诺必须在有效时间内做出；承诺必须与合同要约的内容完全一致。

承诺的撤回必须在承诺送达对方之前或与承诺同时送达对方。迟到的撤回承诺的通知不产生撤回承诺的效力。

活动二　拟定合同条款

合同的主要条款如表 6-4 所示。

表6-4　合同的主要条款

条款	具体内容
当事人的名称、住所	签订合同时，自然人（公民）要写上自己的姓名，法人（依照法律规定具有民事权利能力和民事行为能力，能够独立享有民事权利和承担民事义务的组织）要写上名称，还要写上各自的住所
标的	标的是合同当事人双方权利和义务共同指向的对象，推销合同中的标的主要表现为推销商品或劳务。标的是订立合同的目的和前提，没有标的或标的不明确的合同是无法履行的，也是不成立的
数量	数量是确定合同当事人权利和义务大小的尺度。订立合同必须有明确的数量规定。标的数量要准确、具体，没有数量，合同是无法履行和生效的。确定标的数量，应明确计量单位和计量方法
质量	质量是标的物的具体特征，也就是标的物内在素质和外观形态的综合，是满足人们需要或生产的属性，如推销商品的品种、型号、规格和工程项目的标准等。质量条款由双方当事人约定，必须符合国家有关规定和标准化的要求
价款或酬金	价款或酬金是指作为购买人的一方向交付标的物的一方支付的货币，它是有偿合同的主要条款，如买卖商品的货款、财产租赁的租金、借款的利息等。在合同中，推销人员应明确规定价款或酬金，并说明计算标准、结算方式和程序等
履行期限、地点、方式	履行期限是合同当事人双方实现权利和履行义务的时间，是确认合同是否按时履行或延期履行的时间标准。 履行地点是指当事人按合同规定履行义务的地方，即在什么地方交付或提取标的物。 履行方式是指当事人交付标的物的方式，即以什么方式或方法来完成合同规定的义务。它由合同的内容和性质决定，如交付货物是一次履行还是分期分批履行，是送货上门、自行提货还是代办托运等
违约责任	违约责任是指当事人违反合同约定的条款时应承担的法律责任。合同当事人一方或双方出现拒绝履行、不适当履行或者不完全履行等违约行为时，过错方应承担违约责任

除了以上内容外，合同还包括根据法律规定或合同性质必须具备的条款，以及当事人一方要求必须规定的条款，这些也是推销合同的主要条款。

知识窗

在签订合同阶段，推销人员要注意以下问题。

（1）合同中要严格规定双方的权利和义务，起草合同时要仔细、认真，确保表述准确、内容全面，不能使用容易产生歧义的词语或句子，也不能疏忽或遗漏内容。

（2）合同条款要符合法律、行政法规的强制性规定，不违背公序良俗。

（3）合同的违约责任条款应当明确、具体。

（4）不要轻易在对方拟订的协议上签字，要仔细、认真地检查细节性条款的具体内容，确保没有任何差错后再签字。

活动三　选择合同的签订形式

合同的签订形式有很多种，如书面形式和口头形式等。法律、行政法规规定采用书面形式的，应当采用书面形式。当事人约定采用书面形式的，应当采用书面形式。

1. 书面形式

书面形式是指以文字的方式表现当事人所订立的合同内容的形式。合同书，以及任何记载当事人要约、承诺和权利、义务内容的文件，都是合同的书面形式的具体表现。

书面合同由文字凭据组成，但并非一切文字凭据都是书面合同的组成部分。成为书面合同的文字凭据，必须符合以下要求：有某种文字凭据；当事人或其代理人在文字凭据上签字或盖章；文字凭据上载有合同权利、义务。

书面合同能够通过文字凭据确定当事人之间的权利、义务，既有利于当事人依据该文字凭据做出履行行为，又有利于在发生纠纷时有据可查，准确地确定当事人的权利、义务和责任，从而合理、公正地解决纠纷。

书面合同主要起到证明合同关系存在的作用，通常也能证明合同的内容。书面合同具有保存证据的功能，可以明确合同内容，避免事后发生争议。另外，签订书面合同还可以防止欺诈，因为相比口头合同，书面合同白纸黑字，任何一方不履约都要承担违约责任。

书面合同的主要表现形式如图 6-3 所示。

书面合同的主要表现形式

表格合同
表格合同是当事人双方合意的内容及条件，主要表现为表格上的记载是能全面反映当事人权利、义务的简易合同

合同凭证
合同凭证是借以确认当事人双方权利、义务的载体，如车票、保险单等。虽然双方的权利、义务并未完全反映在合同凭证上，但因法律及有权机关制定的规章已有明确规定，因而可以确认合同凭证标示双方的权利、义务关系

合同确认书
《民法典》第四百九十一条第一款规定："当事人采用信件、数据电文等形式订立合同要求签订确认书的，签订确认书时合同成立。"

图6-3　书面合同的主要表现形式

2. 口头形式

口头形式是指当事人只用语言做出意思表示订立合同，而不用文字表示协议内容的形式。凡当事人无约定、法律未规定须采用特定形式的合同，均可采用口头形式，但发生争议时，当事人必须举证证明合同的存在及合同关系的内容。

口头形式的合同的优点是直接、简便、快速、易行，因此口头形式的合同在实践中应用广泛，如集贸市场的现货交易、超市的商品零售等。口头形式的合同的缺点主要是缺乏文字凭据，发生合同纠纷时当事人举证困难，所以在一些重要的交易上，当事人可以采用录音的方式将双方的对话内容录制下来，作为证据。

实践中对口头形式的合同的认定，着重考察当事人的意思表示是否取得一致。推销人员可以从以下几个方面认定口头形式的合同。

- 以口头形式订立的合同，当事人一方已经履行全部义务或主要义务，另一方已经接受履行，应当确认合同成立。当事人的履行和接受履行体现了当事人双方意思表示的一致

性，表明了双方对合同权利、义务的认可，应认定合同成立。

- 以口头形式订立的合同，当事人双方对合同必要条款有异议且尚未履行的，说明当事人没有取得意思表示的一致，此时应认定合同尚未成立。
- 以口头形式订立的合同在履行过程中，另一方当事人拒绝接受履行的，合同当事人仅对非必要条款发生争议的，应认定合同成立。
- 口头形式的合同有人证或其他方式证明时，应被认定成立。

 知识窗

推销人员在推销活动中，无论选择哪一种合同形式，都必须遵循一定的原则。

（1）平等原则。当事人的法律地位平等，一方不得将自己的意志强加给另一方。

（2）自愿原则。当事人依法享有自愿订立合同的权利，任何单位和个人不得非法干预，合同内容除法律强制性规定外，由当事人自行约定。

（3）公平原则。合同要按照公平原则确定双方的权利和义务、风险的合理分配、违约责任。

（4）遵守公序良俗原则。当事人订立、履行合同，应当遵守法律、行政法规，遵守社会公德，不得扰乱社会经济秩序、损害社会公共利益。

温故知新

一、填空题

1. 签订合同的程序可以概括为两个阶段：_____和_____。

2. 在推销活动中，发出要约的一方称为_____，接受要约的一方称为_____。

3. 推销合同的主要条款包括当事人的名称、住所，_____，_____，质量，_____，履行期限、地点、方式，违约责任等。

4. 合同的签订形式有很多种，如_____和_____等。

5. 以口头形式订立的合同，其优点是_____。

二、选择题

1. 关于合同要约的成立条件，下列描述不正确的是（　　）。

　　A. 合同要约的内容要具体、明确

　　B. 合同要约人应是具有缔约能力的特定人

　　C. 合同要约应以明示或暗示的方式发出

　　D. 合同要约具有缔结合同的作用

2. （　　　）是确定合同当事人权利和义务大小的尺度。

    A. 数量　　　　　　　　B. 质量　　　　　　　　C. 标的　　　　　　　　D. 违约责任

3. 标的是订立合同的目的和前提，下列对标的描述正确的是（　　　）。

    A. 标的即当事人双方

    B. 标的即推销商品的品种、型号、规格等

    C. 标的即购买人支付的货币

    D. 标的主要表现为推销商品或劳务

4. （　　　）是合同当事人双方实现权利和履行义务的时间。

    A. 履行地点　　　　　　B. 履行期限　　　　　　C. 履行方式　　　　　　D. 结算方式

5. 关于口头形式的合同，下列描述不正确的是（　　　）。

    A. 当事人一方已经履行全部义务或主要义务，另一方已经接受履行，应当确认合同成立

    B. 以口头形式订立的合同在履行过程中，另一方当事人拒绝接受履行的，合同当事人仅对非必要条款发生争议的，应认定合同成立

    C. 凡当事人无约定、法律未规定须采用特定形式的合同，均可采用口头形式

    D. 口头形式的合同无论有无人证或其他方式证明，都应被认定成立

三、判断题

1. 集贸市场的现货交易属于口头形式的合同。（　　　）

2. 推销人员与客户签订合同后才算达成了真正意义上的成交。（　　　）

3. 违约责任是指当事人违反合同约定的条款时应承担的法律责任。（　　　）

4. 在合同中，推销人员应明确规定价款或酬金，并说明计算标准、结算方式和程序等。（　　　）

5. 书面合同由文字凭据组成，所以一切文字凭据都是书面合同的组成部分。（　　　）

融会贯通

请同学们两人一组，完成以下任务。

（1）一人扮演某品牌乳酸菌饮料推销人员，另一人扮演某超市采购部经理。推销人员约见采购部经理，请求采购部经理与自己见面，让自己推销的乳酸菌饮料在超市上架。一番沟通后，推销人员注意到采购部经理发出的成交信号。

（2）推销人员使用各种成交方法使采购部经理满意自己开出的条件。被多次拒绝后，推销人员终于在某个方面打动了采购部经理，使其同意签约。

（3）双方签订合同。

（4）互换扮演的角色，然后总结在促进成交的过程中需要注意的方面。

请教师与学生一起完成表6-5。

表6-5　推销人员说服超市采购部经理成交训练评测表

评价方式	注意成交信号（3分）	使用成交方法（3分）	应对客户的拒绝（2分）	签订合同（2分）	总分（10分）
自我评价					
小组评价					
教师评价					

答疑解惑

　　"职场情境"中提到，经过长时间的洽谈，小艾对罗先生的需求有了大致的了解。在某个时间点，她明白交易即将达成，因为她清晰地看到了罗先生发出的成交信号。

　　（1）分析达成交易的条件

　　小艾已经向罗先生清楚地介绍了华美服饰的各个品牌，使罗先生对华美服饰有了十分清晰的了解，而且对罗先生提出的各种异议都给予了充分的回复，基本解决了客户异议。

　　小艾从罗先生放松的神情和观察样品的眼神中看出，罗先生已经对华美服饰产生信任，对小艾介绍的各项代理条件也十分感兴趣。因此，与罗先生达成交易的目标即将实现。

　　（2）识别达成交易的信号

　　小艾注意到，罗先生发出了很多成交信号。

　　语言信号："关于成为代理商的条件，你们能不能把首次购买500套改为200套？另外，贵公司的女装价格高了一些，能不能降一下价，这样我们能更快地出货。"（价格方面）"看了你发来的图片，华美服饰的女装款式确实很多，能满足消费者的需求，但关于品质，我想看更多的资料。"（推销商品方面）"最快能在几天之内交货？"（其他方面）

　　行为信号：罗先生用欣赏的眼神查看华美服饰的资料，并频频点头，而且主动靠近小艾，有时会把手伸进衣兜，好像在找签字笔。小艾顺势把订货单发给他，罗先生很仔细地阅读订货单上的信息。

　　看到罗先生的成交信号，小艾意识到，她这时只要"临门一脚"，使用适当的成交话术，就能促使罗先生同意成交。经过细致的考虑和分析，小艾判断，罗先生最担忧的事情是资金回流受阻，所以只要能打消他这一方面的顾虑，罗先生签约的可能性就会增加。

　　于是，小艾决定使用优惠成交法和保证成交法来说服罗先生。

　　优惠成交法："我理解您的担忧。为了表示诚意，我们公司会给予您8折优惠，起批量也降到200套，希望您能在卖完这一批货后继续代理我们的女装。"

　　保证成交法："您放心，第一批货如果在3个月内卖不完，您可以退货，这就可以保证您的资金回流不受阻。有我们公司在，贵店可以完全放心。"

　　经过小艾的耐心讲解和对客户异议的解决，罗先生终于决定和华美服饰签约，就华美服饰旗下的3个品牌女装签订书面形式的代理合同，确定了购买数量、对服装品质的要求、支付的价款、佣金、履行合同的方式及违约责任。

项目七

开展售后追踪

职场情境

　　与客户签订合同，并将商品交到客户手中并不意味着交易的结束，推销人员还需要做好一系列售后追踪的工作，包括及时回收货款、做好售后服务和维护客户关系。因此，小艾需要根据合同按时从客户处回收货款，以保证公司资金及时回流。此外，小艾还需要为客户提供完善的售后服务，并与客户保持良好的关系，以让客户成为自己的忠诚客户。

学习目标

知识目标
1. 掌握回收货款的技巧。
2. 掌握处理客户退换货、客户投诉的技巧。
3. 掌握提高客户满意度和客户忠诚度的技巧。

技能目标
1. 能够按时从客户处回收货款。
2. 能够妥善处理客户的退换货要求和客户投诉。
3. 能够采取有效措施提高客户满意度和客户忠诚度。

素养目标
1. 坚持以人为本，尊重客户。
2. 增强忧患意识与危机意识，懂得防患于未然。

任务一　及时回收货款

任务描述

　　及时回收货款不仅有利于推销人员完成业绩，还有利于保障企业正常生产、经营。在实际工作中，小艾发现回收货款并非一件简单的事情，需要推销人员掌握一定的技巧。

任务实施

活动一　做好回收货款的准备

　　同事告诉小艾，事先做好准备有利于降低回收货款的难度。小艾根据同事的指点总结了 3 项针对回收货款需要做的准备工作。

　　（1）开诚布公地说明付款条件

　　在与客户洽谈的过程中，推销人员应该开诚布公地与客户讨论并确定支付货款的标准、方式等内容，并在合同中明确地写明这些内容。这样有利于减少后期回收货款时的麻烦。

　　（2）全面掌握客户的信息

　　全面掌握客户的信息有利于推销人员及其所在的企业通过诉讼方式追结货款。因此，推销人员在与客户建立业务关系时应该尽量全面地收集客户的信息。客户若为个人，推销人员可以重点收集客户的真实姓名、家庭住址、联系方式等信息；客户若为公司，推销人员可以重点收集客户登记的真实名称、办公地址、经济状况、营业执照等信息。

（3）保存好相关凭证

推销人员要保存好合同、供货送货清单、对账单、欠条、银行进账单的付款凭证、还款协议、补充协议等能够证明债权债务关系的凭证，以便在发生货款纠纷后能够为追结货款提供有效证据。

活动二　掌握回收货款的技巧

为了顺利地回收货款，推销人员需要掌握一定的回收货款的技巧。

（1）摆正心态，不卑不亢

有些推销人员认为回收货款是自己乞求客户，所以在与客户沟通的过程中，总是缺少底气。其实，这是一种错误的认知。客户购买推销商品后支付相应的货款是理所应当的，而推销人员在客户获得推销商品后要求其付款也是正当的。因此，推销人员应该摆正心态，在向客户回收货款时要不卑不亢，认识到自己和客户是平等的，不要认为自己是在乞求对方。

（2）在结款日准时前往约定的结款地点

到了合同约定或推销人员与客户共同商定的结款日期，推销人员要准时前往约定的结款地点，一是向客户表明自己言而有信的态度，二是避免让客户找到因为推销人员未按时到来而不按期付款的机会。

（3）与客户讲透道理

推销人员在与客户沟通的过程中应该与客户讲透道理，让他明确地知道回收货款的理由，使其主动支付货款。

（4）选择合适的时机

有的客户不喜欢在一个星期的第一天、一个月的前两天和每天的上午对外支付资金，所以推销人员不要在这些时间段去找客户结款。此外，推销人员如果发现客户当下的心情不好或者情绪不稳定，可以暂缓向客户提出结款的要求，另选其他合适的时机。

（5）适当地向客户施压

对于迟迟不支付货款的客户，推销人员可以采取一些措施适当地向客户施压，如不结清前款，就不再送货；终止优惠条件；不付款就终止合作关系等，以此让客户按时支付货款。

在向客户施压时，推销人员要考虑自己所在企业的实力、商品的市场份额、客户对企业的依赖程度、客户的承受能力等因素，懂得选择合适的时机，酌情施压。

（6）收到货款后要向客户致谢

推销人员收到客户支付的货款后，要真诚地向客户表示感谢，以给客户留下真诚、礼貌的印象，并为后续继续合作奠定良好的基础。

 知识窗

导致回收货款困难的常见原因如表7-1所示。

表7-1　导致回收货款困难的常见原因

原因类型	说明
企业的原因	① 企业为客户提供的资源、优惠无法激起客户支付货款的热情。 ② 企业因为自身原因给客户造成了损失。 ③ 企业人事调动频繁，客户对企业管理缺乏信任感，不敢支付货款。 ④ 推销人员业务能力差，在回收货款时缺乏有效的方法和技巧
客户的原因	① 客户资金缺乏，支付货款确实有难度。 ② 客户资金有限，优先选择为其他企业支付货款。 ③ 客户以自身资金周转困难或者要求企业给予更多优惠为由为推销人员回收货款制造困难

知识窗

温故知新

一、填空题

1. 推销人员回收货款需要做的准备工作包括＿＿＿＿＿＿＿、＿＿＿＿＿＿＿、
＿＿＿＿＿＿＿。

2. 在与客户洽谈的过程中，推销人员应该开诚布公地与客户讨论并确定＿＿＿＿＿＿＿
等内容，并在合同中明确地写明这些内容。

3. 推销人员为了回收货款在向客户施压时，要考虑＿＿＿＿＿＿、＿＿＿＿＿＿、
＿＿＿＿＿＿、＿＿＿＿＿＿等因素，懂得选择合适的时机，酌情施压。

二、选择题

1. 下列选项中，不能作为回收货款时债权债务关系凭证的是（　　　）。

　A. 合同　　　　　　B. 对账单　　　　　C. 供货送货清单　　D. 收据

2. 对于迟迟不支付货款的客户，推销人员可以采取（　　　）的措施适当地向客户施压。

　A. 强制付款　　　　　　　　　　　B. 终止优惠条件

　C. 收回已售出的商品　　　　　　　D. 多次上门追款

3. 关于回收货款，下列选项中说法错误的是（　　　）。

　A. 在回收货款时，推销人员应该摆正心态，不卑不亢

　B. 推销人员应该在结款日准时前往约定的结款地点

　C. 推销人员可以根据情况适当地向客户施压

　D. 推销人员要强硬地要求客户支付货款

三、判断题

1. 推销人员在与客户建立业务关系时应该尽量全面地收集客户的信息。（　　　）

2. 推销人员可以根据自己的时间随意向客户追讨货款。（　　　）

3. 推销人员收到客户支付的货款后，要真诚地向客户表示感谢，以给客户留下真诚、礼
貌的印象。（　　　）

融会贯通

请同学们两人一组，按照情境设定完成演练任务。

（1）情境设定

郑卫东是某美妆用品公司的推销人员，其所负责的一位客户因自身商品库存压力过大、竞争对手的挤压而停止支付货款。郑卫东了解该客户的情况后，采取了积极的办法，帮助该客户解决了库存问题，并成功地收回货款。

（2）演练任务

① 一人扮演推销人员郑卫东，一人扮演客户，推销人员按照情境设定向客户回收货款。

② 推销人员应该分析客户停止支付货款的原因，并采取合适的措施帮助客户解决问题，以成功说服客户支付货款。

请教师与学生一起完成表 7-2。

表7-2　推销人员回收货款训练评测表

评价方式	明确客户停止支付货款的原因（2分）	采取有效措施帮助客户解决问题（4分）	说服客户支付货款（4分）	总分（10分）
自我评价				
小组评价				
教师评价				

任务二　做好售后服务

售后服务是指推销人员或企业在将商品送达客户后所继续提供的各项服务。在市场竞争中，售后服务能在很大程度上体现推销人员及其所在企业的竞争实力。小艾非常重视售后服务，每次都会认真帮助客户解决相关问题。

活动一　处理客户的退换货要求

无论推销何种商品，推销人员都可能遇到客户要求退换货的情况，小艾也不例外。在刚开始遇到客户要求退换货的情况时，小艾由于缺乏经验处理得欠妥当。随着工作经验的不断积累，小艾现在处理客户要求退换货的情况时已经游刃有余，不仅不会损害公司的利益，还能增加客户对她的信任，变危机为商机。

（1）礼貌接待，了解原因

无论客户提出退换货要求时说的是什么理由，推销人员都要礼貌地接待客户，然后耐心地向客户了解退换货的原因。

在客户讲述退换货的原因时，推销人员要认真倾听，不可打断客户的讲话或者为自己辩解。推销人员在倾听的过程中要表现出专注的态度，适时地通过点头、应和等方式对客户的话语做出反应，让客户感觉自己被重视。此外，推销人员可以向客户提问，从而了解更多的细节，找出问题的关键，并注意观察客户在讲述退换货原因过程中的态度，及时判断客户的真实需求。

（2）合理地解决问题

无论客户提出的退换货理由是什么，推销人员都不能直接反驳客户，而应寻找解决问题的方法。

在处理客户退换货问题时，推销人员要根据实际情况，兼顾企业和客户双方的利益，公平合理地使用科学方法灵活处理。这样既能解决问题，又有利于维系好自己与客户的关系。

① 如果是商品存在问题，推销人员应该真诚地向客户表示歉意，并按企业流程为客户办理退换货。

② 如果是客户自身原因导致商品出现问题，推销人员需要根据具体情况，在不损害企业利益的情况下，为客户退换货。

③ 如果是因为客户对推销人员不满而引起的退货，推销人员应诚恳地向客户道歉，争取取得客户的谅解，避免矛盾升级。

④ 如果是客户恶意索赔，推销人员应以正当理由坚决拒绝客户提出的退换货要求。

经验之谈

推销人员应该熟悉商品的质量、性能、优缺点、保养方法等相关信息，并能够将这些信息详细地向客户说明，以免客户因为不了解商品、不熟悉商品而提出退换货的要求。

此外，在处理客户退换货的过程中，推销人员要使用礼貌用语。"对不起，给您带来不便了。""您提出的问题很特殊，咱们商量一下，好吗？"不会引起客户的不满；"这不是我们的问题，是供应商的问题。""这不是我销售的，我解决不了。""我们对低价出售的商品不予退款或更换。""我们不予赔偿。"就会让推销人员彻底失去客户。

学以致用

应对客户退换货的要求

根据客户提出的退换货理由设计应对策略，并将应对策略填入表7-3。

表7-3　应对客户退换货的要求

客户提出的退换货理由	应对策略
"这件衣服我买的尺码小了。"	
"我妈不喜欢这个背包，我想退了。"	
"这个加湿器有质量问题，根本不能用。"	

📖 **案例链接**

用道歉赢得客户

一位女士怒气冲冲地冲进一家服装店，从包里拿出一件毛衫对销售员陈敏说："你们这款毛衫缩水太严重了，我才洗了一次就缩得不能穿了，你们得给我退货！"

陈敏急忙接过毛衫说："真是抱歉！怎么缩水缩成这样了？"

女士说："就是，你看根本没办法再穿了！"

陈敏说："嗯，确实是，都看不出原来的格纹了，但是这个面料就是这样，如果洗涤不当就容易缩水，您看吊牌上写着低温手洗。"

女士说："我没有注意吊牌，我买的时候你们也没有提醒我啊！"

陈敏说："真的很抱歉，我也觉得不是所有消费者都会留意吊牌说明。我们以后一定会提醒消费者，像这种面料的衣服，不能用洗衣机清洗，否则就容易导致衣服缩水，而且清洗完后不能直接悬挂，以免水分过多导致衣服变形，最好将水分沥干后再晾晒。虽然我们的衣服板型比较好，但有些面料的衣服的确会出现这种情况。因为吊牌有标注，所以我们无法为您退货，但是会尽量弥补您的损失，给您换一件同款。请您留下联系方式，同款到货后我们通知您，可以吗？"

听到陈敏的这个处理方案，女士表示非常满意，说："也是怪我，没认真看吊牌上的说明。真是谢谢你了，以后我会常来的。"之后，这位女士真的成了这家服装店的常客。

智慧锦囊：陈敏遇到客户的退换货要求时，处理得巧妙得当。首先，她站在客户的角度先表示出对客户的理解，有效安抚了客户的情绪。其次，陈敏在与客户交谈的过程中，不露声色地指出是客户洗涤不当导致毛衫缩水，虽然她诚恳地向客户道歉和进行自我批评，但在不知不觉中明确了主要责任的归属方是客户。最后，她在这种情况下还为客户争取利益，为客户换货，使客户很满意，增强了客户的黏性。

👤 活动二　处理客户的投诉

客户投诉是指客户因对商品质量或服务不满意而提出的书面或口头的异议、抗议、索赔和要求解决问题等行为。小艾认为，恰当地处理客户投诉是做好售后服务的重要内容。

1. 遵守处理客户投诉的原则

推销人员在处理客户投诉时应该坚持迅速处理、态度积极、尊重客户和专业规范的原则。

（1）迅速处理

推销人员在处理客户投诉时切忌拖延时间、推卸责任，而要与相关部门通力合作，迅速做出反应，力争在最短的时间内解决问题，给客户一个满意的答复。推销人员拖延时间或推卸责任，只会进一步激怒投诉的客户，让事情变得更加复杂，甚至可能会因客户投诉而对企业的信誉、形象造成负面影响。

（2）态度积极

推销人员要以积极的态度应对客户投诉，切忌对客户的投诉不理不睬或敷衍了事。推销人员对客户投诉采取消极态度，只会增加客户对推销人员和企业的不满，让客户失去对推销人员和企业的信任。

（3）尊重客户

推销人员要尊重客户，懂得站在客户的立场看问题。推销人员要提高自身的职业素养和业务能力，树立全心全意为客户服务的思想。面对情绪较为激动的客户时，推销人员要避免感情用事，不与客户产生争执；注意倾听客户的投诉，先让客户将自己的不满发泄出来，再寻找解决问题的方法。

（4）专业规范

企业要建立完善的投诉系统，由专业人员来管理和处理客户投诉问题，制定明确的投诉处理程序和标准，让客户投诉的处理过程专业化、标准化、规范化，让客户在投诉的过程中也能享受到专业、标准、规范的服务，提高客户满意度。

2. 掌握处理客户投诉的步骤

推销人员在为客户提供服务的过程中难免会遭遇客户投诉。客户投诉并不可怕，关键是推销人员要使用恰当的方法处理客户投诉，化解客户的不满。推销人员可以按照以下步骤处理客户投诉。

（1）倾听客户诉说

推销人员要耐心地倾听客户的诉说。通过倾听，推销人员可以快速了解客户所投诉的问题，了解客户的情绪状态，为后续解决投诉收集足够多的信息。

推销人员在倾听的时候要坚持一个原则，即为了理解而倾听，而非为了回答而倾听。为了平息客户的愤怒情绪，推销人员在倾听时要注意以下两点。

① 不要打断客户

在客户说话时，推销人员不要随意打断，要让客户将自己想说的话说完，将想要表达的情绪表达出来。客户释放不满情绪后，通常就能平静下来，恢复正常状态，这样有利于问题的解决。

② 在倾听中做出回应

在倾听过程中，推销人员要做出回应，如用间歇性的点头表示自己正在仔细倾听。推销人员应用纸笔将客户反映的问题记录下来，对于自己不清楚的地方要请客户进一步说明，这时推销人员要特别注意用委婉的方式请客户提供信息，不要让客户产生被质问的感觉。推销人员可以这样说："很抱歉，刚才有一个地方我没弄清楚，我可不可以再问您一些关于商品故障的问题？"客户对问题做出说明后，推销人员应对客户做出"我懂了"之类的回应，表示自己理解了。

（2）控制自己的情绪

客户在投诉时往往比较激动，可能会言辞过激。面对这样的客户，推销人员要控制好自己的情绪，切忌丧失理智、以暴制暴，以免事态发展到不可控制的地步。

面对情绪激动的客户，推销人员可以不认同客户投诉的内容，却不可以不认同客户投诉的做法。客户之所以投诉是因为他们的需求没有被满足，推销人员要对客户在投诉过程中可能表现出的失望、愤怒或其他过激情绪表示理解，而不要对客户表现出责怪、不耐烦甚至愤怒的情绪。

面对客户投诉，推销人员可以采取以下方法平复自己的情绪。

① 推销人员可以通过深呼吸平复情绪，但需要注意的是，在呼气时不要大声叹气，避免给客户留下不耐烦的印象。

② 推销人员可以想象自己情绪失控的后果。

③ 推销人员要清楚，客户不是对推销人员有意见，只是想保护自己的权益。

（3）与客户建立共鸣

与客户建立共鸣是指推销人员要站在客户的立场上看待投诉，理解客户的投诉行为。

当客户投诉时，他希望自己能被别人理解，能被别人尊重，而推销人员对客户的遭遇表示理解，有利于消除客户的怨气。推销人员与客户建立共鸣时需要遵循一个原则，即换位思考，真诚地理解客户，而非同情客户。推销人员站在客户的角度，按照客户的思维方式思考问题，才能与客户建立共鸣。推销人员可以采取以下方法与客户建立共鸣。

① 复述：推销人员用自己的话复述客户的遭遇，描述客户的感受。

② 回应客户的感受：推销人员将自己从客户那里感受到的情绪说出来。推销人员不要只对客户说"我理解您的感受"，因为在客户听来，这句话更像一句客套话。推销人员要在这句话的后面加上自己所理解的客户生气或难过的原因，或者自己所感受到的客户的感受。例如，"我理解您，如果我遇到这样的问题，我也会非常生气。"

③ 换位思考：推销人员将自己置于客户所处的境地，从而感同身受地理解客户。

（4）寻找问题的实质

推销人员了解客户投诉的内容、原因和目的后，要对客户投诉的问题进行定义，寻找问题的实质，寻找导致问题的根本原因，从而为提出解决方案做好准备。例如，推销人员应该明确客户投诉的问题是商品本身存在的问题，还是客户操作不当导致的。如果是商品本身存在的问题，推销人员应当向客户表示诚挚的歉意，并为客户提供有效的解决方案；如果是客户操作不当导致的问题，推销人员应该向客户解释清楚问题的实质。但无论如何，推销人员都要诚心诚意地向客户表示理解。

（5）把握客户投诉的真正意图

推销人员把握客户投诉的真正意图后才能对症下药，化解客户投诉。但是很多时候，客户并不会明确表达出自己的真正意图。这就需要推销人员在与投诉客户沟通的过程中，发现客户的言外之意、弦外之音，从而把握客户的真正意图。

① 关注客户重复的话

客户常常会在谈话中不经意地表露出自己的真实意图，其常见的一种表现就是重复某些话。因此，推销人员要留意客户反复说的一些话，并深度理解这些话的意思，从而确定客户的真实意图。

②注意客户的建议和反问

客户有时会通过提出建议或反问的方式来表达自己的态度或想法，所以推销人员要注意客户的建议和反问。

（6）对投诉做出答复

推销人员发现客户投诉的问题的实质后，需要对客户的投诉做出答复。推销人员可以根据具体情况从表7-4所示的3种方法中选择合适的方法来答复客户。

表7-4 答复客户投诉的3种方法

答复方法	说明
立即答复	如果客户提供了充足的信息，推销人员能够准确判断问题的实质，且自己有足够的权限提供合理的解决方案，推销人员应当在最短的时间内对客户做出答复
延期答复	如果客户提供的信息不够充足，推销人员需要搜集更多的信息来判断问题的实质，或者推销人员没有足够的权限对客户投诉采取相应的行动，推销人员就可以延期答复客户，但应当明确地告知客户延期答复的时限，以及会通过何种方式通知客户投诉处理的进展
转移答复	对于超越自己职权范围的投诉，或者需要专业人员或机构进行答复的投诉，推销人员可以将其转移。推销人员转移投诉时，要确保将投诉转移给适当的人员或机构，并向这些人员或机构详细说明投诉的情况、转交相关材料，以排除客户与这些人员或机构进行沟通时的障碍

（7）及时跟进，适时回访

推销人员要对客户投诉的处理情况进行及时跟进，了解问题的处理状态，直到问题得到完美解决。在问题得到解决后，推销人员要对提出投诉的客户进行回访，询问客户对处理结果的满意度。及时回访体现了推销人员对客户的诚意和重视，有利于给客户留下良好的印象，提高客户的忠诚度。

推销人员应记录好处理客户投诉的每一个环节，将客户投诉的问题、处理的过程和解决的方案都记录下来，如表7-5所示，并存档，以便日后跟进。此外，企业和推销人员要进行定期总结和检讨，从客户投诉中总结经验和教训，以降低将来发生类似投诉事件的概率。

表7-5 客户投诉跟进表

接待投诉人员				
客户姓名		投诉日期	购买商品和购买时间	
客户地址			联系方式	
推销商品人员				
客户投诉细节				
第一次投诉跟进				
第二次投诉跟进				
投诉处理结果		时间	审核	

经验之谈

推销人员在处理客户投诉的过程中要注意规避以下错误做法。

（1）推销人员在未找到问题的实质之前就开始承担责任，一味地向客户道歉或者批评同事。这样只会让自己陷入被动境地。

（2）推销人员与客户争辩、争吵，只向客户强调自己正确的方面，且言辞激烈，带有攻击性。

（3）推销人员怀疑、批评、讽刺客户，或者以"这种事情绝对不会发生"为由直接拒绝客户。

（4）推销人员对客户的投诉表现出不耐烦的样子（如在客户陈述问题时东张西望、皱眉头、看手表等），或者为了让客户撤销投诉而为解决问题设置障碍、责难客户。

（5）推销人员向客户询问一些无关紧要的问题，以期找到客户的错误，无视客户真正的需求。

（6）推销人员言行不一，缺乏诚意，对客户做出承诺却不及时兑现，甚至对之前的承诺矢口否认。

学以致用

应对客户的投诉

根据下列客户投诉的原因设计应对策略，并将应对策略填入表7-6。

表7-6　应对客户的投诉

客户投诉的原因	应对策略
推销人员态度敷衍，对咨询的客户一副爱搭不理的样子	
保温壶存在质量问题，根本达不到24小时保温	

如春在花

处理好客户投诉是推销人员提高服务水平的重要环节。推销人员要懂得长远谋划，应该通过客户投诉自觉增强忧患意识和危机意识，清醒地认识到客户的真实需求，力求从客户的投诉中获得更多改进商品、改善服务的信息，从而做到未雨绸缪，化投诉为动力，化危机为契机。

案例链接

买不到的促销商品

一位顾客到超市购买某款促销商品却发现货架上空无一物，于是找来导购员，生气地说："你们这是什么超市！货架上都是空的。"

导购员听完顾客的抱怨，问道："您好，您有什么问题，我可以帮到您吗？"

顾客说："为什么我每次来你们超市购买促销商品都买不到！像这款洗衣液，促销海报上明明写着促销一个星期，今天是促销的第 3 天，就没货了，你们这是欺骗消费者！"

导购员听了马上解释道："我可以理解您大老远跑一趟却买不到自己想要的商品，心里一定不舒服。实在抱歉今天让您白跑了一趟。这款洗衣液太受欢迎，很快就售罄了，我们已经和厂商取得联系，但货还没有送到，您介不介意留下您的联系方式和姓名，货到了之后我马上通知您！"

顾客表示："好吧，这样也行，货到了一定要通知我。"

导购员连忙表示一定会及时联系顾客，顾客随后离开。洗衣液到货后，导购员马上通知了这位顾客。顾客买到了心仪的商品，并对导购员的工作表示了肯定。

智慧锦囊：面对顾客的抱怨，导购员先站在顾客的角度对顾客表示理解，这样容易让顾客觉得导购员是在为他着想，有效平息了顾客的愤怒。之后导购员向顾客说明了促销商品短缺的原因，打消了顾客对超市的怀疑。最后，导购员向顾客提出了解决方案，不仅让顾客购买到了心仪的商品，还给顾客留下了良好的印象，有效地将危机变成契机。

温故知新

一、填空题

1. _____是指推销人员或企业在将商品送达客户后所继续提供的各项服务。

2. _____是指客户因对商品质量或服务不满意而提出的书面或口头的异议、抗议、索赔和要求解决问题等行为。

3. 推销人员处理客户投诉的原则包括迅速处理、_____、_____、专业规范。

二、选择题

1. 下列关于处理客户退换货的说法不正确的是（　　　）。

   A. 如果是商品存在问题，推销人员应该真诚地向客户表示歉意，并按企业流程为客户办理退换货

   B. 如果是客户自身原因导致商品出现问题，推销人员应该拒绝为客户提供退换货服务

   C. 如果是因为客户对推销人员不满而引起的退货，推销人员应诚恳地向客户道歉，争取取得客户的谅解

   D. 如果是客户恶意索赔，推销人员应以正当理由坚决拒绝客户提出的退换货要求

2. 面对客户投诉，推销人员可以采取（　　　）的方法与客户建立共鸣。

   A. 复述客户的遭遇，描述客户的感受　　　　B. 不打断客户的话

   C. 认真倾听客户的投诉　　　　D. 在倾听客户的投诉时做出回应

3. 推销人员在与投诉的客户沟通时，要想发现客户的言外之意，把握客户的真正意图，需要关注（　　　）。

    A. 客户的感受   B. 客户的情绪

    C. 客户重复的话   D. 客户提出的问题

三、判断题

1. 在客户讲述自己退换货的原因时，推销人员要认真倾听，不可打断客户的讲话或者为自己辩解。（　　　）

2. 推销人员与客户建立共鸣就是要对客户表示同情。（　　　）

3. 如果投诉的客户提供了充足的信息，推销人员能够准确判断问题的实质，且自己有足够的权限提供合理的解决方案，推销人员应当在最短的时间内对客户做出答复。（　　　）

融会贯通

请同学们 5 人一组，完成以下任务。

（1）一人扮演服装推销人员，4 人扮演提出退换货要求或投诉的客户。

（2）推销人员分析客户的退换货要求或投诉，并根据具体情况为客户提供解决方案。

（3）互换扮演的角色，然后总结在处理客户退换货或投诉的过程中遇到的不同情况，并总结应对这些情况的方法。

请教师与学生一起完成表 7-7。

表7-7　推销人员处理客户退换货或投诉训练评测表

评价方式	处理客户退换货或投诉时的态度（2分）	分析客户退换货或投诉的原因（3分）	处理客户退换货或投诉过程中的表现（3分）	提出合理的解决方案（2分）	总分（10分）
自我评价					
小组评价					
教师评价					

任务三　维护客户关系

对于推销人员来说，客户是非常宝贵的资源，维护好自身与客户的关系，有利于让客户给自己带来长久的利益。小艾认为维护好自身与客户的关系可以从提高客户满意度和客户忠诚度两个方面来进行。

活动一　提高客户满意度

客户对商品或服务的满意程度对推销人员的业绩有着不可估量的影响。推销人员要采取各项措施努力提高客户对商品或服务的满意度。

1. 管理客户期望

客户期望是指客户在购买、消费商品或服务之前对商品或服务为自己解决问题或提供解决问题方案的能力大小的预期。

推销人员对客户期望进行管理是通过了解客户期望，对客户需求进行分析，进行期望管理反馈，开展期望动态管理等一系列管理客户期望的流程和机制来实现的。

（1）了解客户期望

了解客户期望是指推销人员要了解客户对商品或服务的具体期望和需求。推销人员可以通过开展客户满意度调查、商品或服务质量现场问卷调查，以及收集客户意见反馈和客户投诉等方式收集客户信息，如客户基本信息、客户消费水平、个人偏好、服务反馈等。这些信息是推销人员做好客户期望管理的基础，能为推销人员开展客户需求分析及客户期望水平预估提供数据支持。

例如，一个客户反馈某企业的会员生日赠品没有特色，不能制造惊喜感，而且毫无实用性。推销人员可以通过该信息推断出，该客户对于会员生日赠品这项服务有着较高的期望。现实情况可能是会员客户第一次收到推销人员赠送的生日贺卡时会感到非常惊喜，但随着时间的推移，客户每年收到的生日礼物都是贺卡，即使推销人员为客户提供的服务质量没有降低，客户也已经对这项服务有了心理预期，而且单一的服务形式会导致客户的惊喜感逐渐降低，最终导致客户满意度下降，甚至产生抱怨。由此可见，客户对推销人员所提供的服务反馈意见是评估客户期望管理的重要信息。

（2）对客户需求进行分析

对收集的客户需求进行分析并做出评估和判断，是推销人员进行客户期望管理反馈的前提。推销人员对客户需求进行分析，主要是分析客户需求的合理性、合法性、重要性，以及其可能会产生的后果。

合理性是指结合推销人员、企业和客户所处的背景来看，客户提出的需求是否是合适的，其评判的主要依据是社会标准、行业标准和企业自身的承诺。例如商品出现损坏，客户提出10倍赔偿，这显然超出企业既有的服务承诺，是不合理的要求。

合法性是指客户提出的需求是合法的，推销人员和企业满足客户的需求不存在违反法律法规的风险。

重要性是指客户提出的需求对客户感知价值和满意度、对企业形象和经营的影响程度。客户需求对企业运营产生的影响越大，对于企业来说该客户的需求越重要。例如，某客户是企业的重要客户，那么与一般客户的需求相比，该客户的需求显然更重要。又如，有多个客户有同样的需求（在这些客户没有进行商量的前提下），那么这样的需求与那些非常个性化的需求相比也是更为重要的。

后果是指企业和推销人员满足特定客户的需求会对其他客户的需求、对企业未来的经营所造成的影响。

根据客户需求的合理性、合法性、重要性及其可能会产生的后果，客户需求可以分为 5 种类型，5 种客户需求及其特点如表 7-8 所示。

表7-8 5种客户需求及其特点

客户需求	特点	示例
客户基本的、必须被满足的需求	推销人员明确承诺的或符合社会要求的一般性的客户需求，是理所应当被满足的。假如这种需求不能被满足，客户会非常不满意	为客户提供售后服务
客户合理的、应当被满足且可以被满足的需求	客户希望推销人员和企业能提供的，但推销人员和企业对此没有做出明确承诺的需求；这种需求虽不符合社会的一般标准，但这种需求是合理的，是应当被满足且推销人员和企业也有能力满足的	客户希望推销人员和企业能在规定的时间内对投诉进行回复和有效处理
客户期望的、合理的、应当被满足但无法被满足的需求	通常是竞争对手提供的但推销人员和企业无法提供的，或者因为推销人员和企业宣传表达不明确造成客户产生的较高的需求。该类需求的某一部分可能是合理的，但基于推销人员和企业的现状，推销人员和企业是没有办法满足的	和竞争对手一样的服务和发货速度
客户期望的但不应当被满足的需求	客户的需求不合理/不合法，或者满足客户的需求会给企业造成较大的损失或危害	部分客户发现商品问题后狮子大开口，提出巨额赔偿
惊喜需求	客户一致认为该需求是无关紧要的，对商品或服务本身没有什么影响。但一旦被满足，客户就会非常高兴和满意	对会员客户赠送生日礼物，会员客户可以享受超值打折

（3）进行期望管理反馈

期望管理反馈是指推销人员针对上述提到的 5 种客户需求制定具体措施，并通过各种方式反馈给客户。

①制定分级服务标准

推销人员应针对不同的客户需求推出不同的基础服务、期望服务、惊喜服务等。推销人员可以对客户的基本需求和客户期望的、合理的、应当被满足但无法被满足的需求进行优先资源配置，同时控制惊喜需求的投入成本，为客户提供非周期性、非常规性的惊喜，这样有利于避免客户因为较高的心理预期而产生需求层次的"掉落"。

②制定分级服务承诺

对于已经广泛推出的、属于客户基本需求层次的服务，推销人员要形成统一的标准，并说明服务内容和流程，使客户了解服务的相关信息，从而使客户的需求合理化。对于为客户提供的惊喜需求，推销人员提出的服务承诺水平不能过高，以免自己承诺的服务不能满足客户过高的心理预期。推销人员向客户提出的惊喜服务承诺，以达到制造惊喜、提高客户满意度为准即可。

（4）开展期望动态管理

客户期望会受到社会环境、行业环境、推销人员和企业的服务水平、客户自身经历等诸多因素的影响，并且会随着影响因素的变化而变化，所以推销人员对客户期望的管理也需要保持动态调整。例如，随着时间的推移，一些在过去看起来可能合理但无法被满足的需求或惊喜需求会变成客户的基本需求，此时推销人员就应当及时调整客户期望管理方式。

此外，需要注意的是，客户对基础服务的需求是相对刚性的。因此，对于基础服务，推销人员要保持稳定的水准；对于存在的一些问题，推销人员要与客户进行充分沟通，向客户解释原因，合理引导和控制客户期望。

2. 提高客户感知价值

客户感知价值是客户在感知到商品或服务的利益后，减去其在获取商品或服务时付出的成本，从而得出的对商品或服务效用的主观评价。

推销人员可以从两个方面提高客户感知价值：一方面，提高客户的总价值，包括商品价值、服务价值和人员价值；另一方面，降低客户的总成本，包括货币成本、时间成本、精神成本和体力成本。

（1）提高商品价值

商品价值是客户需求的中心，是客户购买商品的首要因素，也是影响客户感知价值的主要因素。商品价值越高，客户感知价值也就越高。推销人员应该不断提高商品价值，从而提高客户感知价值。

① 不断创新

任何商品都有生命周期。随着市场的成熟，原来的商品带给客户的利益空间越来越小，客户会对商品产生新的需求。因此，推销人员要顺应客户的需求趋势，不断地根据客户的意见和建议，站在客户的立场上为客户推荐适合其需求的商品，这样有利于不断提高客户感知价值，从而提高客户满意度。

② 保证商品质量

商品质量是提高客户感知价值和客户满意度的基础，高质量的商品本身就是维系客户的有效手段。推销人员要向客户提供有质量保证的商品，用高品质的商品赢得客户的信赖。

（2）提高服务价值

服务价值是指伴随商品的出售，推销人员为客户提供的商品介绍、商品运输、商品安装、商品维修等服务所产生的价值。

随着客户购买力水平的提高，客户对服务的要求也越来越高，服务的质量对客户购买决策的影响越来越大，给客户提供优质的服务已经成为提高客户感知价值和客户满意度的重要因素。这就要求推销人员站在客户的角度，想客户所想，在服务内容、服务质量、服务水平等方面提高档次，为客户提供高质量的售前、售中、售后服务，帮助客户降低时间成本、精神成本、体力成本，从而提高客户感知价值和客户满意度。

（3）提高人员价值

人员价值是指推销人员的工作效益与作风、业务能力、应变能力，以及服务态度等产生的价值。一个综合素质高的推销人员能为客户带来优质的服务，提供较高的感知价值。

（4）降低货币成本

货币成本是指客户在购买商品或服务时支付的金额。推销人员应在保证企业利润的前提下，让客户以较低的货币成本获得较好的商品或服务。

（5）降低时间成本

时间成本是指客户在购买商品或服务时花费的时间。在相同情况下，客户购买商品或服务花费的时间越短，客户感知价值越高。因此，推销人员要在保证商品或服务质量的前提下，尽可能减少客户的时间支出，从而降低客户购买的总成本，提高客户感知价值和客户满意度。

（6）降低精神成本

精神成本是指客户在购买商品或服务时消耗的精神。推销人员降低客户精神成本的常见做法是在自己能力范围内为客户提供一定的承诺与保证。客户在购买商品或服务的过程中可能会面临一些风险，如商品或服务与客户期望不符、商品价格产生波动、商品存在安全隐患等，这些都会让客户产生精神压力，如果推销人员不能降低客户的精神成本，客户的感知价值就会较低。

（7）降低体力成本

体力成本是指客户在购买商品或服务的过程中消耗的体力。客户在购买商品或服务中需要付出一定的体力，如果在购买商品或服务时付出的体力较少，客户的感知价值就会较高。

因此，推销人员在为客户提供商品或服务的过程中可以为客户提供相关附加服务，降低客户为购买商品或服务所花费的体力成本，以降低客户购买商品或服务所花费的总成本，从而提高客户的感知价值。

活动二 提高客户忠诚度

客户忠诚是指客户对某名推销人员产生好感、形成偏好后，会长期、频繁地购买该推销人员推销的商品或服务的行为。小艾认为，客户是推销人员必须维护好的重要资源，推销人员在争取新客户的同时，还应该注意培养和提高老客户的忠诚度，使其成为自己的忠诚客户。

推销人员可以采用以下策略提高客户忠诚度。

1. 赢得客户的信任

赢得客户的信任是推销人员获得忠诚客户的前提和关键，推销人员可以采取以下措施来赢得客户的信任。

（1）推销人员要树立"以客户为中心"的服务理念，想客户所想，急客户所急，解客户所难，为客户提供符合他们需求的商品或服务，赢得客户对自己所推荐商品或服务的信任。

（2）推销人员要尊重客户的隐私权，保证客户的信息安全，从而赢得客户对自己的信任。

（3）推销人员要重视客户的抱怨与投诉，积极采取措施妥善地解决客户的抱怨与投诉，向客户彰显自己的诚意，从而赢得客户对自己的信任。

2. 加强与客户的情感联系

推销人员在与客户建立交易关系后，还要努力加强与客户的情感联系，巩固和强化与客户之间的关系，增加客户精神上的转换成本。推销人员可以通过以下方法与客户加强情感联系。

（1）推销人员可以通过面谈、打电话、发微信、发短信、上门拜访的方式与客户沟通，及时了解客户对商品的使用情况、对商品的想法和意见等，并及时将这些信息反馈给企业相关人员，以便不断改进商品或服务。

（2）推销人员可以在新品上市、企业周年庆，以及企业举办优惠活动的时候，给客户寄送资料、优惠券、纪念品等，或者邀请客户前来参加企业举办的庆典活动。

（3）推销人员可以在国内重要节庆活动到来之际，通过打电话、发微信、发短信、发电子邮件的方式向客户表示节日问候，也可以向客户赠送小礼品。

（4）推销人员可以在客户重要的日子，如客户及其家人过生日时，向他们赠送礼品或贺卡，表达真诚的祝福。

3. 奖励老客户

推销人员可以通过对客户进行奖励来提高客户的忠诚度。例如，推销人员可以向客户提供折扣、赠送具有一定价值的礼品或奖品、提供以旧换新服务等，降低客户重复购买的成本，从而提高客户的忠诚度。

 知识窗

通常来说，客户忠诚的特征表现在以下3个方面。

（1）行为特征

客户忠诚的行为特征体现为客户会从同一名推销人员手中重复购买商品或服务。这种重复性的购买行为可能源自客户对推销人员的偏好和喜爱，也可能是出于习惯，还有可能是因为推销人员能为他提供与众不同的优惠。

（2）心理特征

客户忠诚经常体现为客户对推销人员所提供商品或服务的高度依赖。这种高度依赖来源于客户在之前购买商品或服务的过程中形成的满意和信任。

（3）时间特征

客户忠诚具有时间特征，体现为客户在一段时间内不断关注与购买推销人员所提供的商品或服务。

知识窗

📝 **如春在花**

客户服务的本质是挖掘客户的深层次需求，提高客户满意度。在为客户提供服务的过程中，推销人员要树立正确的服务意识，坚持以人文本、尊重客户，坚持以满足客户需求为出发点，为客户提供专业化、高品质的服务。

温故知新

一、填空题

1. 客户期望是指客户在购买、消费商品或服务之前对商品或服务为自己_____或_____的能力大小的预期。

2. _____是客户在感知到商品或服务的利益后，减去其在获取商品或服务时付出的成本，从而得出的对商品或服务效用的主观评价。

3. _____是指客户对某名推销人员产生好感、形成偏好后，会长期、频繁地购买该推销人员推销的商品或服务的行为。

二、选择题

1. 推销人员对客户需求进行分析，主要是分析客户需求的（　　　），以及其可能会产生的后果。

  A. 合理性、合法性、重要性　　　　　B. 合理性、合法性、正确性

  C. 合规性、合法性、重要性　　　　　D. 合理性、合规性、重要性

2. 下列关于提高客户感知价值的做法正确的是（　　　）。

  A. 降低商品价值　　　　　　　　　　B. 降低人员价值

  C. 降低货币成本　　　　　　　　　　D. 提高时间成本

3. 下列关于赢得客户信任方法的说法错误的是（　　　）。

  A. 树立"以客户为中心"的服务理念，想客户所想，急客户所急，解客户所难

  B. 尊重客户的隐私权，保证客户的信息安全

  C. 重视客户的抱怨与投诉，积极采取措施妥善地解决客户的抱怨与投诉

  D. 向忠诚客户提供奖励

三、判断题

1. 客户基本的、必须被满足的需求是指推销人员明确承诺的或符合社会要求的一般性的客户需求。（　　　）

2. 服务价值是客户需求的中心，是客户购买商品的首要因素。（　　　）

3. 为了提高客户满意度，推销人员应该不顾企业利益，让客户以最低的价格获得较好的商品或服务。（　　　）

融会贯通

请同学们4人一组，完成以下任务。

（1）一人扮演推销人员，3人扮演客户。客户甲是推销人员刚开发的新客户，从推销人员手中购买过1次商品；客户乙从推销人员手中购买过5次商品；客户丙是推销人员的老客户，与推销人员形成了比较稳定的关系，经常从推销人员手中购买商品。

（2）针对3位不同的客户，推销人员制定了不同的方案，想进一步提高客户的忠诚度。请教师与学生一起完成表7-9。

表7-9　推销人员提高客户忠诚度训练评测表

评价方式	明确客户与推销人员的关系特点（1分）	赢得客户的信任（3分）	加强与客户的情感联系（3分）	奖励老客户（3分）	总分（10分）
自我评价					
小组评价					
教师评价					

答疑解惑

"职场情境"中提到，为了及时回收货款，小艾需要做好回收货款的准备、掌握回收货款的技巧。

（1）做好回收货款的准备

为了降低回收货款的难度，在与客户签订合同时，小艾就应在合同中明确地写明支付货款的标准、方式等内容，并保存好相关凭证。大多数客户能在合同约定的时间内支付货款。

（2）掌握回收货款的技巧

对于个别未在合同约定的时间内支付货款的客户，小艾可以通过打电话或上门面对面交谈的方式要求客户支付货款。在要求客户支付货款时，小艾应该先弄清楚客户未按时支付货款的原因。小艾可以这样说："罗先生，按照合同约定您应该在半个月前支付上次的货款，但您现在还未支付，是遇到什么麻烦了吗？"待客户说明未按时支付货款的原因后，小艾可以根据实际情况采取适当的措施帮助客户解决困难，以便客户快速支付货款。

在为客户提供售后服务时，小艾需要处理好客户的退换货要求和投诉。

（1）处理客户的退换货要求

如果客户提出了退换货要求，小艾应该礼貌地接待客户，询问清楚客户要求退换货的原因。小艾可以这样说："您好，请问您为什么要求退货？"待客户说明原因后，小艾可以根据具体情况向客户提供解决方案。

例如，客户答道："这几款上衣的板型不好，在我们店的销量非常差，我想退了。"此时，小艾可以根据公司规定，为客户提供解决方案。如果公司允许客户退货，小艾确定该客户的商品符合退货要求后，可以为客户退货。如果公司规定商品未出现质量问题时不能退货，小艾就可以向客户提出换货方案："罗先生，是这样的，公司规定非商品质量问题不允许退货。但是我可以帮您把这几款上衣换成销量较好的上衣，其中有两款是我们公司今年的新款，非常受消费者的欢迎。"通常情况下，客户会同意这个方案。

（2）处理客户投诉

对于客户投诉，小艾接待客户后，应该先问清楚客户投诉的原因。小艾可以这样说："您好，我非常理解您现在的心情，不过您可以详细地说明一下您遇到的问题吗？"客户说明自己投诉的原因后，小艾要找出客户投诉的真正目的。小艾可以这样说："您说的情况我了解了，那么您想要我们怎样解决问题呢？"客户说明自己的想法后，小艾要判断客户提出的要求是否符合公司规定、是否在自己的权限内，再根据情况向客户做出答复。

对于维护客户关系，小艾认为自己要从提高客户满意度和客户忠诚度两个方面来进行。

（1）提高客户满意度

小艾应该不断提高自身的工作能力和职业素养，为客户提供更高品质的服务，在公司规定的范围内和保证公司利润的前提下，让客户以较低的价格获得较好的商品或服务。对于客户提出的符合公司规定的需求，小艾可以适当地满足。此外，在能为客户提供上门服务的情况下，小艾可以选择上门为客户服务，以降低客户的时间成本和体力成本。

（2）提高客户忠诚度

待客户使用商品一段时间后，小艾可以通过打电话、上门拜访的方式对客户进行回访，询问客户使用商品的感受、对商品的意见等。例如，小艾在通过打电话对客户进行回访时可以这样说："罗先生，您选择的那几款服装的销售情况怎么样？哪款卖得最好？对于服装的板型设计，您有什么意见或建议吗？在服装销售中您有没有遇到什么问题，如果有问题您可以寻求公司的帮助。"

在客户生日那天，小艾可以向客户发送这样的问候短信："今天是您的生日，华美服饰小艾祝您生日快乐！"在公司新品上市之际，小艾可以向客户发送信息："您好，华美服饰推出新款服装，于2024年2月10日举办新品发布会，诚邀您光临。"

项目八

实施网络推销

职场情境

　　为了拓宽服装销售渠道，公司在淘宝网开设了网店，并组建了网店运营部。网店运营部紧跟市场发展趋势，在日常销售的同时还进行直播，以提高网店内商品的销量。小艾服从公司的职位调动，成为网店运营部的一名客服。小艾的主要工作是接待进店咨询的买家，如回复买家的咨询，消除买家的疑虑，并尽可能地引导买家下单并付款。此外，小艾还需要根据部门安排不定期地参与直播活动，并担任主播向观众推销商品。

　　网店运营一段时间后积累了一定数量的粉丝，网店运营部主管安排小艾组建社群，并通过社群开展营销活动。

学习目标

知识目标

1. 掌握实施网店推销的技巧。
2. 掌握实施直播推销的技巧。
3. 掌握实施社群推销的技巧。

技能目标

1. 能够在网店推销中回复买家的咨询、消除买家的疑虑。
2. 能够分析买家未支付的原因，并引导买家完成支付。
3. 能够在直播中全面讲解商品，并通过互动活动提高直播间的人气。
4. 能够确定社群名称、口号和Logo。
5. 能够通过社群开展线上分享活动、线下活动。

素养目标

1. 弘扬爱岗敬业精神，坚持服务制胜的理念。
2. 提高心理素质，培养自信、乐观、平和的心态。
3. 培养与提高组织协调能力。

任务一　实施网店推销

任务描述

在担任网店客服期间，小艾每天主要的工作就是接待进店咨询的买家，努力获得买家的需求，对买家进行精准营销，最终促成订单。经过一段时间的工作，小艾总结出了网店推销的基本流程：热情接待买家、回复买家的咨询、消除买家的疑虑、引导买家付款、礼貌地与买家告别。客服人员在任何一个环节没有接待好买家，都有可能导致订单丢失。

任务实施

活动一　热情接待买家

买家在购物过程中产生疑问时会咨询客服人员。对于买家发来的咨询信息，客服人员要及时做出反应，快速、热情地接待买家，这样才有可能延长买家在网店停留的时间，并实现订单转化。

客服人员可以使用下面列举的话术接待买家。

①"您好！欢迎您访问我们的网店，我是您的专属客服××（客服人员昵称），很高兴为您服务（可在结尾处添加表示'笑脸'的表情符号）。"

② "您好，欢迎光临本店，我是您的专属客服××（客服人员昵称），很高兴为您服务，请问有什么能够帮到您（可以在结尾处添加表示'可爱'的表情符号）？"

③ "您好，请问您有什么问题，我们会尽力为您解答。"

④ "欢迎光临本店，请问您有什么问题需要咨询？"

⑤ "在的，欢迎来到××××（网店名称），客服××（客服人员昵称）马上为您服务！请允许我先看下聊天记录，找到您的疑惑点。"

⑥ "在呢，等您很久啦！有什么可以帮到您？"

⑦ "您好，很高兴成为您的专属导购，有什么可以帮到您呢？"

⑧ "××先生，您好，欢迎您再次光临小店，这次您想购买哪款衣服呢？"

> **经验之谈**
>
> 客服人员在与买家沟通时可以根据沟通的内容使用一些能够表情达意的表情符号，一个合适的表情符号有利于让买家产生亲切感，拉近买家与客服人员的心理距离。

活动二　回复买家的咨询

客服人员对买家表示欢迎后，就要接待买家，准确地回复买家的咨询。通过经验积累和对其他网店的分析，小艾发现买家较常咨询的问题集中在以下两个方面。

1. 与商品相关的问题

买家咨询的问题主要是围绕商品本身进行的，如商品质量问题、商品规格或尺寸问题、商品使用注意事项、商品周边信息等。这就需要客服人员对商品足够熟悉，对商品的各项信息有深刻的认知，能够为买家提供准确的回复。当买家咨询与商品相关的问题时，客服人员可以采用表8-1所示的策略来应对。

表8-1　买家常咨询的与商品相关的问题及其应对策略

买家常咨询的与商品相关的问题		应对策略	示例
商品质量问题	买家向客服人员咨询商品的性能、使用材料、使用寿命、安全保障等问题	客服人员向买家详细地介绍商品的性能、使用材料、使用寿命、安全保障等。为了增强说服力，客服人员可以向买家展示商品相关的检测证明、证书等	买家："请问这款婴儿车的车架使用的是什么材料？" 客服人员："您好，这款婴儿车的车架使用的是高强度铝合金材料，外层使用的是象牙白防锈烤漆，既时尚美观又坚固耐用！"
商品规格问题	买家向客服人员咨询服装、鞋子的尺码，箱子、杯子、家用电器的体积、容量、尺寸等	客服人员要清楚不同尺码的服装、鞋子的差异，向买家推荐合适尺码的服装、鞋子。客服人员在向买家解释箱子、杯子、家用电器的规格时，不仅要说明具体的数据，还应为买家提供可对比参考的实物。如果客户有需要，客服人员还要告诉买家如何计算要购买的商品的长度、体积等	买家："你好，身高165厘米、体重55千克，这款风衣应该买多大码？" 客服人员："您好，这款风衣是标准尺码，您的身高、体重比较标准，您可以购买L码哦！" 买家："好的，那我拍L码吧，谢谢啦！" 客服人员："不客气，感谢光顾，期待您下次再来！"

续表

买家常咨询的与商品相关的问题		应对策略	示例
商品使用注意事项	买家向客服人员咨询商品在使用时需要注意哪些事项、商品如何保管或保养等	客服人员详细地向买家说明使用商品时的注意事项，商品的保管或保养方法等，以增强买家对网店的信任	买家："我挺喜欢这款羊绒大衣的，清洗大衣的时候应该注意什么？"客服人员："您好，这款羊绒大衣需要干洗，不能水洗。"
商品周边信息	买家向客服人员咨询如何辨别商品的真伪、如何领取发票、能否指定快递等问题	客服人员可以向买家详细说明辨别商品真伪的方法，并提供商品拥有的鉴定证书，以及可以验证商品真伪信息的网站等；详细说明领取发票的方法；在条件允许的情况下按照买家的要求发相应的快递等	买家："你家的洗面奶是正品吗？"客服人员："您好，我们是××品牌授权店铺，拥有品牌授权（向买家展示品牌授权文件），而且小店所有商品都是直接找品牌方拿货，商品上也有防伪二维码，您扫描二维码就可以对商品进行验证。"

2. 请客服人员推荐

有些买家因为对商品不了解而不知道选购哪一款时会请客服人员推荐商品。此时，客服人员就需要挖掘买家的需求，并根据自己对商品的了解为买家推荐合适的商品。

客服人员在向买家做商品推荐时要注意以下事项。

（1）明确买家的需求

客服人员要先明确买家的需求，再根据买家的需求有针对性地推荐商品。客服人员可以通过以下方法明确买家的需求。

① 分析买家咨询的问题

有些买家在咨询时会直接提出自己的需求，此时，客服人员要善于分析买家咨询的问题，从中寻找能够反映买家需求的关键信息。例如，一位买家问道："入冬了，皮肤很干燥，保湿效果好的商品有什么推荐吗？"该买家直接提出了自己的购买需求，此时，客服人员抓住"皮肤很干燥""保湿效果好"两个关键信息来为该买家推荐商品即可。

② 分析买家的订单

有些买家会在下单未付款的情况下向客服人员咨询商品信息，此时客服人员可以在分析买家订单的基础上再稍加询问买家。例如，一位买家拍下了一款玩具，该玩具的商品标题中有"婴幼儿""益智"等关键词，客服人员就可以将该买家的需求定位为"适合婴幼儿玩的益智类玩具"，再向买家推荐适合婴幼儿玩的其他益智类玩具。

（2）提供合理的购买建议

有些买家在面对多款符合自己需求的商品时会犯难，他们可能会向客服人员寻求帮助，此时客服人员要重点考虑图 8-1 所示的因素，对这些商品进行对比，然后向买家提供合理的购买建议。

例如，一位买家想购买一款羽绒服，她对羽绒服的需求是长款、价格实惠、易清洗，在某个网店发现 3 款羽绒服都符合自己的需求后，她不知道如何取舍，于是咨询了客服人员。面对这种情况，客服人员可以按照以下方法为买家提供购买建议。

图8-1　客服人员在向买家提供合理购买建议时要重点考虑的因素

客服人员可以先询问买家喜欢宽松款的羽绒服还是修身款的羽绒服，并分别向买家介绍两种款式羽绒服的优缺点；客服人员再让买家选择羽绒服的颜色，并说明不同颜色羽绒服的优缺点；客服人员确定买家喜欢的款式、颜色后，可以向买家说明各款羽绒服的销量、其他买家的评价情况，并结合自己对各款羽绒服的了解说一说自己对它们的评价；客服人员最后为买家提供一个合理的购买建议。

（3）适当推荐关联商品

关联商品是指与主力商品搭配销售的商品，它能提高主力商品的客单价。在向买家推荐商品时，客服人员可以适当地向买家推荐配套商品、互补商品、促销商品，以提高客单价。

① 推荐配套商品

有些商品必须搭配其他商品才能使用，例如，打印机必须有墨盒、打印纸等才能正常使用，画笔要搭配画纸使用。买家购买此类商品后，客服人员可以向买家推荐配套商品中的其他商品。

② 推荐互补商品

互补商品是指能实现功能互补的商品，如衬衣和领带、裙子和打底裤等。客服人员向买家推荐具有互补功能的商品，能让买家获得更好的购物体验，给买家留下专业、周全的印象。

③ 推荐促销商品

对于没有必要配套使用或没有互补商品的商品，客服人员可以有选择性地向买家推荐网店内的促销商品，通过促销的价格利益刺激买家购买。

（4）让买家享有购买选择权

客服人员在向买家推荐商品时一定要清楚地知道：购买选择权在买家手中。因此，客服人员不要一味地向买家介绍商品有多好，而要在每次介绍完商品的性能后向买家进行确认，确认买家是否理解自己的意思、是否认同自己的讲解、是否有其他的想法等，最终让买家决定是否购买商品、购买哪款商品。

　经验之谈

在与买家沟通的过程中，客服人员难免会遇到一些不便于直接回答的问题，此时客服人员可以使用反问句来回复买家的问题。例如，买家询问："这款双肩包还有银灰色的吗？"客服人员最好不要直接回答"没有"，可以这样回复买家："您对卡其色、棕色、黑色的双肩包不满意吗？这款双肩包暂时只有这3种颜色，实物比图片更漂亮呢！"这种回复更容易让买家考虑网店现有的货源，从而为网店挽留一部分客源。

📖 **案例链接**

为买家提供选择空间

买家："客服在吗？"

客服人员："在的！客服小涵为您服务，请问您有什么需要？"

买家："我想买一件秋款上衣，你有什么推荐吗？"

客服人员："本店目前销量较好的秋款上衣是卫衣和长袖衬衫，不知道您更喜欢哪种呢？"

买家："卫衣吧。"

客服人员："您喜欢卫衣的话可以重点看看本店的 A 款和 B 款哦，这两款的销量和评价都非常好。"

买家："嗯，我比较喜欢 B 款。"

客服人员："您的眼光真好，这款卫衣是今年的新款。不知道您更喜欢哪个颜色呢？"

买家："我喜欢亮一点的颜色。"

客服人员："那您可以选择牛油果绿和米色。"

买家："啊，这让我有点纠结了，我感觉这两种颜色都不错。"

客服人员："您可以各买一件啊，这样您还可以参加本店'第 2 件半价'的优惠活动。"

买家："嗯，那我各买一件吧。"

智慧锦囊： 在此次沟通中，客服人员通过一次次为买家提供选项的方式，逐步明确买家的需求，并成功引导买家下单。可见，客服人员在与买家沟通的过程中可以适当地为买家提供一些选项，让买家在选项中做选择，这样可以让买家觉得自己掌握着购物的主动权。客服人员在为买家提供选项时应控制好选项的数量，选项的数量不宜过多，否则可能会让买家面对众多选项而无法做出决定。

不同的买家在咨询客服人员后会做出不同的反应，有些买家可能会直接下单并支付订单，有些买家可能还会继续犹豫。客服人员要能够根据买家在咨询后表现出的不同行为做出不同的反应。经过一段时间的实践，小艾总结出了买家咨询后会出现的一些常见行为，并有针对性地制定了应对方法，如表 8-2 所示。

表8-2　买家咨询后会出现的一些常见行为及其应对方法

买家行为	应对方法
不回应客服人员的询问	5分钟后再次联系买家，询问其需求
对商品存在疑惑且未下单	以专业的知识为买家介绍商品的各个方面，让其全面、详细地了解商品
迟疑不决，想再考虑考虑	将买家的相关信息记录下来，包括买家的ID、具体需求、未下单原因，30分钟后再次联系买家。如果网店有促销活动，告知买家活动期限，刺激买家尽快下单
觉得价格太贵未下单	向买家介绍网店活动信息，如多件优惠、包邮、赠品等优惠
得知活动后仍未下单	10分钟后询问买家是否对活动信息存在不明白之处。若有，再次向买家介绍活动详情；若没有，再次向买家说明活动期限，刺激买家尽快下单

买家行为	应对方法
由于缺货未下单	将买家的ID、看中的商品信息、未下单原因等详细记录下来，以备后续跟进，并向买家表达歉意
下单后未付款	10～15分钟后再次联系买家，询问买家未付款的原因，并引导买家尽快付款

📋 经验之谈

客服人员在与买家沟通时尽量不要使用"保证""肯定""绝对"等带有绝对性的词汇，可以使用"尽量""争取""努力"等词汇，在向买家传达自己真诚态度的同时，也给自己留一点儿余地。

👤 活动三　消除买家的疑虑

小艾在做客服工作的过程中常常会遇到一些不停咨询的买家，让小艾既心急又疲于应付。后来，小艾经过总结和分析，发现出现这样的状况是因为自己不懂得在沟通过程中消除买家的疑虑。

在与买家沟通的过程中，客服人员要善于发现买家存在的疑虑，并能够想办法消除买家的疑虑。在消除买家的疑虑时，客服人员要有耐心，以积极的态度和优质的服务赢得买家的信任。具体来说，客服人员可以使用以下技巧消除买家的疑虑。

- 热情礼貌，积极回应。面对买家提出的疑虑，客服人员要保持热情礼貌的态度，有针对性地做出回应，不要使用自动回复，更不要让买家自己寻找解决问题的方法。
- 不与买家争辩。客服人员千万不能与买家争辩，以免引起买家的不满，导致客源流失。
- 明确买家疑虑的内容。对于买家的疑虑，客服人员不要急于回答，而要对买家的疑虑进行仔细分析，努力寻找症结所在，并与买家进行有效确认。
- 学会站在买家的角度考虑问题。客服人员要尊重买家，能够设身处地地考虑买家的需求，从而为买家提出合理的解决方法。

一般来说，买家的疑虑集中在商品、价格、物流、差评等方面。客服人员可以采用表8-3所示的参考话术应对买家的疑虑。

表8-3　应对买家疑虑的参考话术

买家疑虑		参考话术
关于商品的疑虑	关于新品的问题	①"您好，这款是我们品牌准备主打的××系列的新品哦！（如果新品有相应的活动也可以加上）" ②"您看的这款是我们店铺的经典款，不是新品，但这款卖得非常好。如果您想看我们店铺的新品，请移步我们的新品专区。（附上链接）"
	关于正品的问题	"××品牌目前仅有一家旗舰店，您大可放心。所有由我们旗舰店售出的商品上都会有品牌Logo、相应的吊牌及字印。如果您发现有其他商家盗用我们的商品图片，也欢迎您向我们提供线索，在此感谢您支持正品。"

续表

买家疑虑		参考话术
关于商品的疑虑	关于品质的问题	①"我们店铺所有的商品都接受专柜验货，您可以放心选购。" ②"关于品质问题您可以放心，我们不会上架有品质问题的商品。后期您在使用过程中遇到任何问题，可以随时联系我们哦！" ③"请您放心购买，我们店铺中的所有商品在出厂前都经过严格的质检，发货前也会有专业质检人员对商品进行二次检验，力求做到商品无品质问题。本店售出的商品支持7天无理由退换货售后服务。您如果有疑问，请联系我们。" ④"在收到商品的7天内，您若不满意我们的商品，就可以申请退款，但邮费需要由您承担，请谅解，谢谢！温馨提示：退回来的商品请保持吊牌完好，不要影响我们的二次销售哦！"
	关于尺寸信息的问题	①"您好，我们商品的详情页中有详细的尺寸信息，您在浏览商品的时候可以查找一下。至于您现在看的这款商品的尺寸信息是这个，您看一下。" ②"您好，我们是根据大多数人的情况进行尺码推荐的。每个人的具体情况会有所不同，您也可以根据自己的实际情况参考商品详情页中的尺码表哦！"
	关于品牌的问题	"是的，我们××（品牌名称）是一个全新的品牌，我们品牌的设计理念是××，希望您喜欢我们的商品，同时也欢迎您给我们提意见哦！"
	关于色差的问题	"我们所有的商品都是实物拍摄，但可能会因为显示器不同或其他原因出现轻微的色差，这都属于正常现象哦！"
	关于现货的问题	①"您看中的这款商品有现货，您可以放心拍哦！" ②"您好，非常抱歉您看中的这款商品已经没有现货了，您可以看一下××款哦。（附上商品链接）这款商品的价格与您看中的那款商品的价格也差不多呢，而且这款商品的销量和评价也非常好。" ③"真的非常抱歉，购买这款商品的买家较多，我们正在加紧补货，需要一点儿时间。我们店铺有款与之类似的商品是有现货的，为您介绍一下，您看可以吗？"
关于价格的疑虑	关于买家议价的问题	①"一分价钱一分货哦！这款商品的性价比超高，买家评价也很不错的。" ②"真的很抱歉，我们商品的价格是由公司统一制定的，线上线下价格体系相同。除了特殊活动外，您看到的商品标签价格就是商品的实际价格，我们致力于做诚实商家，不愿意给买家留下虚高标价再打折的印象，希望您能理解！" ③"我非常理解您的心情，但实在不好意思，公司规定不能降价。但是请您放心，我们的商品都有消费者保障服务支持，让您无后顾之忧。" ④"这款商品的性价比非常高，目前可以参加领券/满减活动，折算下来价格相当优惠哦！" ⑤"这款商品虽然没有折扣，但我们会为您提供一件赠品，赠品和这款商品完美适配。"
关于物流的疑虑	关于配送快递的问题	"您好，为了让您尽快收到商品，我们默认使用顺丰速运发货，并对商品进行保价。顺丰无法配送的地方则使用邮政速递。"
	关于指定快递的问题	"非常抱歉，我们可以给您发邮政速递，邮政速递更加安全，您放心，我们给您发的是邮政航空快件，不是平邮哦，物流速度还是很快的。"
	关于发货时间的问题	①"我们会在您支付后的48小时内发货。" ②"一般每天16:00之前完成支付的订单，会当天发货；16:00之后支付的订单就要第二天发货了。"
	关于优先发货的问题	"鉴于您情况特殊，为了让您按时收到商品，我已经向上级申请，并与仓库沟通确认，我们会在今天为您安排发货，请您注意查收哦！"
	关于送达时间的问题	"您好，发货后一般1~2天可送达××地区，如遭遇不可抗力因素，可能会有所延误，请谅解！"

续表

买家疑虑		参考话术
关于差评的疑虑	关于商品有差评的问题	①"商品一般都会存在差评，与差评相比，您更应该看重店铺的服务是否完善。我们店铺里的商品都有一年的质保服务，而且有专业、强大的售后客服团队为您提供服务。我们始终把商品的质量和服务放在第一位，相信您购买我们的商品后是不会失望的。" ②"我们始终坚持以真诚的态度销售商品，会及时解决买家反映的问题。×××类商品的售后服务很重要，我们的售后体系非常完善，请您放心。" ③"东西再好也会有人喜欢有人不喜欢，众口难调，商品到底好不好只有自己用了才知道。我们这款商品支持7天无理由退换货，对您来说也是一份保障。" ④"这款商品的评价绝大部分是好评哦，对于那些给出差评的买家，我们也很抱歉没有给他们带来完美的使用体验。我们已经对这些买家进行一一回访，帮助他们解决了相关问题，他们反馈还不错哦，您完全可以放心购买。"

📖 案例链接

灵活应对赢得订单

买家："这款马克杯能优惠一点儿吗？"

客服人员："非常抱歉，现在的价格已经是优惠价。不过，如果您购买这款马克杯，我可以送您一个和杯子比较搭配的勺子，这个勺子在小店的单价是6元。您看这样行不行？"

买家："嗯，这样也行。不过，我还有一点比较担心，杯子是易碎品，万一在运输途中损坏了怎么办？我以前就遇到过这种情况。"

客服人员："这一点您可以放心，我们在寄快递时非常小心，会将杯子单独放在一个小盒子中，再用一个大盒子作为外包装，小盒子内外会填充泡沫塑料。另外，我们也会在快递单上标明包裹中是易碎物品，提醒运输人员尽可能轻拿轻放，所以杯子在运输过程中被损坏的概率是比较小的。"

买家："你说的是概率比较小，但如果我不幸正好收到了一个损坏的杯子呢？"

客服人员："这个您不用担心，小店承诺破损包退。您如果收到的杯子是被损坏的，可以与客服人员沟通，并提供一些实质性的证据，如杯子拆开后破损的照片，小店会给您退款或重新发货。"

买家："那我就比较放心了，我就购买这款杯子吧。"

客服人员："好的，感谢您对小店的支持，您可以直接下单付款，我会为您的订单备注赠送勺子。欢迎您再次光临小店！"

智慧锦囊：客服人员向买家提供的赠品一般是与买家所购商品相关的物品，这样买家在使用商品时能够一起使用赠品。此外，客服人员要注意向买家强调赠品的价值，让买家觉得赠品是有用的。

对于买家提出的商品可能会被损坏的疑虑，客服人员在回复买家时要注意两点：一是强调在发货前会对商品进行严密包装，并详细说明包装商品的方式，以增强商品严密包装的说服力；二是做出损坏包退的承诺，让买家放心下单。

设计应对买家疑虑的话术

根据买家提出的疑虑设计回复话术，并将话术填入表8-4。

表8-4　应对买家疑虑的话术

买家疑虑	回复话术
"我发现商品评价中有人说这款裙子有色差。"	
"能给我发加急的快递吗？我着急用。"	
"能再优惠一点儿吗？"	

活动四　引导买家付款

小艾知道在售前环节，催付订单是影响商品成交转化率的重要因素之一，如果客服人员不能很好地完成订单催付，就很容易导致本来可以成交的订单最终因买家未付款而丢失。因此，小艾格外重视引导买家付款环节的工作。

1. 分析买家未付款的原因

买家下单后不付款的原因很多，客服人员如果能找准买家未付款的原因，然后对买家进行有针对性的催付提醒，成功挽回订单的概率就会提高很多。常见的买家未付款的原因及其应对策略如表 8-5 所示。

表8-5　常见的买家未付款的原因及其应对策略

买家未付款的原因	说明	应对策略
议价不成功	商品的价格不符合买家的心理价位	客服人员有技巧地问出买家的心理价位
	买家想获得更多的优惠	客服人员可以通过向买家赠送小礼品或提高买家会员等级的方式让买家觉得自己享受到了优惠
有所顾虑	买家仍然对商品存在顾虑	客服人员询问买家存在什么顾虑，并想办法消除买家的顾虑
要购买其他商品	买家想把所有商品一起支付	客服人员可以向买家介绍店内的搭配套餐，有符合包邮条件的一定要提醒买家注意包邮条件
不想在本店购买	买家经过货比三家，决定去其他店铺购买	客服人员可以向买家介绍本店商品、服务的优势，吸引买家在本店购买
	买家考虑后不想购买了	客服人员可以告诉买家商品销量非常高，建议买家尽早付款，并提醒买家不满意可以在7天内无条件退货。如果买家仍然不想购买，客服人员可以尝试向买家介绍店内的其他商品
支付时遇到问题	新手买家对支付流程不太熟悉，导致订单支付失败	客服人员要积极、耐心地引导买家完成支付操作
	买家余额不足、忘记支付密码等	客服人员可以建议买家使用其他支付方式支付，或者给买家一点儿时间处理遇到的问题

续表

买家未付款的原因	说明	应对策略
支付时遇到问题	买家误认为自己已经付款	客服人员可以提醒买家查看银行账户是否已经扣款。如果买家回复没有扣款，则提醒买家及时付款；如果买家回复已经扣款，则可能是系统延迟
	买家那边的网速慢造成付款失败	客服人员可以建议买家关闭暂时不使用的程序，或者建议买家稍后再付款，也可以提醒买家选择朋友代付

2. 催促买家付款

客服人员可以根据买家下单时间选择催付时间，如表8-6所示。在催付时，客服人员要尽量避开买家休息的时间。

表8-6　根据买家下单时间选择催付时间

买家下单时间	催付时间
当天上午	当天11:00—12:00
当天下午	当天发货前
当天晚上	第二天上午

在店内多次购买商品的买家通常对店铺是有一定的信任感的，对店铺内的商品也有一定的了解，对于这些买家，客服人员可以在交易关闭的前24小时内进行催付。

在整个催付环节中，催付用语非常关键。针对不同的情况，客服人员应当采取不同的催付话术。表8-7列举了一些不同场景下的催付话术供客服人员参考。

表8-7　不同场景下的催付话术

催付场景	催付话术
买家咨询后未下单	①"您好，您选得怎么样了？您看中的这款商品销量非常高，如果喜欢要趁早拍下哦！您越早支付订单，我们就能越早为您安排发货。如果您对商品还有疑问，我可以继续给您介绍哦！" ②"您好，很多人都在购买这款商品，您的眼光真好！不知道您在哪些方面还有疑问，有没有需要我帮助的呢？" ③"您选好了吗？我这边还没有看到您的订单呢，这款商品的库存不多，您如果喜欢这款商品就快些拍下吧。商品质量有保证，不会让您失望的。" ④"您拍下了吗？我这边还没有看见您的订单，不知道您有没有选择好呢，如果您还有什么疑问，我们可以帮您解决一下。您如果选好了商品，就尽快拍下付款吧！" ⑤"店铺刚上架了很多冬装新款，库存走量比较快。您有看中的就直接拍下，今天购买还可以参加店铺的优惠活动呢！" ⑥"您好，现在已经进入下午的发货高峰期。您如果有挑中的商品请尽快下单，我们今天就可以为您发货哦！" ⑦"您好，您还在考虑之前咨询的款式吗？您如果有问题，可以问我。您如果现在下单，我们就可以帮您尽快发货，给您安排妥善的售后服务哦。"

续表

催付场景	催付话术
买家咨询后 下单但未付款	① "温馨提醒: 大促活动期间的销售速度比较快, 为了避免自己喜欢的商品被别人拍完, 您需要尽快付款哦! " ② "您好, 我看到您的订单还没有付款, 您还有哪些问题, 我很乐意为您解答哦! " ③ "您好, 我很高兴看到您拍下了××商品。您留的地址对吗? 您能收到××快递吗? 为了让您尽快收到商品, 我们请您尽快付款哦! " ④ "您好, 我们已经帮您改好折扣啦, 为您申请了好久呢。请您尽快付款吧, 我们会马上给您发货哦! " ⑤ "建议您尽快付款, 以免您错失优惠哦! 温馨提醒: 付款后请第一时间与在线客服确认订单, 以保证我们给您尽快发货哦! " ⑥ "您好, 您的订单还没有支付, 如果您现在付款, 我们会优先发出您的包裹哦! " ⑦ "您好, 恭喜您在活动中抢到了我们的商品, 真的很幸运! 您还没有付款, 是遇到什么问题了吗? 再过一会儿, 交易就要自动关闭了, 一旦其他人在有货时完成支付, 您就会失去这次机会, 所以您尽快付款才能抢到商品哦! " ⑧ "亲爱的××(买家名称), 您在我们店拍下的商品还没有付款, 因为您是我们的老客户了, 我特意向店长申请了超级会员价格, 比您拍下时还便宜了不少呢! 请您尽快付款吧。"
买家静默下单但未 付款	① "您好! 看到您在我们店铺拍下的订单后, 我们已为您预留了商品。您如果方便, 请在17:00前付款, 我们会在今天给您发货。祝您购物愉快, 天天好心情! " ② "您好, 我们仓库是17:00统一发货, 您在17:00前方便付款吗? 我们可以准时给您发货, 这样您就能早一天收到我们的商品和礼物哦! " ③ "亲爱的××(买家名称), 您今天在我们店铺拍下的订单还没有付款哦, 我们是17:00发货哦! " ④ "您好, 现在我们会赠送每天前200名付款的人一份精美礼品, 您现在付款还来得及哦! " ⑤ "您好, 我们提供7天无理由退换服务, 还可以帮您购买运费险! 请尽快付款吧。"

客服人员完成首次催付后, 要及时地对催付结果进行备注, 以便后续对订单进行管理。备注的信息包括催付时间、买家反馈等。对于催付后仍未在预期的时间内完成付款的买家, 客服人员要根据备注适时地再进行一次催付, 以提高成功付款率。一般来说, 客服人员对买家进行催付的次数不宜超过3次。

经验之谈

如果买家在选购商品时一直犹豫不决, 客服人员不要不耐烦地催促买家, 而要耐心等待。例如, 客服人员可以这样回复买家: "您可以再考虑一下哦, 也可以再搜索一下同类商品, 有什么问题可以再找我哦。" "非常抱歉, 现在询单的顾客有点儿多, 您可以再考虑一下, 有任何问题可以再找我, 我一定细心为您解答! "

学以致用

设计引导买家付款的话术

根据列出的情景设计引导买家付款的话术, 并将话术填入表8-8。

表8-8　引导买家付款的话术

情景	引导买家付款的话术
买家想考虑一下，再决定是否购买	
买家想去其他店铺购买	
买家表示不想购买这款商品了	

活动五　礼貌地与买家告别

买家付款后，客服人员要礼貌地与买家告别，为售前工作画上圆满的句号。客服人员可以使用以下告别话术。

①"感谢您的咨询。您如果发现其他问题，也可以随时和我们联系。祝您购物愉快！"

②"感谢您对本店的支持。欢迎您随时联系您的专属客服××（客服人员昵称），我们将竭诚为您服务！"

③"感谢您选择××（店铺名称或品牌名称）的商品，我们会尽快为您寄出商品，也欢迎您再联系我们。"

④"感谢您选择××（品牌名称）的商品。您收到商品后有任何疑问，请第一时间联系我们，我们非常重视您的感受。"

⑤"欢迎您继续浏览店铺其他款式的包，您看到喜欢的可以随时与我联系哦！如果您有任何关于皮包保养方面的疑问或者需要其他帮助，欢迎咨询，我将竭尽全力为您服务。"

⑥"若有需要咨询的问题，请您随时联系我们，我们随时为您提供服务。您的满意是我们前行的动力，再次感谢您对我们的支持哦！"

⑦"感谢您选择我们的商品，请关注物流信息，及时验货签收哦！您如果不能提前验货，就不要扔掉我们的原包装，因为没有原包装是无法退换货的。"

⑧"期待您再次光临！如果您对本次购买的商品或服务不满意，请不要急于申请退款，恳请您先联系客服，我们会为您提供服务，直到您满意为止。"

⑨"感谢您对××（店铺名称或品牌名称）的支持！收藏店铺，您就可以快速找到我们啦！如果您在使用商品的过程中有什么疑问，请随时咨询在线客服哦。"

⑩"感谢您对××（店铺名称或品牌名称）的支持，期待下次为您提供优质的服务，祝您生活愉快。店铺定期有活动和上新，敬请收藏我们的店铺并多多关注。"

如春在花

爱岗敬业是中华民族的传统美德。网店客服人员要热爱自己的工作岗位，热爱本职工作，要用一种恭敬严肃的态度对待自己的工作。客服人员在为买家提供服务的过程中，要坚持服务制胜的理念，用优质的服务赢得买家的信任。

温故知新

一、填空题

1. 在网店推销中，买家较常咨询的问题集中在_____、_____两个方面。

2. 客服人员在向买家做商品推荐时要注意以下事项，即明确买家的需求、_____、_____、_____。

3. 在消除买家的疑虑时，客服人员需要做到热情礼貌，积极回应；不与买家争辩；_____；_____。

4. 对于在店内多次购买商品的买家，客服人员可以在交易关闭的前_____小时内进行催付。

5. 一般来说，客服人员对买家进行催付的次数不宜超过_____次。

二、选择题

1. 有些买家在面对多款符合自己需求的商品时会难以选择，他们可能会向客服人员寻求帮助。下列选项中，不属于客服人员在向买家提供合理购买建议时要重点考虑的因素的是（　　　）。

　　A. 商品的销量　　　　　　　　　B. 商品的上市时间

　　C. 商品的价格　　　　　　　　　D. 商品的实际效果

2. 下列选项中，不属于关联商品范畴的是（　　　）。

　　A. 雪地靴和袜子　　　　　　　　B. 手机和手机壳

　　C. 画笔和颜料　　　　　　　　　D. 春款卫衣和拖鞋

3. 一位买家向客服人员发起咨询，但是客服人员询问该买家的需求后，该买家并未做出回应。此时，客服人员应该（　　　）。

　　A. 放弃该买家

　　B. 5分钟后再次联系该买家，询问其需求

　　C. 将该买家的相关信息记录下来，包括买家的ID、具体需求、未下单原因

　　D. 10~15分钟后再询问该买家未付款的原因，并引导该买家尽快付款

4. 一位买家在9:30下单后迟迟不付款，客服人员可以在（　　　）对该买家进行第一次催付。

　　A. 当天下午下班之前　　　　　　B. 当天11:30

　　C. 当天14:00　　　　　　　　　　D. 第二天11:00

5. 一位买家向客服人员咨询："我想购买一件春季穿的薄款休闲外套，请问有推荐吗？"客服人员在向该买家推荐外套时应该抓住的关键词是（　　　）。

　　A. 性价比、春款　　B. 休闲、薄款　　C. 春季、性价比　　D. 外套

三、判断题

1. 在向买家推荐商品时，客服人员可以适当地向买家推荐配套商品、互补商品、促销商品，以提高客单价。（　　　）

2. 对于买家的疑虑，客服人员要第一时间对疑虑做出回答，以尽快帮助买家解决问题。
（　　）

3. 客服人员发现买家下单却未付款后，要第一时间对买家进行催付。（　　）

融会贯通

请同学们 5 人一组，完成以下任务。

（1）1 人扮演客服人员，4 人扮演买家；买家向客服人员咨询，客服人员为买家提供咨询服务。

（2）客服人员要礼貌地帮助买家解决相关问题，并引导买家下单和付款。

（3）互换扮演的角色，并总结客服人员在为买家提供服务的过程中可能遇到的问题及其应对方法。

请教师与学生一起完成表 8-9。

表8-9　网店推销训练评测表

评价方式	热情迎接买家（1分）	回复买家的咨询（3分）	消除买家的疑虑（3分）	引导买家付款（2分）	与买家告别（1分）	总分（10分）
自我评价						
小组评价						
教师评价						

任务二　实施直播推销

任务描述

小艾认为一场完整的直播应该包括开播暖场、全面讲解商品、开展互动活动、结束直播等环节。要想获得良好的直播效果，主播需要采取恰当的措施吸引观众观看直播，并灵活使用话术引导观众在直播间下单。

任务实施

活动一　开播暖场

通过观看他人直播，小艾了解到，开播暖场具有吸引观众、调动气氛、提高人气的作用。主播可以有效使用开播暖场话术调动直播气氛。在开播暖场环节常用的话术如表 8-10 所示。

表8-10　开播暖场环节常用的话术

话术要点	话术示例
对新进入直播间的观众表示欢迎，要让观众知道主播发现并关注了他	①"欢迎×××来到直播间，你的名字很有意思，是有什么故事吗？" ②"欢迎×××来到直播间，每次直播都能看到你，感谢你的守护，非常感动。" ③"欢迎各位朋友，大家晚上好，大家能听到我的声音吗？大家可以在评论区回复'1'表示自己在看直播。我看到×××来了，你好。"
预告直播内容、直播福利，介绍优惠或折扣力度	①"我是×××，欢迎大家来到我的直播间。今天我和大家分享几个护肤小技巧，学会了以后你也可以有效地护理自己的皮肤，记得关注我，了解更多简单、易上手的护肤技巧。" ②"嗨，大家好！我是×××，欢迎大家来到×××直播间。今天是年中大促，我为大家带来了几款超值商品，今天直播间的朋友可以享受直播价哦！" ③"嗨，大家好！欢迎来到直播间，今天晚上的直播会有意想不到的惊喜等着你，机会难得，大家一定不要错过哦！" ④"今晚在直播间购买商品的人都可以获得主播赠送的一副太阳镜。咱们的服装是商场正品，质量好，板型正，价格还不贵，真的超值，买到就是赚到，所以大家下手要快。" ⑤"大家好，欢迎大家进入我的直播间。今天晚上我准备了很多惊喜福利，机会难得，大家不要错过哦！"
热情与观众互动，引导观众点赞、留言	①"欢迎来到直播间的朋友们，喜欢主播的可以点下屏幕上方的'关注'。" ②"欢迎大家进入直播间，今天要给大家介绍的是×××，感兴趣的话记得点下屏幕上方的'关注'。"
设置抽奖活动，同时引导观众参与互动	"话不多说，先来一波抽奖。请输入口号'××××'，我会随机截屏5次，每一屏的第一位朋友可以获得价值100元的红包。"

学以致用

设计开播暖场话术

请试着设计开播暖场话术，并将其填入表8-11。

表8-11　开播暖场话术

序号	开播暖场话术
1	
2	
3	

活动二　全面讲解商品

在直播推销中，主播对商品进行专业、详细的讲解有利于快速引起观众对商品的注意和兴趣，激发他们购买商品的欲望。在小艾看来，主播对商品的讲解是影响直播间商品转化率的重要因素。

主播可以按照提出问题、放大问题、引入商品、提升高度、降低门槛的步骤讲解商品。下面以一款女士衬衣为例介绍讲解商品的技巧。

1. 提出问题

提出问题就是主播结合消费场景挖掘出观众的消费痛点和需求点，为观众提供一个购买商品的理由。例如，主播可以以参加求职面试时的着装问题为话题，直戳观众的痛点，即很多人不知道求职面试时应该如何搭配服装才能给面试官留下良好的印象。例如，主播可以这样说："我想很多人在准备参加求职面试时都会存在一个困扰，就是不知道如何穿搭才能显得不失礼，给面试官留下一个好印象。"

2. 放大问题

放大问题就是把观众容易忽略的问题和隐患尽可能放大。主播用与朋友聊天的态度，和观众一起对这个问题展开讨论，找到观众共同关注的焦点。例如，主播可以这样说："求职面试是一个人在职场上面临的第一个考验。在面试中给面试官留下良好的第一印象对面试成功有着重要影响。"

3. 引入商品

引入商品就是主播以帮助观众解决问题为切入点引入要推销的商品。引入商品的整个过程要自然、流畅，这样才不容易让观众反感，甚至还可能引起观众继续观看直播的兴趣。例如，主播可以分享一些穿搭技巧，从而引出自己要推荐的商品："想给别人留下良好的第一印象，自我形象非常重要，而一个人的穿着关系着他给别人留下的第一印象。大家在参加求职面试时，在穿着上要展示出成熟、干练的气质。在夏季参加面试时，男士穿衬衣、深色长裤搭配一双皮鞋，可以散发出时尚和自信。我向大家推荐的8号衬衣，就非常适合男士参加求职面试时穿……"

4. 提升高度

提升高度就是主播对商品进行详细的讲解，并从品牌故事、做工精细等角度增加商品本身的附加值。主播可以使用 FABE 介绍法对商品进行介绍，如表 8-12 所示。

表8-12　使用FABE介绍法介绍商品

FABE	释义	说明	话术示例
F	商品的特点/属性	如商品的材质、成分、使用工艺、生产技术等	"这款衬衣采用含有竹纤维的面料，带有微微泡泡袖设计和可脱卸的小飘带。"（从商品的材质、设计亮点引入，让观众第一时间对商品产生深刻的标签印象）
A	商品的优点/作用	可以结合具体的使用场景来介绍商品的优点/作用	"这款衬衣的特点是舒爽、透气、吸湿、排汗、耐敏、好打理，并且板型更具包容性，外穿或作为内搭都能彰显穿衣人的从容、干练。此外，衬衣是翻领设计，简约、时尚、大方。"（从穿着感受和效果突出商品卖点）
B	商品给观众带来的利益	商品能为观众带来什么，能帮助观众解决什么问题，能满足观众哪些方面的需求等	"刚走出校门的学生如果想向面试官展示自己成熟、稳重的一面，选择这款衬衣就不会错。穿这款衬衣时，你可以搭配职业半身裙，也可以搭配长裤。衬衣是翻领设计，无论你搭不搭配飘带，都能给人一种大方、稳重、干练的感觉。"（用具体的场景化描述突显商品特点，激发观众的共鸣）

续表

FABE	释义	说明	话术示例
E	令观众信服的证据	如商品成分表、专利证书、销量评价、行业对比等	"下面我给大家展示一下这款衬衣搭配半身裙、长裤的上身效果，以及搭配飘带和不搭配飘带的穿法。"（通过举证、实验的方式证明之前的阐述）

5. 降低门槛

降低门槛就是主播为观众讲解商品的优惠活动，如买一送一、价格优惠等，使观众愿意购买且有能力购买，突破影响观众购买的最后一道心理防线。例如，主播可以这样说："今天在直播间购买衬衣的观众可以获得超值优惠。这款衬衣原价是 118 元，今天直播间只要 88 元，还赠送一条飘带，数量有限，大家抓住机会，下单吧！"

活动三 开展互动活动

小艾认为在直播推销中，主播不能只是单纯地介绍商品，也应该通过发红包、抽奖、发起小游戏等方式引导观众进行互动，以提高直播间的人气。

1. 发红包

在直播间中发红包是提高直播间人气的有效方式之一。主播要想将红包的效用发挥到最大，可以使用以下技巧。

（1）提前约定发红包的时间

主播在发红包前要先与观众约定时间，以引导观众进入直播间抢红包。到了约定时间，主播要兑现承诺，准时发红包。为了营造热烈的氛围，主播可以设置倒计时红包，使观众产生紧迫感。

（2）在特定的节点发红包

主播可以在一场直播的不同节点发放红包。

① 直播刚开始时

直播刚开始时，直播间内的人数较少，主播可以通过发放多个小额红包为直播间引流。例如，主播可以在直播开始后的前 5 ～ 10 分钟先发放 3 ～ 5 次红包，每次发放 15 ～ 20 个红包，每个红包的金额可设置为 1 ～ 5 元。

② 直播进行一段时间后

直播间积累一定人气后，主播可以适当增加发放红包的数量，吸引用户持续在直播间停留。例如，主播可以持续发放 5 ～ 8 分钟的小额红包，每个红包的金额可以设置为 1 ～ 5 元，发放红包的数量为 30 ～ 50 个。

③ 人气到达预期时

主播觉得直播间内的人气已经达到自己的预期时，可以尝试发放大额红包，并增加红包的数量，同时结合其他引流工具，最大限度地提高直播间的曝光量，吸引新观众。例如，主播可以将每个红包的金额设置为 10 ～ 20 元，持续发放 5 ～ 8 分钟的红包，发放红包的数量为

50～100 个。

（3）根据直播间在线人数发红包

主播可以根据直播间内在线人数设置每个红包的金额、发放时长和数量。表 8-13 所示为主播根据直播间在线人数发放红包的方案示例。

表8-13　主播根据直播间在线人数发放红包的方案示例

直播间当前在线人数 / 人	每个红包的金额 / 元	红包发放时长 / 分	红包数量 / 个
0～1 000	0.3～0.5	3～5	30～50
1 001～3 000	0.6～0.8	8～10	20～50
3 001～5 000	0.9～1.2	6～8	30～60
5 001～10 000	1.3～1.5	3～5	50～100

当直播间内的在线人数没有较大波动时，主播可以使用该方案，按照在线人数发放相应的红包。

当直播间内的在线人数大量减少时，主播可以适当增加红包的金额和数量。例如，主播在讲解某款商品时，发现 3 分钟内直播间的在线人数由 1 200 人减少到 880 人，就可以按照 1 001～3 000 人的红包发放方案补发红包，吸引在线观众继续停留在直播间，并让他们分享直播间，为直播间带来更多新观众。

（4）引导观众关注直播间

主播可以进行只有关注了直播间的观众才可以领红包的设置。在发放红包时，主播可以一边拿着手机向观众演示如何关注直播间和如何领取红包，一边引导观众关注自己并抢红包。

经验之谈

主播不要总是在固定时间点发放红包，如整点发红包、每半个小时发一次红包。因为这样的操作会使很多观众只在固定时间点进入直播间抢红包，抢过红包就离开直播间，无法发挥红包吸引流量的作用，直播间的互动性也会差很多。

2. 抽奖

抽奖是主播进行福利营销的重要手段，有利于激发观众的互动热情。但是，开展抽奖活动并非简单地把奖品送出去，主播需要注意以下事项。

① 主播可以通过口播、小喇叭公告、小黑板等方式说明抽奖规则和参与方法，让观众能在进入直播间的第一时间了解抽奖活动的信息。

② 抽奖要有节奏。主播要及时公布中奖者的名单，然后告知下一次抽奖的条件，这样有利于延长观众在直播间的停留时间。

③ 主播不要设置固定的抽奖时间，而要告诉观众在直播过程中有抽奖活动。主播可以根据商品的销量、直播间的点赞量设置抽奖活动。例如，当点赞量达到 5 万次时，抽取一名幸运

观众，送出一副价值99元的蓝牙耳机。主播以一个不确定的因素作为抽奖的条件，可以增加观众的期待感。

④ 主播在开展抽奖活动时不一定要赠送价值很高的奖品，可以通过增加抽奖次数降低奖品价值。这种方法可以起到留存观众、刺激观众下单的作用。

⑤ 主播开展抽奖活动时，使用的奖品最好是直播间里的商品，且不要集中抽完奖品，应将抽奖分散在各个环节中。

3. 发起小游戏

主播在直播间发起小游戏，有利于大幅度提高直播间的互动率，延长观众的观看时间。直播中常用的小游戏及其玩法如表8-14所示。

表8-14　直播中常用的小游戏及其玩法

小游戏名称	玩法
你比画我猜	主播用手比画一个东西，让观众猜。比画的东西可以是实际物品，也可以是虚拟网络里的东西。主播可以降低难度做出提示，说出要猜的东西有什么用途、与什么有关
找不同	主播准备好两张存在几处不同的图片，让观众通过在评论区留言的方式告诉主播两张图片的不同之处，最后由主播揭晓答案
挑战赛	主播参加视频平台的挑战赛时，观众的点赞会影响主播的分值。主播要不断通过口播和观众形成良好的互动，承诺自己挑战成功后会为观众送去福利，为观众营造挑战感、紧张感和综艺感

主播要为小游戏配置一定的权益，如大额优惠券、红包或小样礼品。主播在设置权益时要根据小游戏的分值设置不同的档次，或者抽取几位点赞的观众，额外赠送小礼品。

主播要在直播之前发出小游戏预告，让观众为了好玩的互动内容和预期的利益准时进入直播间。主播可以在直播间顶部发出预告，也可以使用直播间贴纸发出预告，还可以在刚开播时不断口播预告。

 学以致用

设计直播互动活动

请试着设计直播互动活动，并将活动的玩法填入表8-15。

表8-15　设计直播互动活动

活动名称	活动玩法

活动四　结束直播

小艾认为一场直播要有始有终，每一位陪主播下播的观众都值得感谢，因此，在直播结束时，主播要友好、礼貌地与观众告别，对观众的支持和守护表示感谢。常用的结束直播话术如表8-16所示。

表8-16　常用的结束直播话术

话术要点	话术示例
表示感谢，引导关注	"谢谢大家，希望大家在我的直播间买到了称心的商品。点击'关注'，明天我们继续哦！"
引导转发，表示感谢	"请大家点击一下右下角的转发链接，和好朋友分享我们的直播间，谢谢！"
强调直播间的价值观	"我们的直播间给大家选择的都是性价比超高的商品。直播间里的商品是经过我们团队严格筛选，经过主播亲身试用的，请大家放心购买。好了，今天的直播就到这里，明天再见！"
预告下场直播的时间、商品、利益点	①"今天的直播接近尾声，明天同一时间开播，欢迎大家准时观看！" ②"大家还有什么想要的商品，可以在交流群里留言。我们会非常认真地为大家选品，下次直播时推荐给大家。" ③"再和大家说一下，下次直播有你们想要的×××，优惠力度非常大，大家一定要来哦！" ④"我们看一下明天晚上会为大家介绍的商品。" ⑤"明晚同样的时间，我们不见不散。主播会给大家带来几款口碑特别好的商品，×××老师用了都说好。" ⑥"我发现今天大家非常想要×××，我会为大家争取一下，多备一些货，明天晚上大家记得来哦！"

学以致用

设计结束直播话术

请试着设计结束直播话术，并将其填入表8-17。

表8-17　设计结束直播话术

序号	结束直播话术
1	
2	
3	

如春在花

　　一名合格的主播要不断提升自己的心理素质，要对自己有信心，要求自己少出错，而不是要求自己完全不出错，即使出现错误也不要惊慌，而是冷静地寻找解决方法。在直播中可能会遇到的一些令人感到不舒服或难过的事情，无论在直播中发生什么，主播都应该以乐观的态度去对待。此外，主播要保持一颗平常心，不急于求成、不好高骛远。

知识窗

在直播过程中难免会遇到一些突发情况，一个具备良好职业素养的主播应该能够合理应对直播间的突发情况。直播间内常出现的突发情况及其应对方法如表8-18所示。

表8-18　直播间内常出现的突发情况及其应对方法

突发情况	可能导致突发情况的原因	应对方法
直播中断	网络问题	主播要先检查直播间使用的网络是否稳定。对于网络不稳定造成的直播中断，主播可以将直播间转移到网络稳定的区域，为直播间单独配置一条网线
	因内容违规被直播平台中断直播	直播中断如果不是网络问题造成的，主播就要考虑直播有无违规内容。主播可以登录直播账号进行确认，然后根据具体情况寻找解决方法
画面卡顿	网络较差	主播需要将直播间转移到网络稳定的区域，为直播间单独配置一条网线
	直播设备配置较差，无法带动直播	主播需要更换配置更高的设备来支持直播
闪退	设备内容被其他程序占用，或者设备本身内存空间不足	主播退出直播并再次登录直播
质量问题	主播未了解清楚商品的性能、质量，或者展示商品时操作失误	主播在选品过程中要选择有品质保障的商品，并试用商品，详细了解商品的各项信息、使用方法等，确保自己能在直播时向观众全面、正确地展示商品
价格问题	主播在直播间销售的商品未做到保价，如主播向观众保证直播间某款商品的价格低于该款商品线下专柜价和线上旗舰店的价格，但观众购买后发现并非如此	主播在与品牌方商谈直播商品价格时，最好向品牌方争取保价，确保品牌方在数月内不会以低于直播间的价格销售商品
	观众支付的价格与主播在直播间内承诺的价格不符	这种情况多是观众未正确领取优惠券或使用红包导致的。在直播的过程中，主播要向观众解释清楚只有领取和使用优惠券、红包后才能以直播间的价格购得商品，并向观众展示领取和使用优惠券、红包的方法
链接问题	在直播过程中，上架的商品链接出错、失效，或者商品链接中的价格、优惠券标注错误等	处理此类问题最常见的做法就是先将商品链接下架，告知用户不要购买，向已经下单购买的用户表示歉意，并为他们办理退款。与此同时，主播与品牌方沟通，修改商品链接，待商品链接修改好后再重新上架，并告知用户可以继续购买。如果无法及时修复商品链接，主播可以直接将此款商品下架，并向用户解释原因和表示歉意，然后继续直播

**知识窗**

温故知新

一、填空题

1. 主播可以按照提出问题、放大问题、_____、_____、_____

的步骤讲解商品。

2. 在 FABE 介绍法中，"A"指的是商品的_____。

3. 为了营造热烈的氛围，主播可以设置_____红包，使观众产生紧迫感。

4. _____具有吸引观众、调动气氛、提高人气的作用。

二、选择题

1. 商品能为观众带来什么，能帮助观众解决什么问题代表的是 FABE 介绍法中的字母（　　　）。

    A. F　　　　　　　　B. A　　　　　　　C. B　　　　　　　D. E

2. 下列选项中关于发红包的说法不正确的是（　　　）。

    A. 提前约定发红包的时间　　　　　　B. 在直播刚开始时发红包

    C. 根据直播间在线人数发红包　　　　D. 设置固定的发红包的时间

3. 下列选项中可以作为结束直播话术的是（　　　）。

    A. "话不多说，先来一波抽奖。请输入口号'××××'，我会随机截屏5次，每一屏的第一位朋友可以获得价值100元的红包。"

    B. "大家还有什么想要的商品，可以在交流群里留言。我们会非常认真地为大家选品，下次直播时推荐给大家。"

    C. "这款商品的性价比非常高，喜欢的朋友考虑下单吧！"

    D. "欢迎大家进入直播间，今天要给大家介绍的是×××，感兴趣的话记得点下'关注'。"

4. 在全面讲解商品的过程中，（　　　）就是主播结合消费场景挖掘出观众的消费痛点和需求点，为观众提供一个购买商品的理由。

    A. 提出问题　　　B. 放大问题　　　C. 讲解商品　　　D. 引导下单

三、判断题

1. 在 FABE 介绍法中，字母"F"指的是令观众信服的证据。（　　　）

2. 主播要在直播过程中确定抽奖的具体时间，不要设置固定的抽奖时间。（　　　）

3. 主播在开展抽奖活动时一定要赠送价值很高的奖品，这样才有利于吸引观众观看直播。（　　　）

4. 直播刚开始时，如果直播间内的人数较少，主播就可以发放一些大额红包，以快速为直播间引流。（　　　）

融会贯通

请同学们5人一组，完成以下任务。

（1）1人扮演主播，4人扮演观看直播的观众。模拟直播的场景，由主播向观众推销商品。

（2）在直播中，主播要注意运用直播话术，向观众全面地介绍商品，并开展各种互动活动，以活跃直播间的氛围。

（3）观众在观看直播的过程中可以向主播提出问题，主播要积极解答。

（4）互换扮演的角色，并总结直播过程中可能会遇到的问题及其应对方法。

请教师与学生一起完成表 8-19。

表8-19　直播推销训练评测表

评价方式	开播暖场（2分）	全面讲解商品（3分）	开展互动活动（3分）	结束直播（2分）	总分（10分）
自我评价					
小组评价					
教师评价					

任务三　实施社群推销

任务描述

社群是指基于网络和社交工具，拥有相同兴趣或价值观的人突破时间、空间限制聚合而成的实时互动沟通的群体。小艾了解到，想利用社群进行商品推销，她需要先选择一个社群平台，组建一个社群，并确定社群名称、口号和 Logo，再通过社群开展线上分享活动、线下活动，引导社群成员积极参与，从而实现推销商品的目的。

任务实施

活动一　组建社群

在组建社群时，小艾需要先确定一个平台作为社群运营的载体，再确定社群名称、口号和 Logo 等关键要素，以便用户识别社群。

1. 选择社群平台

微信、QQ、百度贴吧等平台是主流的组建社群的平台，它们的特点如表 8-20 所示。因此，小艾需要先分析了解各个平台的特点，再根据自身需求选择适合的平台。

表8-20　主流的组建社群的平台及其特点

平台名称	特点
微信	①封闭性较强，无法通过搜索群名称入群，只能通过扫码或被邀请入群。 ②单个微信群的成员数量上限为500人（企业微信建立的微信群除外）。 ③群内可以实现多人实时聊天，成员可在群内分享网址、图片、视频等。 ④群成员是平等的关系，但只有创建者可以"踢人"，其他人不能"踢人"。 ⑤群成员可以在群内设置自己的昵称，可以将某一个群聊设置为置顶或消息免打扰，也可以折叠群聊。 ⑥群成员可在群内进行接龙、直播等，也可以使用小程序

平台名称	特点
QQ	① 分为200人、500人、1 000人、2 000人的群。 ② 群内有一个群主，群主可以设立管理员。管理员拥有比普通成员更大的权限，如允许新成员加入、淘汰老成员、群发群邮件、群发群文件、修改群信息等。 ③ 可以通过搜索关键词查找群，然后申请加入。 ④ 具有签到、群论坛、公告、相册、文件共享、接龙统计、群直播等功能。 ⑤ 可设置禁言、限制发言频率、设置成员权限等
百度贴吧	① 倡导"以兴趣为中心"，内容涵盖影视、体育、生活、游戏、学习、人文、自然等方面，用户可以组建各种兴趣小组，通过发帖、回帖互相交流。 ② 较为封闭，用户群精准。例如，某种兴趣爱好、某部影视作品、某本小说、某首歌曲都可以成为一个独立的贴吧。这样既能保证用户群的精准，又能让话题得到深度挖掘。 ③ 在百度搜索结果中拥有排名，且排名比较靠前的，有利于提高贴吧的曝光度。

2. 确定社群名称

一般来说，给社群命名的方法主要有以下 3 种。

（1）从社群的核心源头命名

社群的核心源头就是组建社群的核心点，如社群的灵魂人物、核心商品等。社群的名称与组建社群的核心源头有密切的关系，用社群的灵魂人物命名的社群有"大熊会""罗友会"等；用核心商品命名的社群有"小米的米粉群""魅族的魅友会"等。

（2）从目标用户出发命名

从目标用户出发命名是指社群的目标用户是谁，就为社群起与目标用户相关的名称，让用户从名称上一眼就能看出这个社群是干什么的。"十点读书会"即以目标用户的行为爱好命名。

（3）用社群的核心源头 + 目标用户命名

这种方法就是将前两种方法结合起来使用的方法，如秋叶 PPT 等。

> **经验之谈**
>
> 社群运营者在给社群命名时，需要注意以下事项。
>
> （1）不要使用生僻字，以免增加用户识别社群的难度。
>
> （2）不要使用宽泛词汇。所谓宽泛词汇，是指基础性词汇，如同城、深圳等。这些名称同质化非常严重，缺乏辨识度。
>
> （3）不要频繁改名。因为社群经过发展已经形成规模和社群文化，更改名称会产生一系列修改更新工作，可能会对社群的后续发展产生一定程度的影响。

3. 确定社群口号

社群口号相当于广告标语，通常是一句具有特殊意义、令人印象深刻的话。社群运营者在确定社群口号时可以使用表 8-21 所示的方法。

表8-21　确定社群口号的方法

确定社群口号的方法	说明
强调社群功能	即用一句简单的话说明社群的功能。例如，某读书社群的口号为"多读书，乐读书，会读书，读好书"
强调社群能够给用户带来的利益	即用一句话说明社群能够带给用户的直接利益，能够帮助用户完成某个目标所做出的贡献。例如，某糕点制作社群的口号为"手把手教你制作美味糕点"
强调社群能够给用户带来的精神价值	即用一句话说明社群能够给用户带来的精神价值。例如，某运动社群的口号为"健康是人生的第一财富"

4. 确定社群Logo

社群 Logo 是社群的标识性元素，有利于提高社群的辨识度，加强社群成员的归属感。对于比较成熟的企业或品牌，社群运营者可以将企业名称或品牌 Logo 作为社群 Logo；对于没有自己品牌的社群，社群运营者可以将社群灵魂人物的卡通形象、社群名称的艺术化设计形象、社群理念的艺术化设计形象作为设计社群 Logo 的素材。

学以致用

设计社群名称、口号

根据下列社群特点的描述，尝试为社群设计名称和口号，并将社群名称、口号填入表 8-22。

表8-22　设计社群名称、口号

社群特点描述	社群名称	社群口号
喜爱阅读，关注财经，乐于分享，积极创新，爱书人士的乐园		
融合旅行、生活与社交的交流互动平台，有趣的旅游小贴士分享，让你不出门也能看到各地美景		

活动二　开展线上分享活动

与线下活动相比，线上活动不需要实际的场地，较少受时间和空间的限制，身处不同区域的成员都可以参加线上活动。于是，小艾计划开展一场线上分享活动。

1. 了解线上分享活动的类型

线上分享活动是指由某个人或一些人在社群中分享一些有价值的知识、感受、体会等，以引起成员广泛讨论、参与的活动。常见的线上分享活动的类型如表 8-23 所示。

表8-23　常见的线上分享活动的类型

活动类型	说明
嘉宾互动分享	嘉宾互动分享是指活动组织者邀请一些可以作为分享嘉宾的朋友，在群内和其他群成员互动；最后由嘉宾或活动组织者将嘉宾分享的内容整理成一份书面文件并发到群里。嘉宾分为两种：社群外的知名人士和社群内部成员

续表

活动类型	说明
群内讨论	群内讨论包括成员话题讨论和领域达人分享。成员话题讨论，即由社群内一个人发起一个话题，然后群成员在社群内对此话题进行集体讨论，每个人都可以发表自己的观点。领域达人分享就是由一个人作为主要分享人针对特定主题集中阐明其观点，群成员在适当的时机提出自己的问题或观点，由主要分享人进行解答

知识窗

成员话题讨论和领域达人分享的对比如表 8-24 所示。

表8-24　成员话题讨论和领域达人分享的对比

对比项目	成员话题讨论	领域达人分享
分享人员	群成员都可以是分享者，但是需要有一个人引导话题	以主要分享人为主，其他成员可以在允许发言的时间里发表自己的观点
分享内容	通常是符合大众兴趣的话题	通常是主要分享人擅长领域的内容
分享方式	围绕话题，成员可以自由发言	以主要分享人发言为主，其他成员不能随便插话，想表达观点时需经过主要分享人的同意
分享流程	成员可以临场发挥	主要分享人可以提前准备好自己要分享的内容，也可以临场发挥
分享效果	如果话题能够激发成员讨论的热情，成员的参与度会很高，但是如果活动组织者的控场能力欠佳，讨论就容易跑偏	如果主要分享人分享的内容质量不高或让群成员感觉没有价值，分享内容就不容易激起群成员的参与热情，也就无法形成良好的分享效果

知识窗

2. 把握线上分享活动的操作要点

做好一场线上分享活动并不容易，活动组织者需要做好以下工作。

（1）确定主题和时间

活动组织者如果采用嘉宾互动分享的形式，就要提前邀请嘉宾，并请嘉宾准备好话题和素材。活动组织者如果采用群内讨论的形式，就需提前确定要讨论的话题。活动组织者可以向社群成员征集话题，由社群成员投票选出要讨论的话题。

此外，活动组织者还要提前确定活动时间，可以准备几个时间点让社群成员投票，以确定一个大多数社群成员都认可的活动时间。

经验之谈

活动组织者在选择话题时需要注意以下事项。

（1）话题要简单，不能太大、太沉重，要让更多的社群成员参与进来。

（2）话题可以是社群成员共同经历的事，也可以是热点的话题。

（3）为不同的话题选择适宜的分享时间。好话题也需要正确的分享时间，否则就不容易引起社群成员的广泛讨论。例如，英语学习整理笔记重要性的话题在寒暑假可能无法引起社群成员的广泛讨论，但在临近考试时社群成员参与讨论的积极性会高很多。

（2）确定分享方式

线上分享活动常用的分享方式有语音分享和图文分享两种，其对比如表8-25所示。活动组织者可以根据具体情况选择适合的分享方式。

表8-25　语音分享和图文分享的对比

对比项目	语音分享	图文分享
分享方式	分享者通过发送语音的方式分享相关内容	分享者通过发送文字、图片的形式分享相关内容
受众接受效果	有的人可能会听分享者的分享，有的人可能不会听分享者的分享	有的人会跟着分享者的节奏进行交流，有的人可能只会浏览一下交流的内容
分享效果	过多的语音容易对其他人产生干扰，且社群成员如果处于公共场合就需要戴耳机，一定程度上给成员增加了麻烦	社群成员可以随时查看分享者分享的内容。将观点用图文的形式表达出来，可以让观点更具条理性，更便于社群成员思考、理解
内容二次利用	活动组织者要想将分享的内容进行二次利用，就需要进行大量的整理工作	分享活动结束后，活动组织者可以将分享内容快速形成文件进行二次扩散

（3）发布活动通知

确定活动主题和活动时间后，活动组织者可以提前3～7天在群里发布几次活动通知，提醒社群成员按时参加活动。活动组织者可以提前向社群成员说明要分享的主题，让成员有足够的思考时间。

对于一些比较重要的线上分享活动，活动组织者除了在群内反复发布活动通知外，还可以把群聊名称改为活动的时间、主题，如"×月×日20:00，××主题分享"。

（4）强调规则

为了维持良好的发言秩序，活动组织者要在分享活动之前向社群成员强调活动的规则。如果是通过QQ群开展分享活动，活动组织者在向社群成员说明规则时可以设置成员临时禁言，以免自己发布的规则提示被刷掉。如果是通过微信群开展分享活动，活动组织者就要反复提醒社群成员活动规则，及时将发表不合适言论、扰乱分享秩序的人移出群聊。

在分享活动进行的过程中，如果有社群成员无视规则随便提出自己的问题，或者发布一些和主题无关的内容，活动组织者要及时提醒并引导他遵守规则。

（5）提前暖场

在分享活动正式开始之前，活动组织者可以发一些轻松的话题或者小额红包进行暖场，以激发社群成员参与活动的热情，调动群里的氛围。

（6）做开场介绍

待群里的氛围被激活后，活动组织者可以做个开场介绍，介绍本次分享活动的主题、分享方式等，引导社群成员提前做好倾听的准备。

（7）引导互动

为了避免出现冷场的情况，活动组织者在分享活动开始之前要提前设计好互动点，以引导社群成员积极参与讨论，活跃活动氛围。

（8）植入营销信息

为了实现营销效果，活动组织者可以在分享活动中适当地植入营销信息。例如，活动组织者可以在活动开始之前向社群成员说明本次活动是由×××品牌赞助的；还可以将品牌方提供的商品作为奖品或福利发给积极参与互动的社群成员等。

（9）总结活动

分享活动结束后，活动组织者要引导社群成员对活动进行总结，鼓励他们到朋友圈、微博中分享自己的心得体会。这样既有利于加深活动对社群成员的影响，又有利于形成口碑宣传。

为了形成二次传播，活动组织者也要对本次分享活动进行总结，将本次分享的重点内容整理成文稿在社群中分享。这样既能加深参与活动的社群成员的记忆，又能在社群中产生很好的内容沉淀。

活动三　开展线下活动

小艾觉得虽然线上分享活动较少受时间和空间的限制，但缺乏真实感，而线下活动拥有真实的场景，社群成员能够进行面对面的交流，有利于增强社群成员的参与感和归属感。因此，小艾认为开展线下活动也是非常有必要的。成功地开展一场线下活动需要做好以下几项工作。

1. 做好整体规划

活动组织者要提前做好活动的整体规划，包括确定活动主题、活动时间、活动地点、活动流程、活动参与人员，以及邀请嘉宾等内容；准备好活动需要使用的资料，如活动海报、活动地点指示牌、活动小礼品、签到表、签到笔、活动使用的道具等。

此外，活动组织者要做好活动预算，详细地列出本次活动的各项预计花费，以让活动赞助单位了解活动的大致花费。

经验之谈

活动组织者在选择活动场地时要考虑场地的交通是否便利、场地的环境是否整洁、在场地布置活动使用的相关设备（如座椅、音响等）如何摆放、场地是否收费，以及收费标准是否在社群可承受范围内等因素。

2. 做好活动宣传

活动宣传包括设计活动海报、接受社群成员报名，以及在社群和微信、微博、豆瓣等平台发布活动信息。活动组织者还可以邀请媒体参加活动，对活动进行报道。如果活动中有收费的项目，活动组织者应该向参与成员说明，并明确收费方式。

3. 布置场地，执行活动

在活动开始前，活动组织者要提前对活动场地进行布置，如摆放活动使用的桌椅，悬挂宣传横幅，安装并测试话筒、投影仪等。

活动开始后，活动组织者要严格按照之前制定的活动流程来执行活动。在执行活动的过程中，活动组织者可以适当地植入营销信息。常见的植入营销信息的方法如表8-26所示。

表8-26　常见的植入营销信息的方法

植入方法	说明
冠名植入	在线下活动的名称中加入品牌名称，如"×××杯模特大赛"
内容植入	线下活动一般会安排个人分享、小游戏等环节，因此活动组织者可以将营销信息作为案例、小游戏组成元素融入线下活动。例如，短视频运营社群分享剪辑短视频的技巧时将剪映作为剪辑工具进行介绍，以此宣传剪映这款工具；在小游戏环节将品牌商品作为奖品发给获胜的人等

4. 总结活动，对活动进行二次宣传

活动结束后，活动组织者要对活动进行总结，包括活动完成情况、活动氛围、活动流程设计、活动场地安排、活动营销效果等各方面做得好与不好的地方，为下次举办活动积累经验。

与线上分享活动相比，线下活动的影响范围较小，因此活动组织者可以将线下活动的现场情况整理成图文并将其发布在社群中，还可以鼓励社群成员将这些图文分享到他们的微博、朋友圈中，以扩大活动的影响范围。

> **如春在花**
>
> 组织线上分享活动、线下活动需要活动组织者具备较强的组织协调能力。活动组织者要能够结合实际情况制订切实可行的活动计划，并合理安排人员负责相应的工作。

温故知新

一、填空题

1. 社群的核心源头就是_____，如社群的灵魂人物、核心商品等。

2. 社群口号相当于_____，通常是一句具有特殊意义、令人印象深刻的话。

3. 社群 Logo 是社群的_____，有利于提高社群的辨识度，加强社群成员的归属感。

4. 线上分享活动常用的分享方式有_____和_____两种。

5. 在线下活动中，常见的植入营销信息的方法有_____、_____。

二、选择题

1. 在下列社群名称中，使用"从社群的核心源头命名"的命名方法的是（　　）。

A. 十点读书会　　　　　B. 荔枝汇　　　　C. 跨境电商交流群　D. 罗友会

2. 下列选项中不属于确定社群口号的方法的是（　　　）。

A. 强调社群功能　　　　　　　　　　B. 强调社群能够给用户带来的利益

C. 强调目标用户　　　　　　　　　　D. 强调社群能够给用户带来的精神价值

3. 下列选项中关于群内讨论的说法错误的是（　　　）。

A. 群内讨论包括成员话题讨论和领域达人分享

B. 群内讨论分享包括嘉宾互动分享和领域达人分享

C. 在成员话题讨论中，群成员都可以是分享者

D. 领域达人分享由主要分享人针对特定主题集中阐明其观点，群成员在适当的时机
提出自己的问题或观点，由主要分享人解答

4. 下列选项中关于语音分享的说法正确的是（　　　）。

A. 可以让观点更具条理性，更便于社群成员思考、理解

B. 分享活动结束后，活动组织者可以将分享内容快速形成文件进行二次扩散

C. 将分享的内容进行二次利用需要进行大量的整理工作

D. 成员可以随时随地查看分享的内容，不会影响到其他人

5. 在线下活动中，下列场景中适宜植入营销信息的是（　　　）。

A. 进行互动小游戏时　　　　　　　　B. 介绍嘉宾时

C. 确定活动场地后　　　　　　　　　D. 进行活动总结时

三、判断题

1. 对于比较成熟的企业或品牌，社群运营者可以将企业名称或品牌 Logo 作为社群 Logo。
（　　　）

2. 活动组织者要提前确定线上分享活动的时间，可以准备几个时间点让社群成员进行投
票。（　　　）

3. 使用发送语音的方式进行分享时，每条语音信息越长越好。（　　　）

4. 活动组织者可以提前 3 ～ 7 天在群里发布几次线上分享活动的通知，提醒社群成员按
时参加活动。（　　　）

融会贯通

请同学们 5 人一组，完成以下任务。

（1）选择一个社群平台，组建一个社群，并确定社群的名称、口号和 Logo。

（2）设计一场线上分享活动，并撰写线上分享活动方案。活动方案要包括线上分享活动的
类型、主题和时间、分享方式、活动规则、暖场方式、开场介绍、互动方式，以及营销信息植
入方式等内容。

请教师与学生一起完成表 8-27。

表8-27　社群线上分享活动训练评测表

评价方式	社群名称、口号、Logo 符合社群定位（3分）	线上分享活动方案可操作性强（7分）	总分（10分）
自我评价			
小组评价			
教师评价			

答疑解惑

"职场情境"中提到，小艾成为网店运营部的一名客服，那么在实施网店推销时，小艾需要做好以下 5 个方面的工作。

（1）热情接待买家

买家发起咨询后，小艾要及时做出反应，先对买家表示欢迎。小艾可以这样说："您好，欢迎光临小店，我是客服小艾，很高兴为您服务（在结尾处添加表示"微笑"的表情符号）。请问您有什么问题需要咨询呢？"

（2）回复买家的咨询

得到买家的回复后，小艾可以根据买家的回复有针对性地为买家提供帮助。

（3）消除买家的疑虑

对于买家的各种疑虑，小艾应该以热情、积极的态度回复。小艾要先明确买家疑虑的具体内容，然后灵活地消除买家的疑虑，积极引导买家下单并付款。

（4）引导买家付款

遇到没有及时付款的买家，小艾应该及时联系买家，询问买家未支付的原因，然后根据买家解释的原因采取有针对性的催付措施。如果买家再三表示自己当下不想付款，小艾应该尊重买家的选择，停止对买家的催付。

（5）礼貌地与买家告别

无论买家是否在店铺购买商品，在买家结束咨询时，小艾都应该礼貌地与买家告别。小艾可以这样说："感谢您的光临，若有需要，您可以随时联系我们，我们将竭诚为您服务！"

在实施直播推销时，小艾需要做好以下 4 个方面的工作。

（1）开播暖场

开播后，小艾要做好开播暖场，以尽快调动直播间的气氛，带动直播间的人气。小艾可以这样说："欢迎大家来到华美服饰直播间，我是今天的主播小艾。在今天的直播中我将为大家推荐一些适合上班穿的服装，并为大家准备了超值福利。请大家多多关注直播间哦！"

（2）全面讲解商品

为了增加讲解的吸引力，小艾可以尝试以下操作。

① 上身试穿，向观众全面展示服装的上身效果。小艾可以用远景向观众展示服装整体的上身效果，用近景向观众展示服装的设计亮点。在展示服装时，小艾要向观众说明自己的身高、体重和试穿的服装的尺码，以便观众参考和比对。

② 介绍服装的风格，如复古风、学院风，以及法式、韩系、日系、欧美系等。

③ 介绍服装的尺码是否是正常尺码。对于上衣，小艾需要重点介绍其腰围、胸围及适合的人群；对于裤子，小艾需要重点介绍其腰围、臀围和裤长。

④ 介绍服装的颜色。小艾可以向观众介绍不同颜色的服装具有哪些特点，能给人带来什么样的感觉等。例如，红色给人带来喜庆、热情、活泼的感觉；白色是百搭色，给人带来明快、纯洁的感觉；黑色也是百搭色，给人带来庄重、深沉的感觉；紫色给人带来高贵、典雅的感觉等。此外，小艾还可以介绍不同颜色的服装具有哪些优势。例如，红色服装显白，黑色服装显瘦等。

⑤ 介绍服装的面料、材质，如棉、聚酯纤维、皮质、羊羔绒、真丝、涤纶等，由此引出该面料、材质的优点。例如，纯棉面料透气性好、吸汗性强；聚酯纤维面料造型挺括、不易变形等。在介绍面料时，小艾可以用近景向观众展示面料的纹理和柔软度等。

⑥ 介绍服装在图案、工艺等方面的设计亮点，突出其时尚感。例如，小艾可以介绍服装制作工艺的精细度和稀缺性；展示服装领口、袖口、下摆等位置的设计细节。小艾可以这样介绍："袖子内设有可抽拉绳，绳子可拉出来系在袖子上，将长袖变成短袖，让你实现一衣多穿""衣服采用大量双线明线压边，板型大方得体""印花图案采用线描手法制作，凸显手绘效果，时尚可爱"等。

⑦ 介绍服装的搭配或穿着场景。小艾在介绍服装搭配时，不能只是单纯地说某件衣服可以与某某款式的衣服搭配，而应将整套的服装搭配展现在镜头面前，甚至展示与整套服装搭配的鞋子、眼镜、帽子等其他配饰。

如果条件允许，小艾可以根据主推服装变换直播间的风格，以满足观众休闲、上班、约会等不同穿衣场景的需求。

（3）开展互动活动

在直播过程中，小艾可以设计一些小游戏吸引观众进行互动，以提升直播间内观众的活跃度。如果是发红包，小艾在注意发红包的相关事项的同时，还要注意公司预算，尽量用更少的预算获得更佳的效果。

（4）结束直播

在结束直播时，小艾要礼貌地与观众告别。小艾可以这样说："好了，今天的直播就到这里。我们每天 18:00 都会准时开播，为大家分享好看、实惠的服装，讲解穿搭技巧，欢迎大家关注直播间，准时观看直播哦！"

在组建社群并运用社群进行商品推销时，小艾需要做好以下 3 个方面的工作。

（1）组建社群

在社群名称、口号和 Logo 中应体现华美服饰的品牌。例如，小艾可以将社群命名为"华美服饰穿搭群"，可以将社群口号设置为"学习穿搭技巧，养成自己的穿衣风格"。鉴于公司的服装品牌已经在市场上形成了一定的影响力，小艾可以直接将公司 Logo 作为社群 Logo。

小艾组建的社群需要社群成员实时交流，所以她可以将建群平台锁定在微信平台和 QQ 平台。通过对比微信平台和 QQ 平台，小艾发现当前微信平台的用户使用率较高，且微信群具有较强的封闭性，便于社群管理，所以小艾选择在微信平台组建社群。

（2）开展线上分享活动

在开展线上分享活动时，小艾可以灵活选择分享活动的形式。例如，小艾可以选择领域达人分享的活动形式，邀请公司服装设计部的设计师为社群成员分享穿搭技巧。

确定分享活动的形式和嘉宾后，小艾需要做好分享活动的组织、执行与总结工作，小艾可以参照表 8-28 所示的要点进行操作。

表8-28　线上分享活动的操作要点

项目	操作要点
确定主题和时间	职场穿搭一直是很多人关注的问题，而公司也生产和销售职业装，所以小艾可以将分享活动的主题定为"职场怎么穿搭才能既时尚又得体"。之后，小艾可以先选择几个备选时间段，发到社群中让社群成员投票，选出一个被大多数社群成员认可的时间段作为活动时间
确定分享方式	小艾可以选择语音分享的分享方式，先由嘉宾进行约40分钟的主题分享，剩余时间由社群成员向嘉宾提问
发布活动通知	确定活动的主题和时间后，小艾可以提前3～7天在群里通过发布群公告的形式发布活动通知。通知可以这样写："本群将于2月15日20:00开展主题为'职场怎么穿搭才能既时尚又得体'的线上分享活动，分享嘉宾是华美服饰服装设计部的首席设计师×××老师，届时×××老师将会和大家分享大量职场穿搭技巧，欢迎大家踊跃参加！"
强调规则	为了维持群内秩序，小艾可以制定发言规则，并向社群成员进行说明。例如，社群成员禁止在群内发表与分享主题无关的言论；在嘉宾发言期间，其他成员禁止发言；被多次提醒后仍然不改正的成员会被踢出群聊等
提前暖场	在分享活动开始前的5分钟，小艾可以在群内@所有人，提醒社群成员分享活动即将开始，同时发一些小额的红包，吸引社群成员关注
做开场介绍	小艾可以介绍本次分享活动的主题、嘉宾，与社群成员闲聊与穿搭相关的话题，并向社群成员说明活动流程，再次向社群成员强调活动规则
引导互动	嘉宾发言完毕后，小艾可以引导社群成员进行互动。小艾可以这样说："听了×××老师的讲解，大家有什么想法，可以说一下。"
植入营销信息	在嘉宾开始分享前，小艾可以向社群成员说明本次分享活动是由华美服饰赞助的；在嘉宾分享时，小艾可以请嘉宾将华美服饰的服装作为案例向社群成员进行穿搭讲解；在互动环节，小艾可以向社群成员承诺积极参与互动的社群成员会获得华美服饰的一件T恤
总结活动	活动结束后，小艾可以将本次活动中嘉宾分享的内容和互动环节社群成员发表的观点提炼出来，将其制作成图文分享在社群中，以供成员查看、传播

（3）开展线下活动

在开展线下活动时，小艾可以参照表 8-29 所示的要点进行操作。

表8-29 线下活动的操作要点

项目	操作要点
做好整体规划	① 确定活动主题：服装穿搭走秀交流会。届时社群成员将使用由华美服饰提供的各款服装进行穿搭走秀。 ② 确定活动时间：3月25日。当天是周六，气温较适宜，有利于开展户外活动。 ③ 确定活动地点：华美服饰所在城市的×××公园。该公园有多条公交、地铁直达，有较大的活动场地，且不需要支付场地费。 ④ 确定活动流程：9:00—9:30签到；9:31—10:00主持人介绍活动内容和嘉宾，社群成员互相认识；10:01—12:00穿搭走秀；12:01—13:30午餐、休息；13:31—15:00穿搭走秀；15:01—15:30活动总结，合影留念。 ⑤ 确定活动参与人员：30名居住在华美服饰所在城市的成员。这些成员在社群中比较活跃，对华美服饰的认可度也比较高。 ⑥ 邀请嘉宾：邀请华美服饰服装设计部的3名设计师担任活动评委。 ⑦ 准备活动资料：活动海报、活动地点指示牌、活动小礼品（华美服饰特制的日历）、签到表、签到笔、活动使用的道具（服装、活动试衣间、走秀T台等）
做好活动宣传	小艾可以制作一份活动宣传海报发布在社群中。在海报中，小艾可以加入"华美服饰"的字样，并写明活动时间、活动地点、主办方等信息
布置场地，执行活动	小艾应该提前布置好活动场地，如搭建好走秀T台，将要用到的服装摆挂整齐，摆放好评委桌椅等。在签到处，小艾可以安排两名工作人员，在签到台旁边可以设置贴有活动海报的指示牌。开场后，小艾要让主持人先介绍本次活动的主题和流程，并重点介绍本次活动中使用的服装是由华美服饰赞助的，以及华美服饰的发展理念、华美服饰穿搭群的基本情况，然后介绍到场的嘉宾评委，还可以随机请几名社群成员介绍自己与华美服饰穿搭群的渊源。在活动中，小艾可以根据评委的评价选出3～5名表现较好的社群成员，并向他们赠送华美服饰网店购物优惠券
总结活动，对活动进行二次宣传	活动结束后，小艾可以组织参与活动的社群管理人员对活动的执行情况、活动效果进行全面总结，总结活动中哪些地方做得好、哪些地方需要改进，通过本次活动获得了哪些经验、教训等。之后，小艾可以以活动参与者的身份撰写一份活动总结，用图文并茂的形式展现活动情况，并将该总结分享到华美服饰穿搭群中